강원용 나의 현대사

강원용 나의 현대사

젊은이에게 들려주는 나의 현대사 체험

2 전쟁의 땅 혁명의 땅

한길사

Kang Won-Yong, My Historical Journey

2 Land of War, Land of Revolution

by Kang Won-Yong

Published by Hangilsa Publishing Co., Ltd., Korea, 2003

강원용 나의 현대사

2 전쟁의 땅 혁명의 땅

지은이 강원용

펴낸이 김언호

펴낸곳 (주)도서출판 한길사

등록 1976년 12월 24일 제74호

주소 413-120 경기도 파주시 광인사길 37

홈페이지 www.hangilsa.co.kr

전자우편 hangilsa@hangilsa.co.kr

전화 031-955-2000~3 **팩스** 031-955-2005

디자인 창포 **출력** (주)써니테크 21 **인쇄** 오색프린팅 **제본** 광성문화사

제1판 제1쇄 2003년 6월 10일

제1판 제3쇄 2015년 2월 25일

값 17,000원

ISBN 978-89-356-5467-3 04900

ISBN 978-89-356-5465-9 (전 5권)

• 잘못 만들어진 책은 구입하신 서점에서 바꿔드립니다.

• 이 도서의 국립중앙도서관 출판시도서목록(CIP)은 서지정보유통지원시스템 홈페이지(seoji.nl.go.kr)와 국가자료공동목록시스템(www.nl.go.kr/kolisnet)에서 이용하실 수 있습니다.
(CIP제어번호: CIP2015004128)

나의 청장년기에 나라는 전쟁에 이은 정치적 혼란과 뒤이은 군사혁명으로 위험한 소용돌이에서 벗어나지 못했다. 개인적으로는 유학, 경동교회 취임, 집안의 화재와 아들의 죽음 등 참으로 많은 사건이 이어졌다.

부산 피난지에서 신인회 멤버들과 함께. 박정수, 양준철, 문수재 등의 모습이 보인다. 뒷줄 맨 왼쪽이 필자이다.

姜元龍 著

새 時代의 建設者

【所望 G•F•WATTS】

최초의 저작인 '새 시대의 건설자'. 현대사상의 조류를 파악하고 다가올 세계를 전망해 보기 위해 신인회 멤버들과 함께 토론하고 강의했던 내용을 담은 책으로, 1949년에 출판되었다.

부산 피난지에서 경기여중고기독학생회 회원들과 함께한 망년회. 1·4후퇴시 부산으로 피난간 나는 그곳에서 한국기독교연합회 간사, 기독학생총연맹 총무로 활동했다.

캐나다 에드먼턴에서 브루스 교장 내외와 함께. 1953년 8월 캐나다 기독학생회 초청으로 유학길에 올라 1954년 5월 매니토바 대학 신학부 대학원을 졸업했다.

1956년 워싱턴 한인교회 교우들과 함께. 미국 유학 시절 뉴욕 유니언 신학교 대학원과 뉴스쿨 대학원에서 사회윤리를 공부하는 한편 워싱턴 소재 한인교회 목사로 시무했다.

유니언 신학교 교수, 학생들과 함께. 당시 유니언 신학교는 세계적으로 유명한 석학 라인홀드 니버, 폴 틸리히, 존 베넷 등이 모여 있는 신학의 메카였다.

귀국 후 목회를 시작한 경동교회에서 주일학교 어린이들과 함께. 아래는 그 당시의 경동교회 모습.

연세대학교 기독학생회(SCA) 학생 임원들과 함께. 미국 유학에서 돌아온 다음해인 1959년 '기독교의 메시지는 추상적인 공허한 울림에 그쳐서는 안 된다. 구체적인 삶의 현장에서 상황을 변화시키는 힘이 있어야 한다'는 신념을 가지고 크리스챤 아카데미의 전신인 기독교사회문제연구회를 조직했다.

강원용 나의 현대사

젊은이에게 들려주는 나의 현대사 체험

2 전쟁의 땅 혁명의 땅

강원용 나의 현대사

2 전쟁의 땅 혁명의 땅

환상과 절망을 넘어서

김용기 장로 ---- 23
책으로 만난 라인홀드 니버 ---- 26
쓰러진 큰 곰 김구 ---- 31
'뭉쳐야 산다'는 구호의 숨은 뜻은 ---- 38

창조적인 소수

새로운 인간을 꿈꾸며 ---- 41
새 시대의 건설자 ---- 43
전운은 감도는데 ---- 45
뒤 터진 바지 입고 목사 안수를 받다 ---- 47
부정으로 얼룩진 5 · 30선거, 입후보할까 말까 ---- 49
조소앙, 전국 최고득표로 당선 ---- 52

전쟁, 벌거벗은 인간 군상

느닷없는 침공 소식 ---- 57
값싼 순교자론 ---- 59
김규식 박사와 나눈 마지막 인사 ---- 65
전쟁 중에 나를 찾아온 사람들 ---- 71

남는 자와 떠나는 자

피난길에 오르다 77
송창근 목사의 빨간 내복 82
어린 대인이의 기도 88
생생한 현실로 다가온 죽음 93

전쟁터에 꽃핀 인간애

민세 안재홍마저 납북되다 99
전쟁터에서 신을 찾았건만 106
믿음의 불씨를 심어준 두 간호원 110
도강파와 잔류파의 더러운 싸움 116
부모님을 찾으러 다시 북으로 119
중공군의 참전 124
기차 꼭대기에서 트럭 꽁무니까지 126
항구도시 부산 130

부끄러운 땅, 부끄러운 시간

인산인해를 이룬 피난민 133
추악한 지옥을 보다 135
다대포의 비바람을 뚫고 139
부산에서 조선신학교를 재건하다 144
백골단과 땃벌떼를 피해 진해로 숨다 150
전쟁터에서 교회는 분열하고 154
"강목사, 당신이 인간이오?" 160

북미대륙에서 부는 바람

수영비행장에서 유학길에 오르다 — 167
20일 걸려 도착한 캐나다 — 169
내 생애 가장 평화롭고 아름다운 열흘 — 174
한밤중 곰과 대면하다 — 179
에덴 동산의 선량한 사람들 — 182

낯선 땅 낯선 사람들

프리먼 학장의 권유 — 185
하나뿐인 한국인, 인터뷰 요청까지 받아 — 189
캐나다 음식, 캐나다 여자 — 193
일본 교회에서 만난 하야가와 — 196
향수병에 걸리다 — 199
고난을 겪으며 쓴 논문주제는 '고난' — 201
공부를 계속하고 싶다 — 203
닫힌 문 앞에 서서 — 207

자유롭고 역동적인 도시 뉴욕

한국대표단의 해프닝 — 213
수치스러웠던 한국인의 밤 — 217
스승을 찾아 뉴욕으로! — 219
유니언 신학교 — 221
물리칠 수 없는 달콤한 유혹! — 224
뉴욕의 한국사람과 포차이 김치 — 227
독일 여성 에바와 만나다 — 229

스승 니버와 틸리히

약 잘못 먹어 병원에 실려가다 235
드레곤龍과 가브리엘天使 239
미국 부자의 특이한 제안 244
틸리히가 준 선물 247
어떻게 행동할 것인가—스승 니버의 가르침 250
예수님은 누구인가—스승 틸리히의 가르침 255
거룩한 낭비 259
종교의 멍에 261
는 받아들여졌다 264

쓰디쓴 고난의 열매

산업사회에서 소외되는 인간들 269
막노동에 지친 유학생활 272
영국 여인 샐리와의 아쉬운 만남 275
학위와 영주권을 거머쥐고 279
뉴욕과 워싱턴을 오가다 283
영주권을 불태우며 287

새로운 전쟁터로 돌아오다

"언행을 조심하세요" 293
조봉암의 은밀한 제의 296
"내게 술 한 잔 달라" 302
제3의 길을 모색했던 정치가 307

율법에 얽매인 사람들

강단에서 거부당하고 교단으로 — 311
경동교회 떠날 것인가, 말 것인가 — 315
여자는 목사가 될 수 없나 — 321
불길 속으로 뛰어드는 아내 — 324
술 마시는 목사 천벌받다? — 327
"요정 청운각에 날 데려다주시오" — 332
"목사님과 춤추고 싶어요" — 336

시위의 불길은 타오르고

부정선거는 피를 부르고 — 339
아, 김주열! — 342
최인규 부인의 슬픈 거짓말 — 345
김대중의 청혼을 받은 이희호 — 349
이혼과 산아제한 논쟁 — 352
막내 대영이의 죽음 — 356

5 · 16이 터졌다

"목사님도 쿠데타에 협조해주시죠" — 369
"박정희 장군에게 드릴 말씀이 있습니다" — 376
더 작은 악을 택하라 — 382
박정희는 두 얼굴의 사나이? — 385
007작전 '박정희의 배후를 추적하라!' — 393

환상과 절망을 넘어서

김용기 장로

정치에 대한 실망과 좌절로 지쳐버린 나는 이제 세상의 번다한 잡사는 모두 뒤로한 채 조용히 산에 들어가 책을 읽거나 기도하고 싶은 마음뿐이었다. 그런 내게 마침 그 기회를 제공해 준 사람은 김용기(金容基) 장로였다. 그의 집은 자하문 밖 삼각산 아래 논과 밭이 펼쳐진 곳에 있었는데, 그곳에 와서 좀 쉬라는 연락이 왔다.

나는 그를 형님이라고 불렀으며 그는 나를 동생 이상으로 아껴 주는 사이였다. 그는 일제시대 때 여운형을 모셨고 해방 후에도 그를 따라 다녔다. 미군정 때 불법 무기 소지죄로 구속된 적이 있었는데 그 재판에는 나도 몇 번 방청을 갔었다. 그때 교도소 생활을 한 것이 그에게는 크나큰 충격이었던 모양이다.

교도소에서 나온 후 그는 정치에서 손을 떼고 성(姓)도 김씨에서 일가(一家)로 바꿨다. 호(號)가 아니라 성이 일가가 된 것이다. 여기에는 두 가지 뜻이 있었다. 하나는 '가'(家) 자를 파자(破字)하면 갓머리 밑에 돼지 '시'(豕) 자가 있으므로 자기가 있었던 돼지우리 같은 교도소를 의미하는 것이고, 다른 하나는 그런 돼지우리에서 벗어나 이제는 뜻맞는 사람끼리 모여 농사를 지으며 한 집안처럼 공동체의 삶을 만들어 나가고자 하는 의지를 담은 것이었다.

그는 여운형의 육촌동생인 여운혁 가족과 함께 살았는데, 아이들 등 식구가 많아 불화가 생길 법한데도 전혀 그런 일이 없었다. 그는 아내에게 "만약 안사람들 사이에 불화가 생기면 이혼한다"고 말해둘 정도로 엄하게 다짐을 해두었다. 그런 덕분인지 분쟁의 불씨가 될 만한 가족 이기주의 같은 것은 찾아보기 힘들었다.

김용기 장로의 집에서는 매일 아침 일찍 가정 예배가 열렸다. 그는 기도 중 친한 사람들을 하나하나 거명하며 축도를 해주곤 했는데, 내 이름도 늘 끼여 있었다.

나는 그의 집에서 꽤 오랫동안 지냈다. 농촌 분위기에 흠뻑 젖어 라디오나 신문도 멀리한 채 세상일에는 관심을 두지 않고 책 읽고 기도하며 산책하는 것으로 하루를 보내곤 했다. 밖에서는 대통령 취임식이다, 정부 수립이다 해서 완전한 독립국가가 탄생된 양 법석이었지만, 나는 앞으로 내가 할 일이 과연 무엇인가를 조용히 모색하는 데 골똘했다.

존경해온 민족 지도자들을 직접 만나 그들의 실상과 허점을 보고 실망에 빠진 나로서는 이제 더 이상 기성 정치인들에게 기대할 수 없다는 결론을 내렸다. 희망을 둘 곳이라고는 젊은 후배들밖에 없었다. 김규식 박사가 나를 두고 한 말이 생각났고 '나도 이제 기성 세대가 되었구나' 하는 서글픈 감정도 들었다. 해방 후 3년 동안 권모술수가 판치는 정치 세계에서 험한 경험을 많이 한 데다 실망과 좌절이 깊었던 탓인지 나는 내가 무척 늙어버린 듯한 느낌이 들었다.

김용기 장로의 집에서 휴식을 마치고 돌아온 나는 작심한 대로 청년학생운동에 열성을 쏟기 시작했다. 앞서 말했듯이 경동교회는 기독학생운동의 발원지요, 중심지로서 입지를 굳히고 있었다.

경동교회에서 싹을 틔운 KSCF와 신인회는 전국적으로 활동을 넓혀가고 있었다. 그런데 KSCF, 즉 기독학생총연맹이 그 세력을 확대해 나가게 되자 다른 기독학생 단체들과 마찰을 빚는 일이 생기게 되었다.

일제 시대 때부터 활동했던 YMCA와 YWCA가 한국 기독학생운동의 정통성은 자기들에게 있다고 주장하며, 세계 기독학생연맹(WSCF, World Students Christian Federation)의 정식 회원은 국내에서는 자기들뿐이라고 문제를 제기하고 나선 것이다.

우리는 WSCF라는 단체가 있는지도 몰랐는데, 그들이 문제를 제기하고 나오자 난감할 수밖에 없었다. YMCA의 경우 해방 후 재정비한 18개 대학 Y와 54개 고등학교 Y 가운데 1개 대학과 16개 고등학교 Y만 남고 나머지는 전부 우리 KSCF 산하로 들어오게 되었다. 그렇게 되자 이 문제를 WSCF측에 제기하기에 이른 것이다.

WSCF측에서는 사람을 보내와 이 문제를 협의하게 되었는데 협의 결과 한국 기독교연합회(NCC, National Council of Churchs) 산하에 청년국을 만들어 WSCF, YMCA 등을 관장하도록 하고 세계와의 창구 역할도 맡게 한다는 데 의견 일치를 보았다. 이렇게 해서 생긴 NCC 청년국 초대 간사에는 내가 임명되었다.

그 무렵 네덜란드 암스테르담에서는 세계교회협의회(WCC, World Council of Churchs)의 창립 총회에 앞서 청년대회(1948년 8월 22일~9월 4일)가 열리게 되었다. 한국도 대표를 보내기로 했는데 직책상 적격자는 나였으나, '30세 이하'라는 참가자 나이 제한 규정에 묶여(당시 내 나이는 31세) 참석할 수 없게 되었다. 그래서 나 대신 교회청년연합회 부회장이 가게 되었는데, 나중에 알고 보니 나보다 한 살 위였다.

어쨌든 이 청년대회를 계기로 WCC에 청년부가 구성되었는데, 비록 나는 대회에 참석은 못했지만 NCC 청년국 간사로서 WCC 청년부위원회의 한국인 멤버로 선출되었다. 이때부터 나와 WCC의 유대가 시작되었다.

책으로 만난 라인홀드 니버

암스테르담 청년대회에는 나이 때문에 참석하지 못했으나 대신 일본을 방문할 기회를 갖게 되었다. 우리와 함께 청년운동을 하던 사람 가운데 정훈 장로라고 나이가 나보다 훨씬 많은 사람이 있었는데, 그의 주선으로 그와 나, 그리고 지금 오사카에 가 있는 김덕

성(金德成) 목사가 청년 대표로 일본을 방문하게 되었다.

그런데 우리 세 사람의 방일 목적이 제각기 달랐다. 정훈 장로는 사업에 관심이 있었고, 김목사는 일본에서 일해볼 가능성을 탐색하고자 했으며, 나는 일본에서 세계 역사와 사상의 새로운 흐름을 알아보고자 하였다.

그때 내 생각은 학생들을 미래의 지도자로 육성해야 한다는 데 쏠려 있었는데, 그러자면 세상이 어떻게 돌아가는지, 미래가 어떻게 되어갈지 잘 알고 방향을 잡아줄 필요가 있었다. 지금까지처럼 막연한 애국심만 이야기하고 돌아다닐 수는 없었다. 당시 한국은 변변한 책 한 권 없었는데, 일본은 그에 비해 상당히 열려 있었다. 물론 여러 나라를 직접 돌아다니면 좋겠지만 그럴 여건은 못되었으므로 일본에서 되도록 많은 정보를 수집해오고 싶었다.

우리는 방일을 앞두고 졸업 증명서처럼 커다란 여권을 받았다. 독립된 대한민국 국민으로 우리 정부의 여권을 발급받고 보니 감개가 무량했다. 민간인으로서는 처음 있는 일이라 더욱 그랬다.

그런데 입국 허가가 문제였다. 그 문제를 어떻게 해야 할지 몰라 우리는 외무부 차관을 만나 여권만 있으면 비자가 없어도 되느냐고 물었다. 그런데 그때 외무부 장관이었던 장택상이 우리를 들어오게 하더니 마구 화를 내며 이렇게 소리를 지르는 것이었다.

"이 사람아, 정신 차려! 아니, 당당한 독립 국가의 국민이 아직도 식민지 근성을 버리지 못하고 일본놈들의 허가를 기다린단 말인가? 우리는 버젓한 독립 국가란 말이야."

우리는 장관인 그의 말만 믿고 입국 허가도 받지 않은 채 프로펠러 항공기를 타고 세 시간 반을 날아서 동경에 도착했다. 그런데 공항에서는 입국 허가가 없어 입국이 안 된다는 것이었다. 참으로 곤혹스런 일이었다. 그렇다고 그냥 되돌아갈 수도 없었다.

궁리 끝에 우리는 일본에 맥아더 사령부가 있다는 사실을 떠올리곤 전화번호부에서 미군 사령부를 찾았다. 자세히 살펴보니 마침 사령부 안에 종교과가 있었다. 그래서 그곳에 전화를 걸어 우리의 사정을 설명하고 도움을 청했다. 그랬더니 다행히도 "그곳에서 기다리고 있으라"는 대답이 있었다.

얼마 후 사령부의 종교과장이 직접 차를 몰고 와서 우리를 태웠고 우리는 문제없이 공항을 나와 일본에서 활동할 수 있게 되었다.

우리는 일본 전국을 돌아다니며 강연도 하고 일본의 종교 지도자나 학자들도 접하면서 두 달 가량 머물렀다. 나는 강연을 하러 돌아다니는 틈틈이 책에 관심을 쏟았다. 내 관심을 가장 많이 끈 책은 일본어로 번역된 라인홀드 니버의 『빛의 자녀들과 어둠의 자녀들』이었다. 나는 이 책을 통해 니버의 사상을 처음으로 접하게 되었는데, 그것은 새로운 관점과 세상을 내게 열어주었다. 나는 큰 충격을 받아 그후에도 그의 글이 나올 때마다 탐독하게 되었다. 뒷날 미국 유학을 결심하게 된 동기 가운데 그의 문하생이 되어 공부해보고 싶다는 열망이 큰 몫을 차지하게 된다.

그의 사상을 접하기 전까지 나는 이분법적인 사고 속에서 살았다고 할 수 있다. 하나님 앞에서 선과 악을 분명하게 구분하고 악을 물리치며 선을 택하는 것만이 믿음 가진 자로서 마땅한 삶이라고 생각했다. 그러나 이런 이분법적인 도덕주의 속에 도사리고 있는 거짓을 니버는 샅샅이 파헤쳐 주었다. 선과 악을 도식적으로 구분하지 않는 그의 사상은 이후 나에게 지대한 영향을 미쳤다.

『빛의 자녀들과 어둠의 자녀들』은 2차 대전을 소재로 쓴 책인데 여기서 '빛의 자녀들'은 민주 진영을 일컫는 말이고 '어둠의 자녀들'은 히틀러 등 제국주의를 빗댄 말이다. 이 이야기는 예수님의 얘기에서 끌어온 것이다. 어둠의 자녀들은 지혜가 있는데, 빛의 자녀들은 지혜가 없다는 것이다. 니버는 세계사의 흐름을 세세히 짚어가면서 자본주의와 공산주의를 모두 비판하고 있었다. 빛과 어둠은 어느 한쪽이 절대로 옳고 그른 것이 아니라는 것이다. 그의 사상은 지난 3년 동안 해방 정국에서 회의와 실망을 맛본 나에게 큰 울림을 주었다.

극좌도 극우도 싫어한 본래의 내 생리는 니버의 사상에 공감할 수밖에 없었다. 니버의 사상은 내가 그 동안 무의식적으로 지녀온 생각들에 이론적인 근거를 마련해주어 이후에는 의식적으로 나의 사상을 견지해 나가게 되었는데, 그것이 바로 between and beyond(중간 그리고 그것을 넘어서)이다.

나는 일본 YWCA 청년학생부 좌담회에도 참석했다. 나는 그 자리에서 일본 참석자들에게 다음과 같은 요지의 말을 했다.

"우리는 우리 정부가 수립된 후 민간인으로서는 처음으로 일본을 방문했다. 우리가 이곳에 온 목적은 당신들이 저지른 과거의 잘못을 따지고 비난하기 위해서가 아니라, 당신들에게 회개를 촉구하여 한 · 일간의 새 출발을 기하려는 데 있다."

내 말에 일본 청년 몇 명이 불쾌하다는 반응을 보여 분위기가 어색해지려는데 키가 작달막한 웬 여인이 일어서더니 그 청년들을 나무라고는 그런 점을 지적해주어 고맙다는 인사를 했다.

좌담회가 끝나고 나는 그녀와 차를 마시면서 이야기를 나누었는데 그녀가 바로 니버의 『빛의 자녀들과 어둠의 자녀들』을 번역한 다케다 기오코(武田清子)였다. 그것이 인연이 되어 일본에 체류하는 동안 나는 그녀의 도움을 받게 되었는데 특히 고마웠던 것은 그녀가 나의 방일 목적을 아주 잘 이해하고 읽을 만한 좋은 신간들을 골라주었던 점이다. 이렇게 구입해온 책은 나뿐만 아니라 책에 목말라 있던 동료들에게도 큰 도움이 되었다. 나아가 그녀는 훌륭한 일본인 학자들도 소개해주어 일본을 떠날 때 나는 장문의 편지로 내 고마운 마음을 전했다.

그후 일본을 방문할 때면 꼭 다케다에게 연락을 했고 그러면 그녀는 일본 학자들과 식사를 하면서 이야기를 나누도록 자리를 마련해주곤 했다. 또 6·25전쟁이 일어났을 때는 한국 학생들이 읽을 수 있는 책을 모아 보내주기까지 하였다.

그녀는 1954년 에반스턴에서 열린 세계교회협의회 총회에 참석했던 내가 총대 자격이 없어 어려움을 겪었을 때 힘을 써주기도 했다. 후에 유명한 경제학자와 결혼한 그녀는 결혼 뒤에도 나와 연락을 하며 우정을 나누었고, 나는 지난 1988년 서울올림픽 국제 학술회의에 그들 부부를 초청한 바 있다.

당시 일본은 패전의 여파로 사회 전체 분위기가 밑바닥까지 떨어져 있는 듯한 느낌이었다. 정치적으로는 사회당이 집권하고 있었으며 경제가 말이 아니어서 길거리에 창녀들이 우글대고 있었는데, 그게 내겐 충격적이었다. 그러나 미국의 도움으로 사회 전반에 걸친 민주 개혁은 비교적 순조롭게 진행되고 있었다. 일례로 그 악명 높은 '일제 경찰'의 모습은 많이 사라지고 대신 민주적인 경찰의 모습이 두드러졌다. 한국 교포 사회는 친북 세력이 대세를 잡고 있었으나 기독교 세력만은 철저한 반북 · 친이승만 색채를 띠고 있었다.

쓰러진 큰 곰 김구

예상했던 대로 정부 수립 이후의 정국은 정치에 대한 나의 실망과 불신을 더욱 심화시키는 방향으로 전개되었다. 특히 친일 잔재를 청산하고 민족 정기를 되살리기 바라는 국민들의 염원을 담은 '반민족 행위 특별조사위원회'의 활동이 제대로 이루어지지 않자 국민들은 실망에 빠졌으며 이때 백범 김구 선생마저 암살되는 사건이 일어났다.

김구 선생이 암살된 것은 1949년 6월 26일 경교장에서였다. 그날 김구는 『중국시선』을 읽고 있었다고 한다. 주일 예배에 참석할 예정이었으나 마침 차가 없어 교회에 가지 못하고 대신 집에서 책을 읽으면서 무료함을 달래고 있다가 변을 당한 것이다.

세상에 알려진 대로 암살범은 서른두 살의 육군 포병 소위 안두희였다. 나는 몽양 여운형의 저격 소식을 들었을 때는 방문을 닫고 울었지만 김구 선생의 살해 소식을 듣고는 비참한 심정과 분노를 참을 수 없어 경교장으로 곧장 뛰어갔다. 김구 선생의 측근인 조완구, 엄항섭 등을 만났는데 그들은 한결같이 이승만의 소행으로 단정하고 있었다. 그러나 나는 아무리 노선이 다르기로서니 이박사가 김구 선생에게 그런 끔찍한 짓을 할 리는 없다고 생각했고 오히려 그 사람들이 경솔하게 의심한다고 여겼다.

김구 선생의 장례식은 서울운동장에서 국민장으로 치러졌는데, 나도 장례위원의 한 사람이었다. 장례식에는 이승만 대통령도 애도의 글을 보내왔다.

"나는 절세의 애국자 백범 김구를 죽인 사람이 일본 사람이 아닌 한국인이라는 사실에, 내 비록 우리 민족을 사랑하여 오랜 세월 독립운동을 해왔으나 이제 더 이상 한국인을 사랑할 수 없을 것 같은 심정입니다."

애통한 심정이 절절히 표현된 그 애도사를 듣고 나는 '그러면 그렇지, 아무렴 이대통령이 그런 짓을 했을까' 하는 생각을 다시금 하면서 김구 선생 측근들의 근거 없는 추측을 피해 망상증이라고 무시해버렸다. 그때까지만 해도 나는 순진하게 이대통령의 말을 진심으로 믿었던 것이다.

그런데 6·25전쟁이 나서 부모를 모셔오기 위해 제2군 사령부와 함께 서부 전선을 따라 올라가 평안북도 순천에서 하룻밤을 묵게 됐을 때였다. 나는 그때 인사참모였던 박남표 장군의 막사에서 함께 잤는데 잠이 들기 전에 그가 넌지시 말을 걸어왔다.

"목사님, 내가 아는 중요한 비밀이 하나 있는데 이건 절대로 누설해서는 안 됩니다. 이게 누설되면 목사님도 죽고 저도 죽습니다."

"아니, 그렇게 위험한 것이라면 왜 굳이 말씀하려고 하십니까?"

"그래도 목사님 같은 분은 아셔야 할 일이기 때문입니다."

그러더니 그는 더욱 목소리를 낮추고 말했다.

"김구 선생을 암살한 안두희가 지금 이 부대에 와 있습니다. 그런데 그 사람은 매우 특별한 위치에 있어요. 이대통령이 '이 사람의 인사 이동은 내 허락 없이는 하지 말라'는 지시를 내렸으니까요."

그는 더 이상 얘기하지 않았지만 그 말이 무엇을 뜻하는지는 자명했다. 나는 차마 믿고 싶지 않았던 사실의 진상을 대면한 기분이었다. 대통령 이승만이 애국자 김구를 죽인 사람을 보호해주고 있는 상황이라니. 어찌되었건 이승만은 내가 어렸을 때부터 신화적인 독립운동가로 이름을 들어온 사람이요, 애국자이며 국부로 추앙을 받는 민족 지도자였기 때문에 내 실망과 상처는 그만큼 더 컸다.

김구에 대한 살해 기도는 안두희의 범행 이전에 이미 몇 차례 더 있었다. 평택의 병점 고개나 한강에서 자동차 사고를 가장한 암살 계획이 추진되어 49년 초에는 김구를 암살하려 한다는 소문이 파다하게 번질 정도였다. 그럴 때마다 김구는 "왜놈도 나를 죽이지 못했는데 동포가 설마 나를 죽이려구" 하면서 대수롭지 않게 여겼다고 한다.

27년 동안이나 해외 망명 정부를 이끌면서 항일 투쟁의 최전선에 섰던 김구는 해방된 조국에 개인 자격으로 환국하는 푸대접을 받았지만 통일 정부 수립을 위해 많은 노력을 기울였다. 그러나 미국과 이승만 세력의 분단 정권을 지켜보면서 암살당할 무렵에는 재야에서 은둔하듯 살아왔다.

해방 정국에서 그의 사상적 지향점은 미 · 소 양군에 의한 점령군 통치를 배격한 반외세 반제국주의 투쟁, 두 개의 한국 반대, 즉 통일 정부 수립으로 모아졌다. 이 때문에 48년 단정 수립이 표면화되자 '삼천만 동포에게 읍고함'이라는 성명을 통해 미군정과 분단 세력을 비판하면서 "통일된 조국을 건설하려다가 38선을 베고 쓰러질지언정 일신의 구차한 안일을 취하여 단독 정부를 세우는 데 협력하지 않겠다"고 선언했다.

북행을 하여 김일성 · 김두봉과 만나 통일 정부 수립을 논의하는 등 남북 협상을 벌였지만 무위로 그치게 되고, 결국 남과 북에 반쪽 정권이 들어서면서 그는 초야에 묻혔다가 암살당한 것이다.

김구 선생 암살 배후는 그가 죽은 지 50년이 더 지난 지금까지도 그 실체가 분명히 드러나지 않고 있다. 게다가 암살범 안두희는 1996년 버스 기사 박기서라는 사람에 의해 살해되어 그 실체를 캘 기회는 영원히 사라지고 말았다.

안두희는 죽기 전 암살 배후로 당시 권력을 휘두르던 이런저런 사람의 이름을 들먹이기도 했으나 나는 그런 말을 믿지 않는다.

과연 김창룡이니 장택상이니 하는 정도의 선에서 그런 일을 독자적으로 꾸미고 또 안두희를 그처럼 보호할 수 있었겠는가? 분명한 물증도 없이 심증만 가지고 이대통령이 백범 암살의 최고 배후라고 말하기는 어렵겠지만 안두희가 제2군 사령부 내에서 이대통령의 보호를 받고 있었다는 사실 한 가지만으로도 사전이든 사후든 백범 암살에 이대통령의 양해가 있었던 것임은 추측하기 어렵지 않다.

백범의 암살과 관련해 제헌의원이었던 이상돈 역시 매우 시사적인 기록을 남겨놓고 있다. 그는 『조선일보』(1990년 5월 8일자)에 발표한 회고록에서 다음과 같은 증언을 남겼다.

> 나는 1965년 미 국무부 초청으로 2개월 동안 미국 각지를 시찰한 적이 있었다. 보스턴 시에 갔을 때 하버드 대학 헨더슨 교수의 초대로 그의 집에서 저녁 식사를 같이했다. 헨더슨 교수는 주한 미 대사관 문정관으로 10년 이상 근무했던 사람으로 한국 사정에 밝고 한국말을 거침없이 했다. 그는 느닷없이 "우남 이승만이 왜 하와이로 망명했는지 이의원은 알고 있습니까?" 하고 질문하는 게 아닌가. 헨더슨은 다음과 같은 얘기를 들려주었다.
>
> "만약 한국에서 백범 암살 사건 진상 규명 운동이 일어나지 않았다면 이승만은 한국 땅을 떠나지 않았을 것이오."
>
> 나는 그의 말뜻을 이해하고 화제를 얼른 바꿔버렸다.

백범 암살과 관련해 지난 2001년에 발표된 '미 문서보관청 비밀 문건 공개 파문' 이라는 제하의 기사(『한국일보』, 2001년 9월 5일자)는 조금 다른 각도에서 백범 암살의 진상을 짐작하게 해준다.

백범 김구 선생을 암살한 안두희가 광복 전후 주한 미군 방첩대(CIC) 정보원 및 요원으로 활동했다는 미 국립 문서보관청의 비밀 문건이 4일 공개됨에 따라 백범 암살의 '실체적 진실'이 서서히 드러나고 있다. 우선 이 비밀 문건은 학계 등에서 주장해 온 '미국 배후설'을 상당 부분 뒷받침하는 것이어서 적지 않은 파장을 불러일으킬 것으로 보인다.

국사편찬위원회가 이날 공개한 '김구: 암살에 관한 배후 정보' 문건을 통해 새로 밝혀진 내용은, 안두희가 CIC 요원으로 활동했다는 것과 안두희에게 백범 암살을 지시한 인물은 해방 직후 대 공산주의 테러 활동을 했던 극우 테러 집단인 백의사(白衣社) 단장 염응택(일명 염응진)일 가능성이 크다는 점이다. 미 제1군 사령부 정보장교인 조지 실리 소령이 1949년 6월 29일 작성한 이 문건에는 안두희가 이 비밀 조직(백의사)의 구성원이자 이 혁명단 제1소조 구성원으로 되어 있다. 또한 '2명의 저명한 한국 정치인 장덕수와 여운형의 암살범들도 이 지하조직(백의사)의 구성원으로 알려져 있다'고 덧붙이고 있다.

이번 문건에는 백범 암살의 또 다른 배후로 지목돼 온 이승만 대통령에 대한 구체적인 언급은 없다. 그러나 이 문건을 발굴한 재미 사학자 방선주 박사의 증언은 귀를 쫑긋하게 한다. 그는 '(내가) 기밀 해제시킨 주한 미 방첩대원의 증언 문서 중에는 백범 암살의 최종적인 배후가 이승만 대통령이라는 확신들로 서술돼 있다. 파넬 소령의 증언이 그렇고, 맥두걸 대위의 증언이 그렇다'고 언급하고 있다.

백범은 3영수 중 가장 투박하게 생겼을 뿐만 아니라 말도 다른 정치가들처럼 선동적이거나 하지 않았다. 그는 큰 곰이었다. 치밀하고 민주적인 정치가라기보다는 무게가 있는 애국자였다. 그러나 현실 정치, 국제 정세 아래에서 한 나라를 맡아 다스릴 대통령 적임자라고 보기는 힘들다. 그가 임시정부 주석이 될 때도 스스로 원해서 그리 된 것이 아니었다. 그의 글에서도 드러나 있듯이 민족을 위한 일이라면 무엇이든지 할 수 있는 사람, 김구는 그런 사람이었다. 그런 그였기에 38선을 넘어 김일성을 만나고 오겠다는 결단도 내렸을 것이다.

김구가 미소 양군의 철수와 남북 지도자간의 협상에 의한 자주적인 정부 수립을 주장하니까 이승만과 한민당 계열은 입을 모아 그의 구상을 비현실적인 것이라고 비난했다. 이에 대해 김구는 다음과 같이 대답했다.

"세상에 가장 현실적인 방법과 수단이 어찌 한두 가지에 그치겠습니까. 땀을 흘리고 먼지를 무릅쓰며 노동을 하는 것보다 은행 창고를 뚫고 들어가 금품을 도취해서 안일한 생활을 하는 것도 현실적이라 할 수 있고 청빈한 선비의 정실이 되어 곤궁과 싸우기보다 차라리 모리배나 수전노의 애첩이 되어서 호사스러운 생활을 하는 것도 현실적인 길일지 모릅니다. 그러나 우리는 현실적이냐 비현실적이냐가 문제가 아니라 그것이 정도냐 사도냐가 생명이라는 것을 명기해야 합니다."

백범 김구 선생을 비롯하여 해방 후에 잇따랐던 고하 송진우, 몽양 여운형, 설산 장덕수 등의 정치 지도자 암살 사건은 그 원인과 배후가 어디에 있든 우리 정치사의 큰 비극이 아닐 수 없다. 그렇게 죽어간 그들 모두는 비록 정치 노선에서는 차이를 보였지만 민족주의자라는 공통점을 갖고 있다. 바로 이 점이 우리 역사의 비극이었다.

'뭉쳐야 산다'는 구호의 숨은 뜻은

해방 후 암살된 요인들이 민족주의자들이었다는 사실은 실패로 끝날 친일 세력 숙청을 예고해준 셈이었다. 일제의 불의에 시달려왔던 국민들은 하루빨리 일제의 찌꺼기를 제거함으로써 민족 자존심을 회복하고 역사를 바로 세우고자 하는 '당연한' 염원으로 가득 차 있었다. 이런 국민들의 여망에 따라 친일 부역자들을 처벌하기 위해 국회에서 반민족행위 특별조사위원회가 정식으로 발족한 것은 1948년 10월 23일이었다. 위원장은 김상덕(金尙德)이었고 부위원장은 나와 절친했던 김상돈(金相敦)이었다.

반민특위의 발족과 활동 상황, 이에 대한 이승만 대통령의 견제와 친일 세력의 방해 공작 등은 이미 현대사 연구가들이 충분히 밝혀놓았으므로 여기서 새삼 재론할 마음은 없으나, 온 국민에게 엄청난 분노와 실망을 안겨줬던 이 일련의 과정을 되돌아보면서 지금도 나는 이승만 대통령과 친일 세력에게 유감을 느끼지 않을 수 없다.

과거 부패 세력에 대한 숙청은 새 출발을 위해 필수적인 것이다. 더구나 우리 민족의 자존심을 완전히 짓밟아 뭉개버린 일제의 잔재만큼은 깨끗이 씻어낼 필요가 있었다. 그러나 반민특위의 활동은 처음부터 난관에 부딪혔다. 당시 김상돈 의원은 어려울 때마다 나를 불러 이야기해주었으므로 나는 그 내막과 고충을 잘 알 수 있었다.

자기 세력을 구축하기 위해 친일 경력이 있는 관료 등 친일 인사들을 다수 포용했던 이대통령은 처음부터 친일파 문제를 놓고 국회와 커다란 견해 차이를 드러냈다. 그를 비롯한 친일 세력은 공산 세력 타도와 치안 확보를 명분으로 내세워 반민특위의 활동을 견제하고 방해하면서 공산당을 제외한 모든 세력이 미래를 위해 단합해 싸워야 한다고 주장했다.

이대통령이 외쳤던 구호 '뭉치면 살고 흩어지면 죽는다'는 것도 이러한 맥락에서 이해할 수 있다. 경찰 내부에서는 특위 활동의 전면에 나선 의원들을 제거하려는 음모를 꾸미는가 하면, 이승만 대통령까지 가세해 특위조사위원들을 초치하여 노덕술은 경찰의 공로자이므로 석방하라고 요구하는 등 온갖 모략과 암살 위협 등으로 특위 활동은 크게 위축될 수밖에 없었다.

급기야는 1949년 7월 6일 친일 행위자들에 대한 공소 시효를 앞당기는 내용으로 반민법이 개정되고 51년 2월 14일 '반민족 행위 처벌법 등 폐지에 관한 법률'에 의해 이 법은 폐지되어 특위 활동은 끝나게 되었다.

해방 후 서울에 내려와 목도한 친일파들의 득세에 거부감을 느껴왔던 나는 처음부터 반민특위의 활동 과정을 커다란 관심을 갖고 지켜봤으나 특위 활동이 끝내 용두사미로 끝나고 말자 이대통령이 더욱 싫어졌고, 우리 정치 · 사회의 앞날에 더욱 비관적이 되지 않을 수 없었다.

이미 잘 알려진 대로 반민특위의 활동은 친일 부역자 숙청과 민족 정기의 구현이라는 역사적 사명을 다하지 못한 채 결국 권력의 힘에 의해 와해되고 말았다. 이러한 결과는 일제 하에서 민족운동, 독립운동을 해왔고 독립된 새 나라에서 올바른 민족 역사를 일궈가려던 사람들에게 크나큰 좌절감을 심어주었으며, 이후 우리 역사에서 '친일파의 자손은 영화를 누리고 독립 투사의 자손은 단칸 셋방을 전전하는' 왜곡된 현상을 낳게 되었다.

창조적인 소수

새로운 인간을 꿈꾸며

정치와 사회 현실에서 느낀 실망이 크면 클수록 나는 더욱 더 미래에 희망을 걸고 우리의 장래를 이끌 새 세대의 육성에 힘을 쏟았다. 이미 신인회를 통해 학생들과 함께 사상 연구를 해왔던 나는 일본에서 두 달 동안 모아온 책들을 귀국하자마자 목마른 사람이 물을 마시듯 정신없이 읽기 시작했다.

신인회에서 학생들과 토론하고 강좌를 열면서 사용한 책으로는 토인비의 『역사 연구』, 트류블러드의 『현대인의 위기』, 노스롭의 『동양문화와 서양문화의 관계』 등이 있었고 그 외에 사회학자 소로킨의 사상도 다룬 것으로 기억한다. 내가 일본에서 가져온 책 중에는 앞서 말한 라인홀드 니버의 저작과 막스 베버의 책도 있었다.

나는 그런 책을 혼자 읽을 수만은 없어 서로 돌려가며 읽을 수 있도록 신인회 회원들에게도 나누어주었다. 그리고 모두 읽은 후에는 함께 모여 책의 내용에 대해 토론했다. 내 기억에 그 당시 책을 가장 열심히 그리고 많이 읽었던 사람은 후에 숭전대 총장을 지냈고 지금은 한림대학교 한림과학원 석좌 교수 및 크리스챤 아카데미 이사장으로 있는 고범서(高範瑞)였다. 당시 그는 사범대학에 다니는 학생이었는데, 며칠 만에 한 번씩 우리 집에 와서 새 책을 빌려가곤 했다.

책읽기를 마친 나는 그 동안 읽은 내용을 내 나름대로 정리하여 대학과 고등학교를 돌아다니며 강연을 했다. 강연 내용은 주로 현대 사상과 이념, 특히 자본주의 · 공산주의 · 민족주의 등에 대한 소개와 비판, 그리고 '새로운 시대의 비전과 그 새 시대를 맞기 위해 우리 젊은이들이 어떻게 대비를 해야 할 것인가'에 관한 것이었고, 기독교 사상에 관한 것도 많았다.

"현대문명은 몰락해간다. 따라서 우리는 새로운 문명을 맞을 준비를 해야 하는데, 새로운 문명은 아시아가 중심이 되어 생긴다. 우리는 새 문명의 창조자로서 우리 민족의 우수성을 확인하는 한편 그 동안의 잘못된 의식 구조와 태도도 개혁해야 한다. 다가올 새 시대는 여러분과 같이 선택받은 창조적 소수자(creative minority)가 주도하게 되는데 이를 위해 여러분에게 요구되는 것은 새 르네상스, 새 종교개혁, 새 인간혁명이다."

새로운 목소리에 주려 있던 학생들은 내 강연에 크게 호응했고 공감하는 학생들이 주변에 모여들기 시작했다. 이렇게 되자 이는 단순한 기독교 운동만이 아니라 일종의 사상 운동으로 발전해나가기 시작했다.

새 시대의 건설자

그런데 내 강연이 학생들에게 큰 인기를 얻자 여러 군데서 강연 내용을 책으로 엮어달라는 부탁이 들어왔다. 바쁜 가운데 책을 쓰는 일이 쉽지는 않으나 나 역시 책을 쓰고 싶은 마음이 컸기 때문에 1949년 하반기부터 만사를 젖혀놓고 집필 작업에 들어갔다. 나는 결심을 굳게 하고 우리 집 2층 방에 틀어박혔다. 원래 그 방은 학생들이 무시로 드나들던 사랑방 같은 곳이었으나 그때부터는 아예 출입을 통제하고 나 혼자만의 공간으로 만들었다.

나는 원래 악필이고 글보다 말이 능한 편이어서 내가 쓴 글을 다듬고 정서해줄 사람이 필요했는데, 당시 그 일을 맡아준 사람이 김대중 대통령의 부인 이희호였다. 그때 사범대학 학생이었던 그녀는 방 한쪽 구석에 앉아 내가 넘겨주는 초고를 받아서 정리해주곤 했다. 화장실에 가는 것만 빼놓고 나머지 시간을 거의 방에 틀어박혀 집필에 몰두한 결과, 한 열흘 만에 원고가 끝났다. 굉장한 속필이었던 셈인데, 그만큼 할 말이 많았다는 얘기도 된다.

그렇게 이희호의 도움으로 1949년 하반기에 출간된 책이 『새 시대의 건설자』였다. 책 표지는 영국의 종교화가 와츠(1817~1904)가 그린 「소망」(Hope)이라는 그림으로 채웠다. 그 그림에 관해서는 책의 결론 부분에 이렇게 적어놓았다.

독신의 처녀가 남루한 옷을 입고(빈한), 발은 쇠사슬에 얽매이고(부자유), 때는 밤이건만 눈은 가리웠고(암담한 환경), 소망이라고는 손에 든 한 개의 하프인데 그것도 줄이 다 끊어지고 단 한 줄만 남은 것이다(믿었던, 기대하였던 것이 하나하나 내게서 떨어져 나가는 것). 그러나 조금도 실망하지 않고 전심전력을 기울여 마지막 남은 단 한 줄의 하프를 뜯는다. 그의 얼굴과 몸에는 희망이 빛난다. 그는 지구를 타고 앉아 있다.

나는 항상 이 그림을 내 책상 앞에 두고 무한한 격려를 받는다. 단 한 줄 하나님과 나 사이에 맺어진 줄만은 결코 끊어지지 않는다. 그것으로 족하다. 모든 것을 다 잃어버릴지라도 하나님께 붙잡힌 자로서 명랑하게 싸울 수 있는 자, 사랑하는 애인을 파묻으면서 부활의 아침을 보고 사는 자만이 새 시대의 건설자가 될 소망에 사는 자다.

지금 이 책을 읽어보면 부끄러운 부분이 많이 보인다. 내가 너무 젊었기 때문이었겠지만 모든 문제를 지나치게 단순화시킨 점이 있다. 그러나 전쟁을 통해 전세계를 지배하려고 하는 게 서구 문명이고 서구 문명의 시대는 끝났다는 이야기, 아시아로 역사의 중심은 옮겨오고 있다는 이야기, 이 아시아로 오는 역사는 다시 조선 반도가 역사의 초점이 된다는 이야기에 이어 이것을 해나갈 수 있는 사람은 창조적인 소수라는 줄거리는 지금 생각해도 옳은 판단이었다는 생각이 든다.

이런 주제가 당시 젊은이들에게 열광적으로 받아들여졌음인지

이 책은 14판까지 나왔던 것으로 기억된다. 그러나 6·25 때 책의 지형까지 다 타버려서 그후 나조차도 책을 갖고 있지 못했는데 누군가가 한 권을 갖다주어 현재 아주 낡은 상태로 보관하고 있다.

전운은 감도는데

1948년 8월 15일 남쪽에 대한민국 정부가 세워지고 곧이어 9월 9일 북쪽에 조선 민주주의 인민공화국이 수립되면서 남과 북은 극우 정권과 극좌 정권으로 갈라지게 되었다. 그리고 어렵지 않게 예측할 수 있듯이 두 개의 한국, 남과 북 사이에는 전운이 감돌기 시작했다.

1949년 들어 휴전선에서는 충돌이 잦아졌으며 남쪽에서는 북진 통일을, 북쪽에서는 남반부 해방을 각각 주장하고 나서 무력을 통한 정면 대결 가능성은 분단 고착화와 함께 점차 짙어지고 있었다. 그럼에도 미국은 그해 6월 군사 고문단 500명만 남기고 주한 미군 철수를 단행했으며, 국내 정세는 백범 암살과 권력 다툼 등으로 혼미한 상태였다.

그 동안 서로의 필요에 의해 손을 잡았던 이승만과 한민당 세력은 정부 수립 이후 권력을 사이에 두고 서로 다투는 사이로 변해갔다. 1949년 2월에는 신익희 세력과 지청천의 대동청년단 등 반이승만 세력들이 결집해 한민당을 주축으로 하여 민주국민당을 창당, 이승만 대 반이승만 세력의 대결이 첨예해지고 있었다.

그런 와중에 이승만 정부는 "전쟁이 나면 점심은 평양에서 먹고 저녁은 신의주에서 먹는다. 전쟁을 해서 통일을 하고 싶어도 미국이 원치 않아 할 수가 없다"는 등 현실과 동떨어진 큰소리로 국민을 기만하고 있는 판국이었다. 그런 상황이었으므로 대다수 국민들은 감히 북쪽에서 전쟁을 도발하리라는 생각은 꿈에도 하지 못했다.

하지만 정치가들의 속성을 잘 알고 있던 나는 그들의 큰소리를 그대로 믿을 수 없었다. 더구나 미군 철수는 북측에 좋은 기회를 제공해준다는 점에서 나의 우려는 더 커져갔다. 그런 면에서 나는 미군 철수에 반대하는 입장이었고, 나뿐 아니라 대다수 기독교인들 역시 마찬가지였다. 우리는 서울운동장에서 미군 철수 반대 시위를 대대적으로 열기도 했다.

내가 공산주의자들의 남침을 우려하여 이런저런 의사를 표명했을 때 주위 사람들이 보인 반응은 다양했다. 그간 나와 노선을 함께 해온 중간 진영은 나의 우려를 피해망상증 정도로 생각하는 태도를 보였고, 그때까지 나를 좌파니 회색분자니 하고 매도하던 사람들은 나에 대한 인식을 다소간 달리하는 듯했으며, 반면 좌익 쪽에서는 나를 보수 반동으로 몰아세웠다.

1949년 가을에는 신인회 회원이자 은진중학 시절부터 나와 함께 활동해왔던 남병헌이 미국 유학길에 올랐다. 우리 신인회 구성원 중 최초로 미국 유학을 떠나게 된 것인데, 당시에는 미국 유학이라면 엄청난 사건이어서 그가 떠나기 전 사람들이 모두 모여 송별회를 열었다. 나는 그 자리에서 다음과 같은 송사를 했다.

"당신이 미국에 가 있는 동안 우리나라에는 전쟁이 일어나서 국토는 초토화되고 우리는 시체로 변해 있을지 모르지만, 비록 그렇게 되더라도 당신이 돌아와 우리의 정신을 살려서 이 나라를 위해 살아주어야 합니다."

결국은 예언이 되어버린 그 말 때문에 전쟁이 일어난 후 사람들은 내게 "그때 무슨 영감을 받았느냐, 아니면 계시를 받았느냐"고 묻기도 했지만, 사실 정세를 제대로 살필 줄 아는 사람이라면 누구나 전쟁의 가능성을 생각할 수 있었다. 국제적으로는 냉전 시대가 시작되었고 타협의 여지가 없는 두 극단 세력이 국토를 양분하고 있었으니 전쟁의 조짐은 장마철에 곰팡이가 번지듯 점점 커져만 갔다.

뒤 터진 바지 입고 목사 안수를 받다

1949년 가을이었다. 신학교에서 무기 정학을 받았던 나는 김재준 목사의 배려로 다시 학교에 돌아가게 되어 졸업 시험을 치르고 1948년 10월 학교를 졸업했다. 다시 말해 목사가 될 수 있는 자격이 생긴 것이다.

하지만 나는 김목사의 거듭된 권유에도 목사가 될 생각은 하지 않고 있었다. 목사라는 직책은 왠지 교회의 틀 안에 갇히는 듯한 느낌이 들었고, 그런 틀은 내게 맞지 않는다고 생각해왔기 때문이었다. '장로'라는 호칭이 내게 늘 껄끄러웠듯이 '목사'라는 말 역시 거북스러울 것 같았다.

하루는 경북 지역 순회 강연을 마치고 돌아온 길이었는데, 김재준 목사가 나를 찾았다.

"목사가 되기 위해서는 교회 신도들의 청원서가 있어야 하는데 내가 이미 다 도장까지 받아 놓았네. 그리고 노회에도 목사 안수 청원을 내놓았어."

목사가 되기 위해 치러야 하는 시험에 나올 만한 자료까지 내게 주면서 시험 준비를 하라고 당부했다. 원래부터 김목사의 말이라면 꼼짝을 못했던 나는 이번에도 할 수 없이 노회에 시취를 하러 갈 수밖에 없었다.

시취를 하기 위해 노회에 갔더니 시취 위원들이 죽 둘러앉아 있는데, 위원 중 하나였던 우동철이라는 목사가 대뜸 내 사상 문제를 거론하고 나왔다.

"대구 폭동과 연루된 최문식과 이재복 목사 일 때문에 기독교가 엄청난 곤욕을 치렀는데 당신에게 목사 안수를 주려면 그런 문제에 대해 분명한 다짐을 받아야겠다. 우리가 보기엔 당신 사상이 아무래도 의심쩍은 구석이 있는데……."

한결같이 반공 입장을 고수해온 나는 그 같은 몰이해에 나도 모르게 울컥 화가 치밀고 말았다.

"목사님, 지금 무슨 말씀을 하시는 겁니까? 내가 공산당이란 말씀입니까? 나는 목사를 안 하면 안 했지 그런 말은 참지 못하겠습니다. 취소하십시오!"

시험을 보는 자리였건만 나는 버럭 소리를 지르고는 문을 박차고 나와버렸다. 나는 속으로 '이제 목사 되기는 틀렸구나' 하고 생각했다. 그래서 기대도 안하고 있었는데, 뜻밖에도 며칠 후 "오늘 저녁 안수를 받으러 오라"는 연락이 왔다.

그때가 11월이었고 안수 장소는 종로에 있던 승동교회(勝洞教會)였다. 나는 갈아입을 옷도 없어서 그냥 입은 옷 그대로 목사 안수를 받으러 갔다.

열다섯 살에 기독교에 입교한 후 곡절 끝에 서른두 살의 나이로 목사가 되는 순간이었다. 나는 안수를 받기 위해 무릎을 꿇고 앉았다. 그때 내 바지 뒤가 터져 있었던 모양인지 "찢어진 바지를 입고 안수를 받는 사람도 있다"고 수런거리는 소리가 뒤에서 들려왔다.

비록 터진 바지를 입고 있었지만, 안수를 받을 때의 내 심정은 마치 어느 불교도가 스님이 되기 위해 삭발을 하는 것처럼 숙연했다. 그 동안 내가 정치와 사회 문제에 관여한 것은 사실이지만 그렇다고 해서 기독교 신앙을 떠난 것은 아니었다. 나는 지금도 목사라는 직업이 교회라는 울타리 안에 들어앉아 신도들에게 설교나 하는 것이라고는 생각하지 않는다. 그러나 안수를 받을 때의 내 마음은, 더 이상 현실 세계에 뛰어들거나 곁눈질하지 않고, 오직 하나님의 사업과 그리스도의 복음을 위해 살아야겠다는 것이었다. '이제부터 내가 사는 것은 내가 사는 게 아니라 내 안에 있는 그리스도의 삶'이라는 생각이었다.

부정으로 얼룩진 5·30선거, 입후보할까 말까

임기 2년의 제헌의회가 거의 끝나가자 1950년 5월 30일에는 제2대 국회의원 선거가 실시되었다. 5·10선거 때는 단정 반대라는 명분 아래 이승만과 한민당 세력을 제외한 대부분의 정치 세력이 선거를 보이콧했지만, 5·30선거에서는 이미 국제적인 승인을 얻고 국가로서 틀을 갖춘 대한민국 정부를 더 이상 부정할 수 없다는 인식 아래 대부분의 정당과 사회 단체가 선거에 참여하게 되었다. 따라서 안재홍 계열 등 중간 진영과 소극적이긴 했지만 한독당도 참여했다.

그 무렵 나를 지지하던 청년들이 신익희가 입후보한 경기도 광주에서 나를 후보로 내세우려고 했던 적이 있다. 임정 내무부장으로 김구 계열이었던 신익희는 정치적인 견해 차이로 김구 선생과 결별하고 5·10선거 이전에 이미 이승만과 손을 잡았는데, 당시 청년들은 그 때문에 그를 변절자라고 생각하고 있었다. 그가 이승만 정권에 매수되었다고 본 것이다. 그러나 이 당시의 그는 이승만과 결별한 김성수의 제의를 받아 민주국민당을 결성하고 위원장으로 활동하고 있었다.

당시 나는 광주에서 강연을 자주 했고 청년층의 지지도 많이 받았으나 이미 정치에 대한 관심을 거두기로 작심한 마당에 그런 요청을 받아들일 수는 없었다. 또 신익희 같은 거물을 상대로 하여 이길 가능성도 없었다. 물론 젊은 사람으로 그런 거물과 대결하여 진다고 해도 창피할 것은 없었지만 목사 안수를 받은 지 갓 다섯 달밖에 안된 내 마음 상태로서는 그런 일에 뛰어들 수가 없었다.

나는 비교적 쉽게 마음을 정리하고 거절을 했지만 그때 광주

청년들의 입장을 생각해보면 입후보하고 싶은 마음이 아주 없지는 않았다. 무엇보다 신익희라는 인물과 한 번 대결해보고 싶은 욕심이 있었다.

신익희는 임시 정부가 들어올 때 임정 내무부장을 지냈는데, 낙산장인가 하는 데에 청사를 따로 차리고 정치 공작대와 정치위원회를 조직, 운영하기도 했다. 이 때문인지 그를 영웅주의자, 또는 독선적인 기질을 가진 인물로 보는 사람들도 있었다. 그는 귀국 후에도 3·1절을 기해 임시 정부가 미군정으로부터 권력을 이양받는다는 포스터를 붙이는 등 문제가 많았다. 나는 그것을 보고 그에 대해 좋게 생각하지 않았다. 또한 5·10선거에 임정계에서는 유일하게 입후보해서 국회의장까지 지낸 것 역시 다른 청년들과 마찬가지로 나 역시 마땅찮게 보고 있었다.

그런 이유들 때문에 그를 상대로 한 번 싸워보는 것도 의미가 있을 성싶었고, 어쩌면 이길 수도 있을 것 같았다. 그러나 목사 안수를 받으며 다짐했던 나의 결심을 떠올리며 결국 신익희를 상대로 한 싸움을 포기하고 말았다.

내 평생 정치에 본격적으로 뛰어들 뻔한 적이 몇 차례 있었는데, 그때마다 요행이랄까, 우연이랄까 정치행을 접곤 했다. 하지만 '내가 하면 진짜 정치다운 정치를 해보겠다'는 유혹이 아주 없었던 것은 아니다. 빈들에서 들려오는 권력의 유또는 악마의 얼굴을 하고 있는 것이 아니라 오히려 정의와 흡사한 얼굴을 하고 있었다. 심지어 내가 거절하는 것이 비겁한 행동처럼 느껴지는 경우도 있었다. 누군가 나의 용기 부족을 지적한다면 부인할 생각은 없다. 그러나 비겁함에서 그랬든 소심함 때문에 거절을 했든 내가 진흙투성이의 정치판에 뛰어들지 않게 된 것은 하나님의 선택이자 은혜였음을 세월이 흐를수록 확신하게 된다.

조소앙, 전국 최고득표로 당선

나의 입후보 거절은 여러 가지로 잘한 결정이었다는 것이 선거가 시작되자 곧 드러났다. 우리 선거사에서 '부정 선거' 하면 우선 1960년의 3·15선거를 떠올리지만, 이 둘을 모두 겪은 내 견해로는 5·30선거가 3·15선거보다 규모나 질 면에서 훨씬 심한 부정 선거였다고 말하지 않을 수 없다. 슬픈 일이지만 우리 정부가 수립되고 최초로 치러진 역사적인 5·30선거는 엄청난 부정과 탄압 아래 실시되어 이후 선거에도 이 같은 양상이 관행처럼 이어지게 되었다.

선거에 참여한 정당과 단체 중 실권을 가진 세력은 이승만의 대한국민당과 한민당이 주축이 된 민주국민당이었다. 그런데 10대 1이 넘는 치열한 경합을 벌인 선거전이 시작되자 막상 국민의 지지가 몰린 곳은 무소속 출마자(입후보자 총수의 68.5퍼센트)였다. 이렇게 되자 무소속 출마자들에게는 갖가지 탄압이 가해졌다.

특히 중간 진영 출마자들에 대한 모략과 탄압이 극심하여 5월 28일 경찰은 '대한민국을 전복시키려는 망상으로 북로당과 공모하고 총선거에 당돌하게도 출마한 혐의'로 중간 진영의 거물급이었던 조소앙, 원세훈, 김붕준, 최동오, 윤기섭, 박건웅, 김찬, 유석현 등 8명을 소환하여 문초하기 시작했다. 이 중 조소앙, 김붕준 등은 몸을 피해 수사에 응하지 않았지만 선거구에서 선거 운동원들이 탄압받는 것은 막을 수 없었다. 중간 진영 후보자들 중 일부는 이러한 압력에 못 이겨 입후보를 포기하기도 했다.

조소앙이 출마한 지역은 성북구로 경쟁 후보는 민국당의 조병옥이었다. 조병옥 진영이 조소앙을 견제하기 위해 취했던 행동은 말하기에도 민망한 것들이었다. 성북구 선거는 국내뿐만 아니라 외국 언론에서도 그 결과에 관심을 보였는데, 격심한 탄압에도 조소앙이 전국 최고 득표로 당선되었다.

조소앙은 1945년 12월 1일 임시정부 제2진으로 환국한 뒤 1948년 남북 협상을 추진할 때까지 김구와 같은 길을 걸었으나 평양의 남북 지도자 연석회의에서 돌아온 후 김구와는 조금 다른 길을 걷기 시작한다. 그해 10월 11일에 발표한 신당 결성을 위한 성명서에 의하면 남북 협상이 최선이기는 하지만, 그것이 뜻과 같지 않으므로 분단 정부일망정 또 정강이 다를망정 대한민국 국회에 참여하여 통일과 삼균주의를 실현하기 위하여 정치적 투쟁을 전개해야 한다고 말했다. 50년 선거에 조소앙이 참여한 것도 아마 이런 맥락에서였을 것이다.

탄압이 심했던 또 다른 선거구는 임시정부 법무부장을 지냈던 김붕준이 출마한 성동 갑구였다. 그의 상대는 역시 민국당 후보였던 지청천이었다. 지청천은 오랫동안 중국에서 독립군을 이끌었던 장군이었다. 똑같이 독립 투쟁을 해온 두 사람이 같은 선거구에서 다른 정치적 입장을 갖고 대결하게 된 것이다.

그때 김붕준의 선거 사무장직을 이명하가 맡았는데, 그곳에서도 부정이 매우 심했다고 한다. 선거를 코앞에 두고 경찰의 소환을 받은 김붕준은 이에 응하지 않고 숨어 있었는데, 선거구민들 사이에는 그가 후보를 사퇴했다는 소문이 돌았다. 압력에도 끝끝내 후보 사퇴를 하지 않았던 그는 투표 당일 아침에 차를 타고 선거구를 돌았다.

빗으로 빗어도 될 만큼 눈썹이 매우 진해 사람들 눈에 잘 띄었던 그가 투표 당일 아침에 나타나자 그를 지지하던 구민들은 그가 사퇴하지 않았다는 사실을 알고 그에게 표를 던졌다. 그런데 투표가 끝나고 개표를 하기 전 투표함에서 표 바꿔치기가 이뤄졌다는 것이 이명하의 주장이다. 개표 결과 1천여 표 차이로 지청천 후보에게 지게 되자 억울함을 참지 못한 이명하는 부정 선거라며 법원에 고소할 것을 주장했으나, "해외에서 함께 항일 투쟁을 해온 사람을 이제 광복된 조국에서 선거 부정으로 고소해서 뭐 하겠느냐"는 김붕준의 만류로 소송을 포기했다고 한다.

당시 내가 속한 중구에서는 경찰에 소환되어 조사를 받았던 무소속 후보 8명 중 최동오가 출마했는데, 그는 결국 압력을 이기지 못하고 후보직을 사퇴하고 말았다. 그러나 선거 당일 투표소 앞에 그가 후보를 사퇴했다는 내용이 공고되었음에도 총 투표수 약 2만 표 중 1만 2천 표가 무효표로 처리된 것을 보면 유권자들의 다수가 사퇴한 그에게 표를 던진 셈이다.

5·30선거는 부정으로 얼룩진 혼탁한 양상으로 내게 큰 실망을 안겨 줬지만, 그 반면 유권자들의 의식에 대해서는 희망을

느끼게 해준 선거이기도 하다. 엄청난 부정과 탄압에도 야권 정치인들이 대거 당선되었기 때문이었다. 이것은 분명 유권자들의 힘이었다.

전체 당선자 210명 중 60퍼센터에 해당하는 126명이 무소속이었다. 이는 제헌국회에서 다수 의석을 갖고 있던 이승만 세력과 한민당 세력의 참패를 의미하는 것이었다. 무소속 당선자 중에는 안재홍, 윤기섭 등 거물들이 많았다. 김규식 박사는 건강이 너무 나쁜데다 사실상 정계에서 은퇴한 상태였기 때문에 선거에 나서지 않았다.

여러 가지 면에서 역사적인 의의를 지닌 5·30선거를 거쳐 2대 국회가 개원된 것은 6월 19일이었다. 그러나 바로 며칠 후 6·25가 터짐으로써 2대 국회는 처음부터 시련에 봉착하게 된다.

전쟁, 벌거벗은 인간 군상

느닷없는 침공 소식

6·25의 발발은 전쟁을 예견하고 있던 사람들에게도 너무나 급작스러운 일이었다. 미군이 철수하고, 1950년 1월에는 한반도를 미국의 극동 방위선에서 제외시킨다는 이른바 '애치슨 선언' 등으로 위기감이 고조되고는 있었으나, 5·30선거가 끝난 후 남북 관계는 특별히 나빠진 것도 심각해진 것도 아니었다.

당시 북한은 전쟁을 앞두고 '평화 통일 호소문'을 발표하는 한편 조만식 부자와 체포된 남로당 재남 총책 김삼룡, 이주하를 교환하자고 제의하는 등 평화 공세를 펼치고 있었기 때문에 남한 사람들은 그들이 느닷없이 무기를 들고 침공해 오리라고는 전혀 생각하지 못했다.

더구나 전쟁이 발발하기 일주일쯤 전인 6월 17일에는 상당히 영향력 있는 미 국무부 고문 덜레스가 방한해 38선을 시찰하고 와서는 "38선 방위는 안전하다"는 장담을 하고 돌아간 뒤였다. 그 무렵 38선에서는 작은 충돌이 수시로 있었으므로 일부러 그런 말을 한 것 같다. 그리고 무엇보다 국민들은 이승만 정부의 북진 통일의 호언장담에 익숙해져 있었다.

총선거가 끝난 후에도 나는 가급적 정치에는 신경을 쓰지 않고 새 시대의 건설자인 젊은이들에게 열정을 쏟고 있었다. 6·25가 발발하기 직전 여름 방학에 우이동에서 개최할 대규모 신인회 학생 집회 준비로 교회 2층을 임시 사무실 삼아 매우 바쁘게 움직이고 있었다.

그러다 주일인 6월 25일이 닥쳤다. 그날 아침은 유난히 안개가 짙게 끼었던 것으로 기억된다. 주일이라 예배를 준비하고 있는데, 함께 우이동 집회를 준비하던 마종명이라는 중앙대학 학생이 얼굴이 사색이 되어 교회로 뛰어들어왔다. 그리고는 허둥대면서 폭탄 같은 말을 내뱉었다.

"주말이라 개성에 있는 집에 다녀오는 길인데, 공산당이 쳐들어와 간신히 도망쳐 왔어요!"

전쟁이 터지고야 만 것이다.

그래도 나는 '설마' 하며 실감을 하지 못하고 있었는데, 예배가 끝나고 나서 거리를 보니 국군 트럭이 요란하게 움직이고 있었다. 그제야 전쟁이 터졌다는 실감이 나는데 '드디어 올 것이 왔구나' 하는 생각만 떠오를 뿐 당장 무슨 방도를 취해야 할지는 판단이 서지 않았다.

우선 제일 급한 것은 보도를 듣는 일이었으나 집에는 라디오가 없었다. 할 수 없이 집안을 뒤져 한푼이라도 나갈 물건은 모두 팔아서 네모난 통에 가운데 동그랗게 그물이 쳐져 있는 라디오를 한 대 샀다. 먹을 것이라곤 며칠 분량의 보리쌀이 전부였으나 양식보다 보도를 듣는 일이 더 긴요하게 느껴졌다.

값싼 순교자론

다음날인 26일에는 기독교 서회에서 NCC 교역자들이 모여 긴급 대책회의를 열었다. 교계 대표자들이 다 모인 자리였는데, 그때 분위기는 긴장과 비장함으로 꽉 차 있었다. 청년학생부 간사였던 나도 참석한 그 모임의 주요 안건은 서울 사수냐, 피난이냐 하는 것이었다.

우세를 보인 것은 단연 사수론이었다.

"무신론인 공산당과는 도저히 손을 잡을 수 없으니 우리 모두 교회를 지키고 순교하자. 또 어떻게 목자가 양을 버리고 달아날 수 있겠는가. 신도들을 빨리 조직해 전투를 돕게 하고 여성들은 주먹밥을 만들어 군인들을 먹이도록 하자."

사수론자들은 그렇게 목청을 높이며 이런저런 대비책을 분분하게 논의하면서 내게 홍보를 맡아줄 것을 부탁하기도 했다.

하지만 나는 생각이 달랐다. 솔직히 말해 죽기엔 내 삶이 너무 아깝기도 했거니와 그렇게 죽는 것이 과연 무슨 의미가 있을까 싶었다.

"순교만이 길이라면 순교할 수밖에 없겠으나 사람들이 다 피난을 떠난 마당에 빈 교회당 건물 안에서 죽음을 당하는 것을 순교라고 할 수 있겠습니까?"

나의 '색다른' 의견에 사수론을 주장하던 사람들은 "평소에도 좀 이상하게 보았는데 역시" 어쩌고 하면서 의심과 비난이 섞인 반응을 보였다.

여하튼 그날 모임에서 결의된 것은 피난이 아니라 사수였다.

하지만 그날 모인 사람들 중 아무도 서울이 그렇게 쉽게 함락되리라고는 생각을 하지 못했을 것이다. 그간 정부의 호언장담도 있었고, 38선에서 서울까지 진입하려면 상당한 시간이 걸리니까 그 사이 어떻게든 해결이 되리라는 게 일반적인 생각이었다. 그러나 사수고 뭐고 할 틈도 없이 서울은 공산군의 수중에 떨어졌고 사수를 외쳤던 목사들 역시 '순교'라는 숭고한 신념은 서울 함락과 함께 공산군에게 빼앗겨버렸는지 누구 못지 않게 재빨리 피난길에 오르게 되었다.

27일 저녁에 이미 포성 소리가 가까이서 들리기 시작했다. 미아리 부근에서 총성과 대포 소리가 들려오니 서울이 위험한 지경에 놓인 것임이 분명했다. 그런데도 라디오에서는 정부 발표라면서 "공산군이 침입해 왔지만 지금 국군의 반격으로 후퇴하고 있는 중이다. 지금 들리는 포성은 국군이 적을 쫓는 포성이다. 그러니 국민 여러분은 안심하라"는 말과 "지금 이승만 대통령이 내무부를 시찰하고 가셨다"는 등의 말로 국민들을 안심시키려고만 했다.

나중에 알고 제일 기가 막혔던 것은 이승만 대통령이 자기는 도망치고 녹음 방송으로 국민을 기만한 것이었다.

"우리 국군은 국민 여러분을 안전하게 지켜줄 테니 여러분은 동요하지 말고 자리를 지키십시오."

그것이 녹음 방송이라는 것을 몰랐던 나는 그의 육성을 들으며 사태를 희망적으로 생각하려고 애썼다. 해방 직후 이대통령을 비롯한 몇몇 정치가들을 하나님과 예수님 다음으로 존경했던 태도에서 이제는 벗어나 꽤 깊은 불신의 눈으로 바라보고 있긴 했으나, 아무리 그래도 대통령인 그가 그렇게까지 거짓말을 하리라고는 짐작도 하지 못했기에 그의 육성을 그대로 믿었던 것이다.

물론 이대통령이 취한 행동을 이해의 눈으로 보자면 타당한 면이 없는 것도 아니다. 서울 시민들이 다 피난을 떠나면 국군의 작전이 불가능할 것이고, 또 국가 원수가 몸을 피하지 않고 저항하다 잡혀죽는 것이 애국일 수만은 없다. 하지만 그가 재빨리 몸을 피한 것은 어쩔 수 없었다손 치더라도 그렇게 감쪽같이 국민을 속인 것은 통치자의 도덕성 면에서 도저히 이해하기 힘든 태도였다.

인민군이 서울에 들어온 것은 28일 아침이었다. 전쟁이 시작된 지 불과 사흘 만에 서울을 넘겨준 것이니 기가 막혔다. 거리에는 피난 행렬이 줄을 이루고 있는 가운데 나 역시 더 이상 머뭇거리다간 위험하겠다는 판단이 들었다. 정해둔 목적지는 없지만 일단 남쪽으로 피난을 떠나기로 했는데, 아내는 병약하고 아이는 셋이나 되는 형편에 수중에 가진 것이라곤 아무 것도 없어 걱정이 앞섰다.

당장 먹을 것이라도 얻어놓아야 떠날 수 있는 상황이었지만 그러다가는 시기를 놓칠 것 같아 나는 굶어죽을 각오를 하고 가족을 이끌고 한강으로 갔다.

강 주변에는 남부여대의 피난민들이 구름처럼 몰려들어 아우성을 치고 있었고, 건너가야 할 한강 다리는 이미 폭파되어 있었다. 남침해 오는 북한군을 막기 위한 것이었겠지만, 이대통령의 말을 믿고 서울에 남아 있던 시민들에게는 너무나도 야속한 일이었다. 피난민들은 먼저 배를 타려고 아우성을 치고 있었고, 나는 그 아수라장을 보며 망연자실할 수밖에 없었다.

우리도 배를 타보려고 했으나 배삯이 엄청나게 비쌌다. 배를 타려고 아우성치는 사람들 중에는 평소 친하게 지내던 얼굴들도 있었고, 그 가운데는 돈을 넉넉히 가진 사람들도 있었으나 내가 언제 너를 알았냐는 듯 냉담한 얼굴을 보일 뿐이었다. 결국 우리는 남행을 포기하고 도로 서울로 올 수밖에 없었다.

전쟁이 악(惡)인 것은 다른 무엇보다 그것이 인간의 가치를 부정하고 인간에 대한 신뢰를 저버린다는 데에 있다. 전쟁은 인간이 믿고 있는 모든 아름다운 세계를 파괴시켜버린다. 평소 친구니 이웃이니 선배니 스승이니 하는 아름다운 관계 속에서 억제하고 감추어왔던 이기적인 본성이 전쟁이라는 극한 상황에 처해지면 아주 적나라하게 그 모습을 드러낸다. 그것은 일반인뿐만 아니라 종교인의 경우에도 별 다름이 없다. 인간의 추한 모습을 보게 되는 것, 바로 이런 체험이 나를 가장 고통스럽게 했다.

피난을 결심한 후 나는 평소에 가까이 지내던 누구누구가 트럭을 세내어 남행한다는 등의 말을 듣고 '혹시 거기에 낄 수 있을까' 하는 희망으로 그들의 집을 방문해 보기도 했다. 그러나 그렇게 가깝다고 믿었던 그들도 헌 빗자루까지 싣고 떠나면서도 내게 함께 가자는 얘기는 꺼내지 않았다. 그때까지 나는 이해 관계를 떠나 뜻과 정으로 맺어진 사람들이 내 주위에는 많다고 생각했었는데, 정작 어려운 상황이 되자 내게 도움을 주는 사람은 한 사람도 찾아볼 수가 없었다.

한강에서 돌아온 후 나는 가택 수색에 대비하여 신인회 집회와 관련된 문서를 비롯해 트집잡힐 만한 문건은 모두 불에 태워버렸다. 그리고 아무래도 피신을 해야 할 것 같아 이명하와 함께 신당동의 김붕준 선생 댁으로 찾아갔다. 도산 안창호 계열인 김붕준 선생은 중국에서 오랫동안 항일 운동을 했던 독립 투사이니 공산당도 그를 해치지는 않을 것이고, 따라서 그의 집이 상대적으로 안전할 것이라는 계산에서였다(그러나 그는 전쟁이 나고 얼마 지나지 않아 납북되고 말았다).

우리는 그의 집 지하실에 숨어서 단파 라디오로 전황을 들으며 앞으로의 대책을 의논했다. 그런데 라디오를 듣고 있자니 이름을 대면 누구나 알 만한 교계의 지도자인 H목사가 하는 연설이 들려왔다. 그는 NCC 모임에서 "교회를 꼭 지키고 순교를 해야 한다"고 누구보다 강하게 주장했던 사람이었다. 그런데 대구에서 하는 방송에서 그의 목소리가 들려오는 것이 아닌가. 나는 내 귀를 의심하지 않을 수 없었다. 결국 피난을 못간 우리 같은 사람들만 무능력자가 된 셈이었다.

물론 생사가 걸린 상황에서 취한 행동을 간단히 매도할 수는 없는 일이지만, 불과 며칠 전 서울에 있던 교역자들에게 죽음을 각오하고 싸워 순교해야 한다고 기염을 토하던 사람이 자신의 말과 그렇게 상반되는 행동을 보이다니. 정말 낯뜨겁고 이해하기 어려운 일이었다.

더욱 기가 막힌 것은 방송 내용이었다. 자기는 이미 위험을 피한 처지에서 "기독교인은 공산당과 절대 타협하지 말고 다 순교할 각오를 가지라"고 여전히 외쳐대고 있었다.

기독교의 최고 지도자라고 하는 사람까지 그런 형편없는 행동을 보이고 있으니, 정치가고 종교인이고 이런 꼴로는 하나님의 심판을 받을 수밖에 없다는 절망적인 생각이 들었다. 아무리 생사가 기로에 처한 급박한 상황이라고 하지만 종교까지 이런 식이어야 하는가 하는 생각에 나는 더욱더 절망적인 상태가 되고 말았다.

인간에 대한 기본적인 신뢰가 산산조각나버리자 나는 별로 기를 쓰며 살고 싶은 생각이 없어져버렸다. 그 때문이었는지 신변에 닥쳐올 위험을 예감하면서도 피신 생활을 그만두고 교회로 돌아왔다.

그때 내 생각은 이미 인민군이 한강을 넘어 파죽지세로 진격해 내려가고 있는 상황에 도와줄 미군도 철수하고 없으니 앞으로 꽤 오랫동안 서울이 공산 치하에 놓일 것이고, 따라서 언제까지 피해만 다닐 수는 없다, 나같이 정치인도 아니고 이대통령 세력도 아닌 사람들은 당장 큰 피해를 입지는 않을 것이다, 하는 판단을 내렸는데 이는 물론 오산이었다.

하여튼 나는 반공 강연 등의 전력 때문에 마음이 불안하면서도 교회로 돌아와 7월 2일에 주일 예배를 인도했다. 교회에 모인 신도는 서른 명 정도로 평소 참례자의 5분의 1에도 못 미쳤다. 설교는 김재준 목사가 했고, 성경 중 「예레미야서」를 읽었던 것으로 기억한다.

처음에는 내 판단이 맞는 듯이 보였다. 서울에 입성한 인민군들은 초장에는 인민 해방군의 이미지를 주면서 민심을 얻으려고 매우 온건한 태도를 보였다. 그들은 정부 고위층 인사 등 친이승만 세력이나 군인, 경찰 등을 체포하는 일 외에 일반인들에겐 별다른 위협을 가하지 않았다. 그들이 보인 예상 밖의 태도 때문에 공포에 떨던 시민들은 일단 안도하는 모습이었다.

김규식 박사와 나눈 마지막 인사

공산 치하의 서울에 남게 된 나는 외면상으로는 별일이 없이 지내면서도 속으로는 언제 어떤 일이 일어날지 몰라 긴장과 두려움 속에서 하루하루를 보내야 했다.

우선 나는 김규식 박사의 안부가 궁금해서 삼청동으로 그를 찾아갔다. 그는 여전히 건강이 안 좋은 상태였는데 자신의 신변에 대해서는 별 걱정을 하지 않는 눈치였다. 독립투사였던데다 이승만의 정치적 반대자이고 단독 정부 수립에 반대해 평양까지 다녀온 자신을 설마 북한 정권이 어떻게 하리라고는 생각하지 않았기 때문이다.

나 역시 같은 생각인데다 그의 건강도 매우 나빠, 피난 권유 같은 것은 하지도 못하고 간단한 안부 인사만 한 채 그의 집을 나왔다. 그런데 얼마 후 납북되어버려 그날의 만남이 그와는 마지막이 되고 말았다. 우사는 납북된 1950년 12월에 만포진 부근 별오동에서 서거했다.

우사 김규식 박사는 깨끗한 학자가 제일 적격이었는데, 어쩌다 혼란스러운 정치판에 떠밀려 정치가로서 힘든 길을 걷다가 결국 불행한 최후를 맞게 된 비운의 인물이었다는 것이 내 생각이다. 그의 영어 실력은 미소공동위원회 때 미국 사람이 앞에 나와 하는 영어를 듣다가 영어가 틀렸다며 그의 말을 바로 잡아주었다는 일화가 있을 정도로 뛰어났다. 영어 외에도 프랑스어 독어 중국어 일어 러시아어까지 구사할 수 있었던 그의 재능을 생각하면, 나라를 잃은 외로운 인재의 초상화를 보는 것 같아 안타깝다.

우사는 조선조 말기 고종 황제 밑에서 벼슬을 지내던 아버지 밑에서 태어났으나 아버지가 유배되어 집안이 망하자 어린 시절 선교사 언더우드 밑에서 잠시 지내다 아버지가 유배에서 풀려난 열 살 무렵 언더우드 가를 떠나왔다. 아버지와 형 등 가족을 일찍 여읜 그는 열여섯 살까지 서울에서 공부도 하고 서재필 밑에서 일하다가 미국으로 유학을 떠났다. 로녹 대학에서 유학하는 동안 신문배달, 접시 닦기, 극작가의 개인 비서 등 안 해본 일이 없을 정도로 고생을 했던 우사는 학교를 도중에 휴학하기도 했으나 성적만은 우수했다. 특히 라틴어 프랑스어 독일어에 뛰어났다.

미국에서 돌아온 뒤 교회일과 교육에 전념하다 '일본놈들이 하도 못살게 굴어서' 1913년 상해로 망명, 이후 몽골과 천진을 오가며 생업과 독립운동으로 풍찬노숙의 세월을 보냈다. 그는 뒷날 중국의 여러 대학(상해 천진 남경 사천)에서 영문학 강의를 했는데, 그의 셰익스피어 강의는 중국에서 가장 권위 있는 것으로 인정받았다고 한다.

우사의 독립운동을 이야기할 때 파리 강화회의를 빼놓을 수 없을 것이다. 이때 우사는 프랑스 우편선을 타고 두 달에 걸쳐 파리에 도착하여 세계를 무대로 한국의 독립을 역설했다. 즉 한국이 일본에 병합되기 전까지 저지른 일본의 비행과 당시 일본이 한국에서 벌이는 만행, 그리고 한국이 반드시 독립해야 하는 열 가지 이유를 들어 상해의 독립지사들이 작성한 각서를 발표했다.

그는 파리의 한 가정집에 한국공보국을 설치하고 전등도 없이 촛불에 의지하여 평화회의에 제출할 한국 독립에 대한 20개 항목의 탄원서와 이에 함께 첨부될 「한국 민족의 주장」을 준비했다. 이 자료 역시 한국의 독립이 인도적으로 또 법적 견지에서 타당한 것이며, 일본의 팽창 정책과 침략 행위가 구미 각국에도 불리하다는 내용을 담고 있었다.

김규식은 능숙한 영어와 풍부한 표현력으로 세계 사람들을 설득했고 한국에 대한 동정을 모으는 데 큰 역할을 했다. 5월 21일 김규식은 위 문서들을 윌슨 대통령, 로이드 조지 영국 수상, 클레망소 강화회의 의장에게 서한과 함께 발송했으며, 「한국의 독립과 평화」라는 35쪽의 인쇄물을 작성해서 한국이 개항한 이후 여러 나라들과 체결한 조약 등을 분석, 한국에 대한 각국의 약속을 환기시키면서 일제 침략과 학정의 부당함을 논박했다.

김규식은 또한 강화회의를 취재하러 온 각국 기자들과 각국 대표들 및 프랑스 고위층과도 긴밀한 접촉을 가졌다. 8월 6일, 한국 공보국은 프랑스를 비롯한 각국의 저명 인사들을 초청하여 큰 연회를 열었다. 김규식은 그들에게 한국 사정을 호소했으며 유력한 인사들이 이에 호응하여 한국측 주장의 정당성을 시인하고 성원하는 발언을 해서 큰 성과를 얻었다.

그러나 4개월에 걸친 김규식의 헌신적인 노력에 비해, 파리 강화회의 자체가 서구 제국주의 국가간의 영토 분할이 목적이었으므로, 동방 약소 민족의 호소는 실질적인 성과를 얻기 어려웠다. 그렇지만 세계의 양심 앞에 한국인의 독립 의지를 힘써 반영했다는 점에서 우사의 능력과 공적은 평가되어야 한다.

파리 강화회의 직후 미국에서 이승만과 함께 독립자금 모금에 앞장섰고, 상해로 돌아온 뒤에는 여운형과 함께 모스크바에서 열린 극동 민족대회에 참가하기도 했다. 서구 열강과는 달리 극동 지역 소수 민족의 독립에 지대한 관심을 보였던 레닌을 만나기도 했던 이 '좌익'대회에 김규식이 참석하게 된 것은, 물론 조국의 독립을 위해서였지만 아마도 파리 강화회의에서 느낀 좌절감과 냉대, 미국에서 겪은 이승만과의 불화, 그리고 상해로 돌아온 후 임시정부에서 반이승만 편에 섰다가 오히려 자신이 임정을 나오게 되는 등의 갈등도 한몫하지 않았나 싶다.

파리회의에서도 그랬지만 극동 민족대회에서도 우사와 몽양은 주도적인 역할을 했다. 이 대회에 참석하기 위해 우사와 몽양 일행은 먼 길을 추위로 고생해야 했으나 1922년 1월 모스크바 크렘린 궁에서 개회 연설을 우사가 맡는 등 조선족 대표는 이 대회의 주인공 역할을 톡톡히 했다. 우사도 몽양도, 조국의 독립을 위해서는 파리든 모스크바든 가리지 않고 뛰어다닌 사람이었던 것이다.

우사는 합리적이었고 정세 판단에도 뛰어난 사람이었다. 앞에서도 얘기했듯이 이승만과 한민당의 정체에 관해서도 그는 정확하게 파악했었다. 파리 강화회의 활동 역시 한국 문제는 국제적인 원조와 협조가 없이는 가능하지 않고, 또 국제 정세의 변화 없이는 해결하기 어렵다고 보았기 때문에 행한 일이었다. 한민족의 운명은 극동 지역 여러 민족의 운명과 긴밀하게 연결되어 있기 때문에 극동 정세는 어떤 나라를 따로 논할 수 없으며 전체적으로 봐야 한다고 예견했고 그러한 그의 정세 판단은 정확했다.

우사는 그 시대에 꼭 필요한 사람이었지만 그의 뜻을 제대로 펼치지는 못했다. 그 자신 욕심이 없는 탓도 있겠지만, 미국을 중심으로 한 국제 정세가 이승만에서 김규식으로, 다시 이승만으로 옮겨가는 정치적인 기류에 그가 적극적으로 대응하지 못한 탓도 있다고 생각한다. 어쨌거나 미국에서 가장 신뢰한 사람은 김규식이었고 또한 정치적 판단도 뛰어나 미국과의 관계를 거의 훤하게 내다본 사람이었는데, 어쩌면 그 때문에 과감하게 나서지 못했는지도 모른다.

강만길 교수는 "김규식 중심의 민족자주연맹 등이 통일 민족국가 수립운동 세력을 이루어서 1948년 평양에서 남북 협상을 성립시켰다"고 하면서, 우사는 "민족 해방운동 과정이나 해방 후의 통일 민족국가 수립운동 과정을 통해서 한결같이 좌 · 우익 타협 노선 내지 합작 노선을 걸었을 뿐 아니라 대부분의 경우 주동적으로 이끌어갔다"고 평가했다.

나는 김규식 박사를 회상하면서 우리가 민족 자주 세력을 구성할 수 있는 힘만 있었더라면 우리나라가 그후 비극적인 상황으로 끌려가지 않았을 텐데 하는 아쉬움을 느낀다. 김규식 박사에게 용기가 좀더 있었더라면, 몸이 좀더 건강하여 적극적으로 활동했더라면 틀림없이 우리 역사는 지금보다 나아졌으리라고 생각한다.

역시 7월 초의 일이었는데, 김규식 박사가 이끌던 민족자주연맹에 관계했던 사람들의 모임이 있다는 연락이 왔다. 그 자리에 나갔더니 과연 민련에서 같이 활동했던 몇몇 얼굴들이 보였다. 그들은 당시 상황에서 민련이 어떻게 대응해야 하는가 등의 문제를 놓고 토론하고 있었는데, 그 중 가장 목소리가 큰 사람이 나와 같이 선전부에서 일했던 박소붕이라는 사람이었다.

그가 좌익 계열이라는 것을 알고는 있었지만 그날 그의 태도는 시위라도 하듯 "동무", "동무" 하는 것이, 자기들 세상이 왔다는 듯 기고만장이었다.

"우선 민련에 가담했던 사람들 중 반동 분자를 색출해서 처벌해야 한다."

이렇게 목소리를 돋우는 그를 두고 나는 입맛이 쓴 채로 아무 말도 않고 가만히 앉아 있기만 했다.

정작 더 기가 막힌 것은 권태양이라는 사람이었다. 민련에서 김규식 박사의 비서로서 송남헌과 함께 일했던 그는 남북 협상 때 두 차례에 걸쳐 평양에 특사로 파견되기도 했던 인물이었다. 나는 그를 한민당과도 관계가 있는 철저한 우익으로 알고 있었다. 그런데 다혈질인 그가 박소봉의 꼴을 보더니 울컥 화가 치솟았는지 갑자기 박의 말을 끊고 한 마디 쏘아붙였다.

"박동무, 당신 지금 내가 누군지 알고 이러는 거야? 함부로 떠들지 말아."

그러더니 박에게 뭐라고 더 얘기를 했는데, 그러자 박의 태도가 확 바뀌는 것이었다. 정확히는 알 수 없지만 묘한 상황이 되어가고 있었다. 가만히 보니 권태양이 남북 협상 때 특사로서 한 역할도 의심스러웠다. 김박사는 이북에 가지 않을 핑계를 얻을 목적으로 그를 보냈는데, 그는 결국 가도록 일을 만든 게 아닌가 하는 의문이 드는 것이었다. 어쨌든 나는 더 이상 그곳에 앉아 있을 기분이 아니어서 그 자리를 빠져나오고 말았다.

전쟁 중에 나를 찾아온 사람들

그 무렵 김욱(金旭)이라는 사람이 나를 찾아왔다. 그는 전라북도 옥구 사람으로 그곳에서 집사로 일하다 1947년 무렵부터 우리 교회에 나오기 시작한 사람이었다. 그는 항상 신구약성서에다 찬송가 책을 얌전히 받쳐들고 밤 예배까지 한 번도 거르지 않고 참석했기 때문에 나는 그를 매우 독실한 신자로 여기고 있었다.

전쟁이 나기 얼마 전부터 그의 모습이 보이지 않아 궁금하게 여기고 있었는데, 그가 북한 정권의 조종을 받는 기독교 민주동맹의 사무국장이라는 직책으로 그날 내 앞에 나타난 것이다. 그는 그 사이 이북에 가 있었다고 하는데, 조용한 신자로 알고 있던 그가 완전히 딴 사람이 되어 나타났으니 나는 무척 놀랄 수밖에 없었다.

관계 자료에 의하면 기독교 민주동맹이라는 단체는 해방 직후 북한에서 먼저 조직되었고, 1947년에는 남한에서도 조직이 이루어졌다. 위원장은 3·1운동 33인의 한 사람인 김창준 목사였다. 그는 남북 협상 때 남쪽 대표로 활동하기도 한 사람으로 나와 가깝지는 않아도 안면은 있는 사이였다. 그런데 남한 조직은 경찰과 극우 세력의 탄압과 김창준의 월북으로 별 활동도 없이 와해되었다가 인민군의 서울 점령과 함께 다시 등장한 것이었다.

김창준 목사와 김욱 등 기독교 민주동맹 지도자들은 조직 재건과 함께 서울에 남아 있는 교역자들을 동맹에 가입하게 하고 동조케 하기 위해 작업에 착수했는데, 그런 작업의 일환으로 김욱이 나를 찾아온 것이었다.

그는 나에게 "전부터 목사님을 존경해왔다"고 추켜세우며 자신들에게 협조해줄 것을 요청했다. 그가 구체적으로 무슨 말을 했는지는 기억이 희미하나, 당시 그들이 주장했던 내용이 "인민공화국에도 종교의 자유가 있다. 그러니 여러분이 당에 충성하고 협조하면 당도 여러분을 적극 후원해줄 것이다. 우리 모두 힘을 합쳐 이승만 도당을 몰아내고 통일 공화국을 세우자" 하는 것들이었으니까 아마 그 비슷한 얘기를 했을 것이다.

"서울에 남아 있는 교역자들 중에는 목사님과 친한 사람도 있습니다. 목사님도 동맹에 가입하여 주도적인 역할을 맡아주시지요."

그의 부탁에 나는 되도록 완곡하게 거절을 했다.

"이런 전쟁 상황에서 무슨 일인들 제대로 할 수 있겠어요. 좀 시간을 두고 봅시다."

다행히 그는 다그침이나 위협적인 언사는 쓰지 않고 그대로 돌아갔다.

그런데 기독교 민주동맹은 하루 이틀 시간이 흐르면서 점차 공산당의 기독교 공작 단체로 본색을 드러내기 시작했다. 이 동맹의 주도로 종로 중앙교회에서는 교역자들을 상대로 북한 공산 정권을 선전 · 찬양하는 강연회가 열렸고, 또 교역자들에 의한 인민군 환영 대회가 개최되었으며 폭파된 한강 다리를 복구하기 위한 노력 동원이 행해지기도 했다. 나는 그런 모임들에 참석하지는 않았지만 서울에 남은 교역자들이 모여 미 제국주의를 규탄하고 이승만 정권을 단죄했다는 얘기를 들었다.

구렁이가 몸을 감고 서서히 숨통을 조여오듯 상황이 조금씩 긴박하게 돌아가자 나는 신변의 위험을 느끼지 않을 수 없었다. 그들이 언제 나를 끌어내어 정치적으로 이용하려 들지 모르는 형편이었다. 7월 중순에 들어서는 교회에 정치보위부 사람들이 와 신도들의 명부를 하나하나 빈틈없이 조사하는 등 분위기가 점점 수상해져서 불안 끝에 자진하여 예배를 중단해야 하는 상황에 이르렀다.

나는 집도, 교회도 더 이상 안전하지 못하다는 판단 아래 피신 생활을 시작했다. 변장을 하고 여기저기 피해 다니다가 잠깐 틈을 보아 집에 들러 분위기를 탐지한 후, 옷을 갈아입고 다시 몸을 숨기는 생활이었다. 아내는 어디든 시골로 피난하자고 했지만 숨어 다니기에는 오히려 서울이 낫다는 게 내 판단이었다.

내가 이렇게 피신하고 다니는 동안 아내는 혼자서 고통을 감내해야 했다. 큰딸 혜자는 국민학교 1학년, 둘째딸 혜원이는 다섯 살, 대인이는 세 살이었다. 고만고만한 아이 셋을 데리고 먹을 것도 없어 쩔쩔매는 마당에 내 행방을 찾는 인민군이나 정치보위부원들을 또 종종 상대해야 했다. 일제 때부터 형사들을 많이 상대해본 경험이 있는 아내였기에 그런 사람들이 와도 독한 마음으로 둘러대며 겁 없이 대할 수 있었던 것이 그나마 다행이라면 다행이었다.

아내에 의하면 교회 간판이 총질을 당하기도 했고 어느 날 밤에는 새벽 한 시에 인민군 10여 명이 나를 잡으러 기습적으로 쳐들어오기도 했다고 한다. 그들은 다다미방을 샅샅이 뒤지고는 뒤꼍에 땔감으로 쌓아놓은 톱밥더미까지 총검 끝으로 마구 찔러댔다고 한다. 아내는 그런 상황에서도 침착함을 잃지 않고 그들을 잘 대접하며 전송까지 해줬다. 이런 일 외에도 아내는 부역에 동원되어 어린 대인이를 업고 나가 힘든 일을 하는 등 나 대신 고생을 많이 했다.

그러던 어느 날이었다. 변장한 모습으로 묵정동 뒷골목을 걸어가고 있었는데, 최성도가 지나가는 것이 보였다. 그는 해방 후 이북에 남아 있던 우리 가족을 서울로 데려오기 위해 자청하여 나 대신 이북에 올라갔던 고마운 학생이었다. 고아였던 그는 한동안 우리 집에 있다가 그때는 회현동에서 여관을 하는 아주머니를 양어머니로 모시고 살고 있었다.

나는 반가워서 도망자인 내 처지도 잊고 그를 불러 세웠다.

"야, 성도야!"

"아니, 선생님 아니세요?"

"젊은이는 보기만 하면 의용군으로 잡아가는 마당에 너 이 녀석, 지금이 어느 때라고 이렇게 돌아다니고 있어?"

성도는 내 말에 겸연쩍은 듯한 미소를 짓고는 조심스러운 얼굴로 나를 살폈다. 그리고는 고민이 있는 것 같은 얼굴로 내게 말했다.

"저, 선생님, 제가 선생님께 오늘 꼭 드릴 말씀이 있는데, 몇 시쯤 찾아뵈면 될까요?"

"글쎄, 꼭 오늘이라야 되니?"

"네."

"그럼 저녁 일곱 시쯤에 와라."

내 처지로는 집에 들어갈 수 없는 상황이었는데도 그가 나를 꼭 필요로 하는 것 같아 그만 약속을 해버리고 말았다. 그랬더니 성도는 꼭 가겠다고 재차 다짐을 하고 나서 바쁜 걸음으로 사라져갔다.

그런데 그애와 헤어져 돌아오는 길에 곰곰이 생각해 보니 아무래도 수상한 구석이 있었다. 무엇보다 그 아이는 반공 청년운동을 적극적으로 해왔기 때문에 그처럼 자유롭게 돌아다닐 입장이 아니었다. 아무래도 예감이 좋지 않아 나는 집에다 기별을 했다.

'오늘 저녁 성도가 집에 올 텐데 내가 갑자기 일이 생겨 만날 수 없게 되었다고 하라. 그리고 그 아이를 조심하라.'

과연 내 예감은 적중했다. 그날 밤을 친구 집에서 보내고 다음 날 아침 집으로 연락을 해봤더니 성도가 정치보위부 사람들과 함께 나타났다는 것이다.

아내의 말에 의하면 그날 저녁, 약속한 시간에 성도가 우리 집 큰 아이인 혜자의 이름을 부르며 "잘 있었니?" 어쩌구 하는 인사를 하면서 들어왔는데, 그의 뒤로 총칼을 든 보위부원들이 따라 들어왔다고 한다. 그들은 "강원용을 내놔라"고 아내를 위협했고 "집에 없다"는 대답에 다다미까지 들추며 온 집안을 샅샅이 뒤지고는 내 일기장이며 사진첩 그리고 모든 문건들을 압수해 갔다고 한다.

내 예측이 들어맞았지만 나는 성도를 원망하지 않았다. 내 생각에 그 아이는 나를 잡도록 해주면 자기를 잘 봐주겠다는 회유책에 넘어가 양심의 가책을 무릅쓰고 그런 일을 했을 것이다.

다음 날에도 내가 나타나지 않자 그들은 대신 아내를 끌고 갔다. 정치보위부에 붙들려 간 아내는 몇 시간 동안 조사를 받고 간신히 풀려 나오기는 했으나 앞으로 또 언제 무슨 일이 닥칠지 알 수 없었다. 그런 일을 당하고 나자 이제는 더 이상 서울에 머물러 있을 수 없다는 생각이 들었지만 막상 어디로 피해야 할지 막막한 상태여서 당장 짐을 꾸리기도 주저되었다.

남는 자와 떠나는 자

피난길에 오르다

그러던 어느 날이었다. 뜻밖에도 전쟁 전 형무소에 수감되어 있던 최문식 선생이 우리 집으로 찾아왔다. 물론 나는 피신중이라 그때 집에 없었다. 그는 아내에게 "지금 정황으로 보아 서울에 있는 것은 위험하니 빨리 서울을 떠나라. 어디든 피난해서 소식을 알려주면 나도 이후에 도움이 될 만한 소식을 전해 주겠다"는 말을 남기고 갔다.

최문식 선생은 인민군이 서울에 들어오자 형무소에서 풀려나 기독교 관계의 책임자로 활동하고 있었다. 김재준 목사의 『범용기』에도 그 무렵 최문식이 김목사를 만나자고 해 만났다는 얘기가 나온다. 이 글에서도 최문식은 당시 상당히 중책을 맡고 공산당의 대(對)기독교계 정책을 담당한 인물로 묘사되어 있다.

그러나 나는 그가 이남의 교계와 교역자들을 뜻대로 장악하고 조종하려 했던 공산당에 의해 결국은 이용당하고 말았다는 생각을 가지고 있다. 나는 서울 수복 후 서울로 돌아와 그의 행방을 수소문한 적이 있는데, 그때 들은 바에 의하면 더 이상 이용 가치가 없어지자 공산당이 그를 반동분자라는 명목으로 한강에서 총살해버렸다는 것이다.

아무튼 최문식 선생의 은밀한 귀띔까지 받게 된 나는 더 이상 망설일 여유가 없었다. 피난 장소고 뭐고 미리 마련해 볼 시간도 없이 나는 식구들과 함께 보따리부터 꾸렸다. 그때 우리 집에는 서울여의전 학생으로 애국부녀동맹에서 활발히 활동했던 홍만길이 피신해 있었기 때문에 그녀도 같이 피난길에 오르게 되었다.

홍만길은 인민군에 의해 서울이 점령된 후 우리 집에 들렀다가 이희호와 함께 귀가하던 중 그녀를 알아본 공산당 조직원에게 붙잡혀가 이른바 자아비판을 강요받았다고 한다. 반공 강연 등 반공 활동을 맹렬하게 벌인 전력이 있는 그녀로서는 심각한 위기 상황이었다. 요행히 임기응변으로 그 위기를 잠시 벗어난 홍만길은 그 길로 우리 집에 피난 와 있던 참이었다.

피난을 결심한 나는 다른 곳에는 연락을 못해도 적어도 김재준 목사에게만은 같이 피난길에 오르자는 얘기를 해야 한다는 생각에 김목사 댁을 찾았다. 그러나 그는 이미 피난을 떠나버려 나를 맞은 것은 텅 빈 집뿐이었다. 섭섭한 마음이 들기도 했으나 서로 연락하기도 어렵고 워낙 다급한 상황이니 그런 마음도 잠시 스쳤다 사라지고 말았다.

집으로 돌아온 나는 피난길에 오를 채비를 했다. 당장 급한 것이 식기와 옷가지라도 실을 리어카를 구하는 일이었다. 하지만 그것을 쉽게 구할 수 있는 형편이 아니었다. 그래서 난감해하고 있는데 막내 동생 이룡이가 어디선가 리어카 한 대를 구해왔다. 신학교에 다니던 이룡이는 그 전에 친구들과 함께 트럭을 타고 피난길에 올랐으나, "형님과 형님 가족을 두고 혼자만 내려갈 수 없었다"면서 우리 집으로 돌아와 함께 지내고 있었다.

그때 우리에게 큰 도움을 주어서 지금도 평생 은인으로 감사함을 느끼고 있는 사람이 김영주 장로다. 내가 청년운동을 할 때부터 절친했던 그는 세브란스 병원에서 약품을 취급하는 책임자였는데, 우리가 피난 간다는 소식을 듣고 배탈약 등 요긴한 상비약을 한 통 크게 싸서 갖다주었다. 가지고 있다가 필요할 때면 팔아 쓰라는 것이었다. 그처럼 어려운 상황에서 정말 눈물이 나도록 고마운 일이 아닐 수 없었다. 의사인 동생 형용이도 역시 약을 구해 주었다.

그 동안 우리 가족에게 먹을 것을 갖다주었던 간호사 순옥이와 옥봉이도 함께 데려갈 생각을 했으나 당시 옥봉이는 폐결핵으로 병원에 누워 있다는 소식이었다. 그러니 순옥이도 옥봉이를 간호하느라 피난을 할 수 없는 입장이었다. 할 수 없이 우선 우리 일행부터 시골로 피신을 해 자리를 잡은 후 다시 그들을 데리러 올라오기로 했다.

7월 말의 어느 날, 드디어 우리는 양쪽 바퀴가 맞지 않아 덜거덕거리는 리어카를 끌고 밀면서 정처도 없이 무작정 피난길에 올랐다. 우리 일행은 나를 비롯해 아내와 세 아이, 그리고 홍만길이 전부였다. 나는 이룡이도 함께 데리고 가려고 했으나 그는 굳이 서울에 남겠다고 고집을 피웠다.

"서울에 남아 무슨 방법으로든 돈을 벌어 형님께 생활비를 보내 드리겠어요. 또 서울을 떠나면 정세도 잘 모르니 정세를 알려 줄 사람도 필요하지 않겠어요? 그리고 형님이 떠나는 마당에 대신 교회를 돌볼 사람도 있어야 하구요."

결국 이룡이는 더 있다가 떠나기로 하고 우리만 피난길에 오르게 되었다.

한여름 무더위 속에서 피난길은 말 그대로 고역이었다. 만 세 살이 못된 대인이는 아내가 업고, 혜원이와 혜자는 아내와 홍만길이 함께 안았다 걸렸다 하면서 길을 재촉했다. 리어카는 내가 끌고 갔는데, 바퀴가 서로 맞지 않아 얼마 가다가는 멈추어 서서 양쪽의 균형을 잡아주고 다시 길을 가곤 했다.

찌는 듯한 더위 속에 땀을 뻘뻘 흘리며 미아리 고개를 넘었다. 먹지도 못한 채 가다가 목이 마르면 냉수나 들이켜고 가는 길이었다. 저녁 무렵 우리가 도착한 곳은 도농리(陶農里)라는 마을이었다. 미아리를 넘어 경기도 지역에 위치한 시골 마을이었는데, 여기에 이르자 더 이상 움직일 기력이 없었다.

나는 하루종일 아무 것도 먹지 못하고 물만 마셔댄 바람에 배탈이 나서 설사가 심했다. 우선 어디든 임시로 거처할 곳을 찾아야 했는데, 다행히 기차역 부근에 빈 집이 한 채 눈에 띄어 그리로 들어가게 되었다.

우리는 우선 그 빈 집에서 그날 밤을 지내기로 했다. 그런데 설사를 시작한 나는 무엇보다 화장실이 급했다. 하지만 집 근처에는 화장실이 보이지 않아 사람들에게 물어보니 꽤 멀리 떨어진 데 있는 화장실 하나를 가르쳐 줘서 나는 그리로 허겁지겁 달려갔다. 그런데 집으로 돌아오는 도중 길도 낯선데다 밤중이라 그만 돌밭에 넘어지고 말았다.

넘어지는 순간 오른쪽 다리에 엄청난 통증이 느껴졌다. 겨우 몸을 일으켜 절뚝거리며 집에 당도해서 보니 무릎 뼈가 드러날 정도로 상처가 났고 바지가 피에 흥건히 젖어 있었다. 홍만길은 깜짝 놀라며 우선 상처에 약부터 바르고 붕대를 처매주었다. 약이 있다는 것이 그렇게 다행일 수가 없었다. 그때 입은 상처는 지금 흉터로 남아 있다.

내 다리 상처 때문에라도 우리는 별 도리 없이 그 마을에 머물 수밖에 없었다. 원래 나는 시골에 있으면 잡히기가 더 쉽다고 생각했기 때문에 가족들을 시골에 피신시켜 놓은 뒤에 나는 서울로 돌아갈 작정을 하고 있었는데, 이 계획에도 차질이 왔다. 그런 다리로는 혼자 서울로 들어갈 수 없었기 때문이다.

그런데 알고 보니 도농리에 머물게 된 것이 천만다행이었다. 그 동네에는 나와 친하게 지내던 사람이 살고 있었는데, 그의 동생이 동네 인민위원장 직책을 맡고 있었던 것이다. 지금도 경동교회에 나오고 있는 그 친구는 조선신학교 출신으로 김재준 목사를 열심히 따라다닌 사람이었다. 게다가 홍만길 역시 도농리에서 주일학교 교사로 봉사했던 인연이 있었다.

더 놀라운 사실은 그들 형제가 사는 집 문간방에 김재준 목사

가족이 머물고 있다는 얘기였다. 반가운 마음에 김목사를 찾아갔더니 "이 동네 인민위원장이 신변을 보호해줄 테니 섣불리 딴 데로 떠나지 말고 여기에 머물러 있으라"고 신신 당부를 했다. 나 역시 다른 곳으로 갈 처지가 아니었으므로 일단 그곳에 머무르기로 결정을 내렸다.

처음 며칠 동안은 마땅한 거처가 없어 그 빈 집에서 보내야 했다. 무엇보다 입에 풀칠이라도 할 것을 구해야 했는데, 그럴 때마다 우리가 가지고 간 약이 큰 힘을 발휘했다. 다음 날부터 홍만길이 아픈 동네 사람들에게 약을 주거나 치료를 해주고는 대신 보리쌀, 감자, 호박 등 먹을 것을 조금씩이나마 얻어왔기 때문이다. 우리는 주로 호박을 삶아서 끼니를 때웠다. 그러니 어린것들은 항상 허기에 시달려 빈 숟가락을 잘 놓으려 들지 않았다.

빈 집에서 며칠을 보낸 후 다행히 좀 나은 거처를 얻게 되었다. 동네에서 영아네 집이라고 불리는 집에서 우리에게 사랑방을 내준 것이다. 전형적인 농사꾼 가족이던 그 집 사람들은 무식하긴 해도 정말 선량하여 우리들을 진심으로 대해 주었다. 그 집 사랑방에서 우리 가족과 홍만길은 서울이 수복되어 돌아갈 때까지 살았다.

송창근 목사의 빨간 내복

8월로 접어들면서 전세는 서로간의 치열한 공방으로 매우 험악해지고 있었다. 미국의 주도로 유엔이 군사 지원을 결정한 6월

말 이후로 유엔군이 한국전에 참전, 기세를 올리던 인민군과 접전을 벌이고 있었기 때문이었다.

미군과 유엔군의 참전 소식을 몰랐던 나는 그 무렵에야 비로소 단파 라디오를 듣던 동네 사람들을 통해 그 사실을 알게 되었다. 하지만 막상 하늘에 전투기가 떠도 우리는 그것이 미군 비행기인지 인민군 비행기인지 구별할 수가 없었다. 그러나 유엔군의 참전 소식은 절망에 빠져 있던 우리들에게 큰 희망을 주었다.

이렇게 피난처를 구하게 되자 서울에 남아 있는 사람들의 안위가 걱정되기 시작했다. 소문으로는 서울로 남아 있는 교역자들이 검거되고 있다고 했다. 김재준 목사와 내가 가장 걱정한 사람은 만우 송창근 목사였다. 김목사는 송목사 걱정으로 안절부절못할 정도였다. 생각 끝에 내가 서울로 가서 송목사를 모셔오기로 했다.

8월 중순쯤이었을까, 나는 변장을 한 채 서울로 숨어 들어가 도원동에 있는 송목사 집을 찾아갔다. 다행히 그는 집에 있었다.

"아무래도 위험하니 함께 시골로 들어가시는 게 좋겠습니다."

내가 강력하게 권유하니 그는 대답 대신 조용히 웃으며 바짓가랑이를 쓱 걷어올려 보였다. 바짓가랑이 속에 나타난 것은 빨간 겨울 내의였다.

한여름에 겨울 속옷을 입고 있다는 것은 그가 깊은 병중이라는 사실을 말해준다. 따라서 그의 무언극 같은 행동은 '이런 몸으로 어떻게 피난길에 오르겠느냐'는 설명이기도 했다. 그런데 빨간 겨울 내의가 내포하고 있는 의미는 그것뿐만이 아니었다.

"내 걱정은 그리 크게 할 것 없네. 우리 교회에 나오던 집사 중 전쟁 전에 월북한 사람이 있었지. 그 때문에 그 가족이 무척 탄압을 받았었는데, 내가 그들을 성심껏 돌봐줬거든. 그런데 이번에 그 사람이 인민군과 함께 서울에 내려와서는 나를 찾아왔어. 그리고 내 신변은 자기가 책임지고 보호해 준다고 확약을 했으니 큰 걱정은 안 해도 될 것 같네. 그 사람이 상당한 직책에 있는 것 같으니까 내 걱정은 말고 김목사나 잘 모시고 있게."

그리고는 "이제 언제 다시 만날지 모르니 보신탕이나 한 번 같이 먹자"며 아픈 몸을 일으켜 세웠다. 그는 보신탕 양념 만드는 법을 나에게 가르쳐 주면서 손수 보신탕을 끓여 나를 먹였다. 덕분에 오랜만에 고기 맛을 보게 된 나는 송목사의 깊은 정이 양념과 함께 우러난 그 보신탕을 정말 맛있게 먹은 후 악수를 하고 헤어졌는데, 결국 그것이 그와는 마지막 만남이 되고 말았다.

송목사는 믿었던 바로 그 사람에 의해 납북되었다가 이북에서 세상을 뜨고 말았다고 한다.

지금도 나는 송창근 목사를 생각하면 몽양 여운형이 함께 떠오른다. 해방 이후 기독교계와 정치계 그리고 우리 현대사에서 위대하다는 인물들을 거의 다 만나봤지만, 정치계에서는 여운형, 교계에서는 송창근 목사만큼 나를 아쉽게 만드는 인물이 없다. 한창 일하실 나이에 잡혀가 암살당한 두 분의 삶이 내게는 너무나 아쉽다.

두 사람의 공통점은 기막힐 정도의 미남자라는 것도 있지만, 두 사람 다 휴머니스트라는 점이다. 그들은 인간에 대한 깊은 애정을 가진 인도주의자였다. 또 자유분방한 사람이라는 점도 공통점으로 들 수 있을 것이다. 어떤 틀 속에 매여 살 수 없는 사람이 송창근 목사이고, 여운형이었다.

송창근 목사는 강의하러 들어와서도 신학 얘기보다는 그저 사는 이야기를 구수하게 들려주었다. 강의가 끝나갈 무렵, 학생들이 선생님의 신학은 무슨 신학이냐고 물으면 흑판에 커다랗게 '잡종 신학' 이렇게 네 글자를 적어놓고 나갔다. 조직 신학이니 무슨 신학이니 하는 어떤 틀 안에 갇히는 것을 거부했다.

송창근 목사와 몽양 여운형은 이 외에도 공통점이 하나 더 있다. 해방 이후 60여 년이 지나는 오늘날까지 우리 역사에서 정말 큰 별과 같이 나타난 두 분이지만 오늘 이 역사 속에서는 거의 잊혀져가고 있다는 점이 바로 그것이다.

지난 1997년 7월 19일은 여운형 선생이 떠난 지 50년째 되는 해였다. 그때 기념사업회의 위원장을 내가 맡아 선생의 산소 앞에서 50주기 추도식을 거행했는데, 그날 그 무덤가에는 노인들만 한 쉰 명 나와 있었다.

1999년 10월 5일에는 송창근 목사 탄신 백주년을 맞아 만우 신학 기념 강연회가 있었다. 나는 그곳에 나가 강연을 했는데, 그 자리에도 많은 사람은 나와 있지 않았다.

송창근은 어떤 사람이었을까.

송창근 목사의 연보를 보면 2년 동안 '수양동지회' 사건으로 감옥에 갔다온 것이 기록되어 있는데, 사실 그는 안도산의 직계로 신간회 등 여러 사건으로 수차례 감옥에 갔다온 전력이 있다.

언젠가 한 번은 나더러 이런 얘기를 한 적도 있다.

"야, 너 큰소리 치고 다니는 것은 좋은데, 절대로 감옥엔 붙잡혀 가지 말아라."

송창근 목사가 감옥에 가서 고생하던 얘기 중에 가장 잊을 수 없는 것이, 앞에서도 말한 남산 사건이다. 밤에 남산에 끌려가 온몸을 발가벗긴 채 큰 소나무에 꽁꽁 묶여 아침까지 모기들에게 뜯긴 것이, 육체적으로 또 정신적으로 참 고통스러웠다는 얘기였다.

그가 농담 삼아 하는 이야기가 하나 있다.

"세상엔 무서운 사람이 셋이 있어. 밖에서는 형사, 교회에서는 장로, 집에서는 며느리야."

어쨌거나 나는 그의 고문 얘기를 듣고 일은 열심히 하되 어떻게든 감옥에 가는 것만은 피해야 한다고 생각했다.

당시 우리 교계에는 세 부류의 지도자가 있었다. 하나는 주기철 목사처럼 감옥에서 저항하다가 순교를 당한 사람이다. 그 다음은 진짜 친일을 하는 목사다. 그런 목사들은 신사 참배를 하러 떠나면서 "우리 눈에 보이는 천황께 충성 못하는 사람들이 눈에 안 보이는 하나님께 어떻게 충성하겠느냐"고 말한 작자들이다.

송창근 목사는 이런 두 유형에 속하지 않고 부득이하게 일제의 테두리 속에서 목숨은 이어가면서도 그리스도의 증인이 되기 위해 고통스러운 삶을 살아낸 인물이다. 그런데 해방 이후 그가 친일을 했다는 말이 여기저기 번져 있어 그는 신경 과민 증세를 보이기도 했다. 그가 했다고 하는 친일 내용을 자세히 알아보면 그것은 친일이라고 얘기할 수도 없는 성질의 것이었다.

앞에서도 말했듯이 일제의 강요로 이곳저곳에서 강연을 하도록 강요받았는데, 송목사는 정치 이야기는 일부러 안하고 신불출 저리 가라고 할 정도로 사람들이 배꼽잡고 웃을 수 있는 이야기들만 했다. 일본에 협력하는 일을 그런 식으로 교묘하게 피해간 것이었다.

그런데 그게 나중에 친일 의혹을 사게 되어 처단할 사람의 명단에 올랐을 때 그는 큰 충격을 받았다. 다른 사람 같으면 대수롭지 않게 넘겼을 텐데 송창근 목사에게는 가슴에 못을 박는 아픔이 된 듯하다. 곁에서 보고 있는 내가 답답해서 "뭐, 그런 걸 가지고 그렇게 마음 상해하십니까"라고 말하면 그는 그렇지 않다고 하면서도 계속 속상해했다. 일말이라도 거리끼는 일을 견뎌내지 못하는 분이었다.

일제 시대를 살아보지 않은 사람은 친일이나 항일을 너무나 쉽게 생각한다. 거물들이야 창씨개명도 거부할 수 있었겠지만 민초들이 무슨 수로 그런 것을 거부할 수 있었겠는가. 저항 시인 윤동주가 창씨개명을 했다고 하면 요즘 사람들은 놀라겠지만, 그 시대는 생존이 걸린 문제였다. 완전히 세상을 등지고 깊이 숨어살지 않는 바에야 주민등록증 갱신하듯 선택의 여지가 없는 문제였다. 아니 그보다 더했다. 전쟁 중 식량 배급도 받을 수 없었고, 심지어 기차표도 살 수 없었다.

자신의 안일을 위해 일제에 자진하여 협력한 사람과 생존을 위해 마지못해 침묵으로 암흑을 견뎌낸 사람이 똑같이 친일 인사로 올라서는 안 될 일이다. 더구나 친일 경력을 감쪽같이 덮어두고 잘만 살아가는 사람들이 있는데 말이다.

현재 우리 민족의 가장 큰 과제는 남북의 평화와 통일을 기도하는 것이다. 송목사는 말끝마다 "많은 날을 같은 조선놈끼리 북놈 남놈 붙어서 싸우니 무슨 짓이냐"고 호통을 쳐댔다. 그런 그이기에 함경도와 가장 사이가 좋지 않은 평안도에 가서 목회를 했고, 평안도에서 또 부산으로 내려온 것이다. 이런 지방 사역을 통해 지방색을 초월하고자 한 사람이 송창근 목사였다. 남이면 어떻고 북이면 어떤가, 모두 조선사람인데, 하는 송창근 목사의 이 생각은 오늘날 한국 사회와 한국 교회가 귀담아 들어야 할 대목이다.

21세기의 한국 교회가 지난 역사에서 뚜렷이 부각시켜야 할 인물이 있다면 바로 송창근 목사라고 나는 말하겠다.

어린 대인이의 기도

미군 전투기의 폭격이 잦아지고 인민군의 의용군 모집이 극성을 떨기 시작하면서 나는 서울에 남아 있는 동생 이룡이의 신변이 걱정이 되어 제대로 잠을 이룰 수 없었다. 그러나 미군 참전 이후 수세에 몰린 인민군은 날이 갈수록 험악해지고 있어서 송창근 목사를 만나러 갈 때와는 상황이 또 달랐다.

이번에는 섣불리 내가 나설 수가 없었다. 그래서 아내가 서울로 가기로 했다. 첫번째 서울행에서 동생을 만나지 못한 아내는 두번째 서울로 잠입해서야 겨우 이룡이를 데려왔다. 그때 아내는 순옥이와 옥봉이도 찾을 수 있으면 같이 데려오려고 했으나 만나지 못했다고 한다.

도농리로 내려온 이룡이는 우리가 굶기를 밥먹듯이 하며 고생하는 것을 보더니 다시 서울로 가겠다고 고집을 부렸다. 서울에서 돈을 조금이라도 벌어서 가족을 돕겠다는 것이 그 아이의 생각이었다. 나는 극구 말렸으나 "이제 형님이 계신 곳을 알았으니 위험하면 찾아오겠다"며 달아나듯 나가버렸다. 그 무렵 이룡이는 인민군 신문을 배달하면서 교회를 계속 지키고 있었다.

시간이 흐르면서 인민군의 전세가 점점 불리해지자 도농리에 숨어 있던 우리에게도 위험한 기운이 느껴지기 시작했다. 인민군은 갑자기 집에 들이닥쳐 집안을 살피고는 했는데, 그럴 때면 나는 재빨리 피신하거나 미처 그럴 여유가 없으면 다락에 숨거나 해야 했다.

어떤 날은 검은 옷을 입고 밤새 모기에 뜯기며 밭에 숨어 있기도 하고 폭우가 쏟아지는 밤에 숨을 곳을 찾아 이리저리 헤매기도 했다.

아내와 홍만길 역시 안심할 처지는 아니었다. 부녀자 노무 동원이나 여성동맹 모임 등에 나오라는 강요를 받았으나, 임신 중이라는 둥 이런저런 핑계를 둘러대면서 하루하루를 조마조마하게 보냈다.

나의 삶은 살얼음 위를 걷는 듯한 긴장의 연속이었다. 언제 끌려갈지 모르는 위태로운 상황을 그나마 잘 피할 수 있었던 것은 인민위원장을 하던 이학우가 무슨 일이 있으면 미리 연락을 해주곤 했기 때문이었다.

시골 구석에 숨어 있으니 전세가 어떻게 돌아가고 있는지 어두울 수밖에 없었다. 미군이 참전한 것은 알았지만 작전이 어떻게 전개되고 있는지, 인민군과의 싸움이 어떤 양상을 보이고 있는지 도무지 알 도리가 없었기 때문에 폭격이 무서우면서도 그저 미군 전투기만 보이면 혹시 그들이 밀고 올라오는 것은 아닐까 하는 희망을 가졌다. 그 때문에 폭격이 없는 날은 오히려 더 불안하고 초조했다.

그러던 9월 초 어느 날이었다. 우리가 숨어 있던 집 근처에 동산이 하나 있었는데, 그날 홍만길은 아랫도리를 발가벗은 어린 대인이를 데리고 솔방울을 주우러 동산에 올라가 있었다. 솔방울을 땔감으로 쓰기 위해서였다. 그때 갑자기 하늘에서 전투기가 나타나더니 그 동산을 향해 기관총 소사를 해대는 것이었다. 나와 식구들은 반사적으로 방 안으로 뛰어들어가 이불을 뒤집어썼다.

따따따따-, 혼비백산해서 이불을 뒤집어쓰기는 했으나 마을을 다 쓸어내는 듯한 요란한 총소리는 계속해서 귓속을 울렸다. 그런데 어느 순간 다섯 살짜리 혜원이가 외쳤다.

"대인이가 산에서 죽는데 우리만 숨으면 뭐해!"

그러더니 혜원이는 대원이를 찾으러 밖으로 뛰쳐나갔다.

황망한 가운데 당한 일이라 모두들 어쩔 줄 모르고 허둥대고 있는데 다행히 총소리가 멎었고 정말 하나님의 도우심으로 홍만길과 대인이도 살아서 돌아왔다.

홍만길은 사격이 시작되자 자기도 모르게 소나무 밑둥치에 엎드려 있었으나, 곧 뒤에 따라오던 대인이가 생각나 달려가서 울고 있던 그애를 끌어안고 엎드렸다고 한다. 그리고 무조건 하나님께 기도를 올렸는데, 옆을 보니 어린 대인이도 같이 기도를 올리고 있더란다. 사격이 끝난 뒤 홍만길이 대인에게 물어보았다.

"얘, 너 그때 뭐라고 기도했니?"

"하나님, 밥 좀 주세요 하고 기도했어."

죽는다는 것이 무엇인지 모르는 어린것은 그런 무서운 상황에서도 가장 절실했던 게 주린 배를 채울 밥 한 그릇이었던 모양이다. 그 말을 들은 내 가슴은 쓰리고 아팠다.

전투가 갈수록 치열해지는지 폭격은 자꾸 더 심해지고 있었다. 시골 동네에 숨은 우리도 언제 폭격을 당해 죽을지 모르는 위태로운 상황이었다. 그러던 어느 날부터 인민군들이 후퇴하는 모습이 눈에 띄기 시작했다.

나는 후퇴하는 인민군들의 초라한 행렬을 보며 낙동강까지 밀렸던 국군과 유엔군이 북쪽으로 진격 중이라는 것을 짐작할 수 있었다.

도농리에도 함포 사격 소리가 들려왔다. 당시 나는 모르고 있었지만 그때가 바로 9월 15일 역사적인 인천 상륙 작전이 개시된 후였다. 인천에 상륙한 유엔군이 인민군 보급선의 허리를 끊기 위해 서울로 진격하자 인민군의 저항 역시 거세졌으며 양측의 교전은 도농리 지역에서도 이루어졌다.

마을 앞에 큰 길이 나 있고 옆에 큰 시내를 끼고 있던 도농 마을은 뒤에 산이 병풍처럼 둘러처져 있었는데, 어느 틈엔가 마을을 중심으로 좌우 봉우리에 인민군과 유엔군이 각각 자리를 잡고 교전을 시작했다. 인민군은 북쪽 산꼭대기에 방어막을 대규모로 설치해 놓고 있었고, 유엔군은 남쪽 산봉우리 여기저기에 포대를 설치해 놓고 상대를 겨냥하고 있었다.

전투가 시작되면 양측에서 쏘아대는 총알과 포탄이 마을을 가운데 두고 어지러이 교차하였으니 마을 사람들의 신세는 말 그대로 독 안에 든 쥐의 형국이었다. 언제 죽음이 닥칠지 모르는 명재경각의 나날이었다. 다른 곳으로 도망치고 싶어도 칠 형편이 아니었으므로 매순간 조마조마해하면서 기도하는 일 외에 다른 방도가 없었다.

마을을 사이에 둔 어마어마한 포격전은 장장 아흐레 동안이나 계속되었다.

교전이 벌어지면 사람들은 상황을 봐서 안전하다고 생각되는 집에 몰려들어 숨거나 방공호 속으로 피했다. 밤에 하늘을 바라보면 연거푸 터지는 포탄으로 흡사 불비라도 내리는 듯했다. 그때의 공포가 얼마나 절실했는지 나는 지금도 그 상황을 생각하면 몸이 오싹해지는 전율을 느끼곤 한다. 이미 죽음의 공포를 느끼기 시작한 큰딸 혜자는 우레 같은 포 소리만 들리면 얼굴이 사색이 된 채 사시나무 떨듯 떨곤 했는데, 그때의 충격 때문인지 한동안 심장마저 약해지고 말았다.

생생한 현실로 다가온 죽음

양측의 전투가 치열해지면서 점차 포위망이 마을 쪽으로 좁혀 들어오자 사람들은 더욱 위기에 몰리게 되었다. 가만히 있다가는 모두 깔려죽게 될 판이었다. 궁리 끝에 사람들은 마을 뒤쪽 산자락 밑으로 가서 몸을 숨길 구덩이를 파기 시작했다. 제각각 손에 삽을 들고 구덩이를 파고 있는데, 우리 식구는 삽이 없어 그냥 멍하니 바라보기만 했다. 사정이 워낙 다급해서 그런지 삽을 빌려주는 사람도 없었다.

총알이 공기를 날카롭게 가르는 소리와 포성이 귀청을 찢고, 내가 있는 근처까지 포탄이 날아와 흙이 튀고 돌덩이와 나무가 박살이 나는 아수라장 속에서 나는 구체적으로 죽음과 대면하지 않을 수 없었다. '이 순간이 마지막 순간'이라는 막막한 느낌 속에서 겨우 은신할 구덩이를 찾아든 나는 아직도 시린 무릎을 웅크리고 앉아 죽음을 마주했다. 그리고 가족을 앞에 놓고 이 세상을 하직할지도 모른다는 심정으로 마지막을 준비할 수 있는 짧은 이야기와 함께 기도를 올렸다.

이제 우리에게는 죽음을 기다리는 일 외엔 아무 것도 없었다. 가장 고통스러웠던 것은 철부지 세 아이들이 죽음의 공포 앞에서 떠는 모습을 그냥 지켜볼 수밖에 없다는 사실이었다.

일생을 통해 죽을 고비를 한두 번 넘긴 것이 아니지만, 그 순간처럼 죽음이 실감나게 느껴진 적은 없었다. 죽음은 추상적인 개념이 아니라 나 자신과 내 가족에게 닥친 생생한 현실이었다.

나는 그날이 내 마지막 날이 될 것이라는 예감을 부인하기 힘들었다.

목사인 나는 평소에 죽음으로 생명이 끝나는 것은 아니라고 생각하고 있었으나 정작 실제로 죽음을 마주하게 되자 여느 사람들과 다름없이 두려웠고 피하고 싶었다. 더구나 철없는 아이들의 죽음을 생각하니 더욱 견디기가 힘들었다. 죽음의 의미가 평상시와는 실존적으로 달라져버린 것이다. 인간은 그렇게 약한 존재였다.

우습게도 그런 와중에서 나를 더욱 두렵게 만든 것은 죽어도 복사(福死)로 곱게 죽지 못하고 포탄에 뼈와 살이 갈가리 찢긴 채 죽어야 한다는 것이었다. 와석종신(臥席終身)이 복 가운데 하나라는 사실을 그때 실감했다.

가족들과 함께 모든 것을 운명에 맡기고 구덩이 속에 몸을 웅크린 채 온몸과 마음의 정성을 모아 간절한 기도를 올렸다. 나와 내 가족이 살자면 하나님의 기적 외에는 다른 어느 것도 기대할 것이 없었다. 기도의 내용은 회령 감방에서 올렸던 것과 다름이 없었다. 가장 절실하고 다급한 순간에 나오는 기도는 그만큼 단순하고 유치할 만큼 솔직한 것 같다.

"하나님, 당신의 기적으로 만약 여기서 살아나가게 된다면 내 인생은 여기서 끝난 것으로 하고 나머지 덤으로 주어진 시간은 하나님이 원하시는 일에 몽땅 바치겠습니다."

말 그대로 사람을 혼비백산시키는 치열한 교전은 일각이 여삼추로 기나긴 시간 계속되는 듯싶었다. 송곳 끝같이 날카롭게 곤두선 정신이 거의 한계에 다다랐다고 느껴지는 순간 포성이 뜸해

지더니 잠시 후 완전히 멈추었다. 구덩이 밖으로 고개를 내밀어 보니 여기저기 구덩이에서 사람들이 기어나오고 있었다.

나도 겁에 질린 채 구덩이 밖으로 나갔는데 놀랍게도 바로 눈앞에서 일단의 군인들이 총칼을 들고 지나가고 있었다. 자세히 보니 국군이었다. 마치 꿈을 꾸듯 어리둥절한 기분이었다. 격렬했던 전투에 지친 탓인지 군인들의 얼굴은 굳어 있었고 마을 사람들 역시 혼이 반쯤은 나간 상태였으므로 환영의 만세 소리도 없이 국군은 마을로 들어왔다.

국군이 마을에 들어오게 되자 더 이상 숨어 있을 필요가 없게 되었다. 실로 오랜만에 거리낌없이 길을 활보할 수 있게 되었는데, 놀랍게도 동네 사람들이 나를 찾아와 인사를 건네기 시작했다. 나는 김재준 목사와 이춘우 형제만 빼놓고는 아무도 몰래 숨어 살고 있다고 생각했는데, 사실은 동네 사람들 모두 내가 숨었던 것을 알고 있었던 모양이었다.

그런 사실을 알고 나니 정말 동네 사람들에게 고마움을 느끼지 않을 수 없었다. 그들은 수상한 사람이 있으면 지체없이 신고하라는 보위부 사람들의 얘기에도 불구하고 나를 한결같이 숨겨주고 감싸준 것이었다.

마을로 나선 나는 우선 마을 옆을 흐르는 냇가를 찾았다. 냇가에는 양쪽에서 얼마나 마구 쏘아댔던지 포탄과 총알이 산더미처럼 쌓여 있었다. 그곳이 우리가 피한 장소 근방이었으니 그처럼 많은 탄환 세례를 피해 내가 살아 남았다는 사실이 정말 기적처럼 느껴졌다.

'이젠 살았구나.'

안도의 숨을 쉬게 되니까 이번에는 서울이 어떻게 되었는지 궁금해졌다. 그 중에서도 가장 걱정되었던 것은 동생 이룡이의 안부였다. 서울에서도 공방이 치열했을 텐데 무사하게 살아남았는지 조마조마했다.

그런데 의사인 형용이가 우리가 있는 곳으로 불쑥 찾아왔다. 모두들 반가워하며 그를 맞았는데, 그는 터덜거리면서 집 안으로 들어서더니 그만 털썩 주저앉아 흐느껴 울기 시작했다. 형용이는 한참을 울다가 겨우 이룡이가 죽었다는 소식을 전했다. 그 아이는 교회를 지키다가 폭격을 당하는 바람에 생명을 잃었다고 한다.

눈앞이 노랗게 변하면서 서 있는 다리에서 힘이 풀려나갔다. 끝내 듣고 싶지 않은 말이었다. 우리 가족을 위해서 피난길에서 되돌아왔고 리어카도 구해주었으며, 우리 가족의 생계에 보탬이 되려고 위험한 일들을 마다 않고 했던 아이. 끝내 교회를 지키기 위해 서울에 남아 있다가 마침내 비참한 최후를 맞고야 만 그 아이를 생각하면 가슴이 아려 울음도 나오지 않았다.

6·25가 터졌을 때도 이룡이는 친구들과 함께 피난 차량을 마련했지만 형님 내외를 두고 갈 수 없다고 차에서 내려 집으로 돌아온 아이였다. 좋은 목사가 될 수 있었던 이룡이가 나에 대한 순정 때문에 그 푸른 나이에 죽고 말았다는 자책감은 60년이 지난 지금도 내게 한으로 남아 있다.

형용이는 교회에서 이룡이의 유해를 찾아 어딘가에 묻어놓고 나를 찾아온 길이라고 했다. 나는 정신이 나간 것처럼 이룡이를 묻은 곳이 어디냐고 형용이를 다그쳤지만 끝내 함구했다. 내가 지나치게 슬퍼할 것을 염려한 때문이었다.

전쟁통에 대충 묻어둔 이룡이의 유해를 찾기 위해 나중에 가족들이 찾아가 보았지만 묻어둔 곳이 너무 많이 변해버려 끝내 그 자리를 찾을 수 없었다고 한다. 그러니 동생의 산소 자리조차 마련해줄 수 없게 된 나의 한은 아직도 풀리지 않고 있다.

내가 살아남았다는 안도감과 공산 치하에서 벗어나게 됐다는 해방감이 준 기쁨은 이룡이의 죽음 앞에서 아무런 의미도 가질 수 없었다. 이룡이의 죽음은 나뿐만 아니라 우리 가족 모두에게 감당하기 힘든 충격과 상처를 남겼다. 특히 큰딸 혜자는 유난히 작은 삼촌을 좋아했는데 이룡이가 죽었다는 사실을 알게 된 후로는 잘 부르던 노래도 부르지 않고 오랫동안 우울한 모습을 보였다.

인간은 모든 것에 익숙해질 수 있는 존재라고, 그것이 인간에 대한 가장 훌륭한 정의라고 말한 사람이 누구였던가. 우리 가족은 그렇게 절망적인 고통 속에서도 살아갈 방도를 찾아야 했다. 살아남은 사람에게 현실은 항상 냉혹한 모습을 보이게 마련이다. 이룡이의 죽음이 가져다 준 슬픔에 겨우면서도 나는 '그래도 산 사람은 살아야 한다'는 생존 본능에 따라 살 궁리를 해야 했다.

9·28 서울 수복이 이루어진 후였으므로 나는 가족들을 이끌고 다시 보따리를 꾸려 서울로 향했다. 서울로 떠나기 전 김목사 가족과 함께 가려고 찾아갔으나 벌써 떠나고 난 뒤였다.

전쟁터에 꽃핀 인간애

민세 안재홍마저 납북되다

서울로 돌아오는 길에 아이들을 포함한 우리 일행은 차마 두 눈 뜨고 볼 수 없는 전쟁의 참상을 무수히 목격해야 했다. 길거리엔 갖가지 비참한 형태의 시체가 즐비했으며, 보이는 것이라곤 시체와 폭격에 쑥밭이 된 황량한 폐허뿐이었다. 그 사이를 흐느적거리며 걷는 사람들은 흡사 아귀 같은 몰골이어서 눈앞에 펼쳐진 광경은 지옥도 그 자체였다.

서울 역시 상황은 마찬가지였다. 폭격으로 앙상한 뼈대만 삐죽삐죽 솟아 있는 거리는 시체로 가득 차서 그것이 썩는 냄새가 온 시내에 진동하고 있었다.

폐허로 변한 건 도시뿐만이 아니었다. 사람들 역시 마음과 감정이 모두 부서져 내린 듯 돌처럼 굳어진 모습으로 원초적인 생존 본능에 따라 동물처럼 움직이고 있는 것 같았다.

비통한 마음으로 우리의 처소인 경동교회에 다다른 나는, 순간 칼날이 심장을 스치는 듯한 예리한 통증을 느꼈다. 우리가 그토록 정성을 쏟아 일군 교회당이 폭격을 맞고 불에 타버린 을씨년스런 모습으로 우리를 맞았기 때문이었다. 더구나 그 속에서 동생이 비명도 못 지르고 죽었다고 생각하니 차마 그 현장을 바로 볼 수가 없었다.

서울로 돌아온 나는 가까이 지내던 사람들의 행방이 궁금해서 수소문하기 시작했다. 그러나 김규식, 안재홍, 송창근 등은 납북되었고 나머지 사람들도 찾아보기 힘들었다. 무엇보다 우리 교회에 나오던 많은 청년들이 국군으로 또는 의용군으로 전쟁터에 나갔기 때문에 그들의 생사에 대한 염려로 노심초사했다. 실제로 그들 중 많은 수가 전쟁통에 죽거나 행방불명되었다.

민세가 납북되었다는 소식은 그의 비서를 지낸 조규희를 통해 알게 되었다. 나는 피난 가기 전 탑골 공원에서 조규희를 만난 적이 있다. 안재홍 선생이 피난을 가셨는지 궁금해하는 내게 그는 서울 어딘가에 숨어 있다고 알려주었다.

"피난을 가고 싶어도 이승만이 전쟁이라는 기회를 이용해 자신의 정적은 모조리 공산당으로 몰아 총살을 한다는 얘기가 있어 내려가지 못하고 있어요. 그래서 피난도 못 가고 숨어 계신답니다."

나는 민세의 납북 경위를 그의 손녀인 시인 안혜초를 통해 들었다. 민세 역시 믿는 도끼에 발등 찍히는 격으로 잘 아는 사람에 의해 인민군에게 넘겨졌다고 한다. 민세에게는 권태희라고 하는

면 사돈뻘 되는 사람이 있었는데, 이 사람이 평소 민세를 그렇게 따르고 좋아해서 쌀이나 고기도 사오고 화분도 갖다 주는 등 매우 가깝게 지냈다고 한다. 그런데 바로 그 사람이 민세의 은신처를 알아내어 인민군을 대동하고 와 9월 21일 자정에 잡아갔다는 것이다.

민세. 나는 그를 겨레의 참 선비, 참 스승이라고 생각한다. 조국이 일제의 추잡한 발굽에 짓밟히던 날부터 해방되는 날까지 민세는 많은 나날을 감옥에서 보냈고, 겨우 찾은 해방의 기쁨도 제대로 못 누린 채 국토 양단과 혼란에 빠진 정국에 뛰어들어야 했다. 그 속에서 숱한 오해와 모략 중상으로 상처투성이가 된 민세의 얼굴은 행동하는 지식인의 비극적인 초상화였다.

지난 1999년 민세의 글이 선집 형태로 묶여 나왔다. 서른네 살에 논설위원으로 언론 생활을 시작하여 해방 후 정계에 뛰어든 쉰다섯 살에 이르기까지 20년 가까운 집필 생활 동안 그가 남긴 글의 분량은 권당 6백 쪽으로 열 권이 넘는다. 아홉 차례에 걸친 옥고로 보낸 7년 3개월의 공백기를 생각한다면 엄청난 양이다. 게다가 옥중 고문으로 허리를 다치고 위장병에다 동상에 걸리는 등 수감 생활 후유증으로 시달린 것까지 감안하면 제대로 글을 쓸 수 있었던 기간은 10년이 될까말까하다.

그의 감옥 생활은 아들 안정용(安晸鏞)의 회고록에 잘 나타나 있다.

당시는 지금보다도 더욱 추웠는지 엄동이 되면 기온이 퍽 내려가서 영하 20도 전후를 오르내리는 것이 항례였다. 이런 밤이면 차가운 감방에서 신음하실 아버지를 염려하여, 병석의 노조모와 어머니는 거의 뜬눈으로 새곤 하시어, 그런 날일수록 연소한 나는 더욱 침울해지지 않을 수 없었다. 중학생이 된 내가 서울에 올라오며 생긴 일은, 붙잡혀 다니는 아버지의 뒤치다꺼리였다. 담요와 사식 차입, 면회 등 심부름을 다니느라고 경찰서와 형무소 출입이 잦아지게 된 것이다. 고등계 형사나 형리들이 차디차게 쏘아보는 눈초리를 나는 지금도 서릿발같이 느낄 수 있다. 엄한과 혹서에다 영양 부족으로 말이 아닌 아버지의 얼굴을 대하는 것도 규정 시간이 지나면 사정없이 내려닫는 판막이로 막혔고, 그 판막이를 두 주먹으로 두들기던 생각이 지금도 뇌리에 남아 있다. 때문은 차하복(差下服)을 옆에 끼고 철문을 나서서 영천 길을 걸어 나오던 15, 6세 소년의 눈앞에 독립문이 뽀얗게 아롱져 보이곤 하였다.

나는 민세가 난국을 시원시원하게 타개해나가는 강력한 카리스마를 지닌 지도자라고는 생각하지 않는다. 다만 지성과 도덕의 정기를 몸에 지닌 깨끗한 지도자였다고 생각한다. 어려서 한학을 공부했던 민세는 '나이 일고여덟 살 무렵에 벌써 우국 사상이 무엇인지 알게 되었'고, 『사기』를 읽으면서 "내가 조선의 사마천이 되겠다"고 결심했다고 한다.

선비 정신이 몸에 밴 그는 이후 기독교에 귀의하여 일본 유학을 다녀오지만 단군을 믿는 대종교를 유지하기 위해 노력하면서 우리 민족의 상고사와 얼을 찾는 일에 힘을 쏟았다. 단재 신채호를 존경했던 그가 동양 고전의 구석구석을 연구하여 찾아낸 우리 민족의 고유한 얼은 한갓 지식에 그치는 것이 아니라 민족의 자존심을 구성하는 뼈가 되고 살이 되었고, 민족주의의 사상적 토대를 마련해주었다.

민세가 공들여 밝혀낸 우리 민족의 얼은 결코 배타적인 민족주의가 아니었다. 그것은 보통 사람을 위한 민주주의였으며 자유와 정의와 질서가 골고루 어우러질 수 있는 열린 정신이었다. 이는 그의 호가 민세(民世)인 것에서도 알 수 있다. 민족(民族)을 생각하면서도 세계(世界)를 향해 열려 있는 민족주의자, 다시 말해 그는 신민족주의자였다.

그의 민족주의와 세계를 향한 관심은 '다사리 국가론'이라고 이름하는 그의 정치 철학에서도 볼 수 있다.

> 정치는 다사리다. 다사리는—전 인민, 각 계층의 총의를 골고루 표백(表白, 표현하여 드러냄)케 함이요, —나와 우리를 '다 살리'게 하여—나라요, 겨레요, 다사리요는, 즉 하나의 통일 국가가 정치 · 경제 · 문화 · 사회 등 대중 생활의 전부면에 뻗치어, 고유한 그러나 생신(生新)한 민주주의에 말미암아, 자아국가(自我國家)를 그의 신민족주의의 대도(大道)에서 정진매진(精進邁進)케 하는 지도 이념이다(「국민당 선언」, 안재홍).

이 다사리는 어원적으로 분석할 때 우선 '다 사리어' 즉 '모든 사람을 다 말하게 하여'라는 뜻을 가지고 있다. 그리하여 다사리는 만민총언(萬民總言)이라는 국민주권 사상과 언론의 자유를 원칙으로 삼고 있으며, 그 결과 온 국민을 '다 살게 하는' 만민공생(萬民共生)의 공동체 이념을 기본 가치로 하고 있다. 다시 말해 다사리는 곧 우리 민족 고유의 정치 이념으로서, 그 실천 방법은 '만민이 모두 다 말하여(곧 참여하여) 그 의사를 국정에 표명하는 것이며', 그 궁극적 목표는 '국가 구성원 모두가 골고루 잘 살게 되는 사회를 건설하는 것이다.'

다사리란 말은 곧 '정치 그 자체'를 뜻하고 이것이 '조선 상대의 민주주의'로, 서양에서 말하는 자유주의와 사회주의 이념을 모두 포괄하고 있기 때문에 민세는 해방 후 심각한 좌우 이데올로기의 갈등과 그에 따른 정치적 분열도 이 '다사리' 이념으로 극복해보려고 노력했다.

그 생각은 어느 정도 현실적인 것이었다. 왜냐하면 우리나라 전통 속에 전혀 뿌리가 없는 공산주의이니 자본주의니 사회주의니 하는 것에 비해 다사리 이념은 어디까지나 우리 전통 문화에 뿌리를 두고 있는 개념이며, 게다가 열린 통치 철학이었기 때문이다. 어쩌면 우리에게 가장 잘 맞는 현실적이고 정통성 있는 정치 철학 개념이었는지도 모른다.

민세가 잡혀갔다는 이야기를 듣고 나는 충격을 받았다. 그가 쓴 글을 읽으며 선비로서, 애국자로서 그를 존경해왔고 신탁통치 반대 국민궐기 대회에서 그가 부위원장으로 활동하고 내가 그 대회의 청년 대표로 참여하면서 직접 알게 된 인연이었으므로 충격은 더욱 컸다.

내가 민세와 함께 일하게 된 것은 좌우 합작위원회 때였다. 그때는 미 군정청이 이승만, 한민당 등 우익 지도 세력만으로는 한국 문제를 해결할 수 없다는 생각을 가지고 제3세력을 뒷받침해 주던 시기였고 민세 역시 반탁만으로는 민족 문제를 해결할 수 없다는 생각으로 김구의 한독당과는 노선을 달리하며 미소 공위에 희망을 걸던 때였다.

아널드가 장관으로 있던 미 군정청은 입법부와 행정부를 새로 만들면서 입법부 의장에 김규식, 행정부에는 민정장관으로 안재홍을 기용했다. 김규식을 중심으로 한 입법위원회는 우익 세력으로만 형성되어오던 미군정의 정책을 민주화하는 데 일조했고, 행정부에서도 많은 노력을 했다. 당시 사방에서 일어나고 있던 많은 사건을 모조리 공산당의 소행으로 정리하는 것을 하지 중장과 상의하여 민정 조사위원을 폭동 현장에 내려보내 조사케 한 일도 행정부의 노력이었다.

안재홍 역시 몽양 여운형처럼 열린 사람이었다. 우익이면서도 열린 우익이었다는 점이 좌익이면서도 열린 좌익이었던 몽양과 닮았다. 여운형 조만식 홍명희 송진우 등과 함께 일제가 지목한 최후까지 '남아 있는 비협력 지도 인물'이었으며 해방 직전과 직후에는 여운형과 함께 건준 활동을 적극적으로 하면서 정치에 본격적으로 뛰어들게 됐다.

해방 정국에서 전개된 그 추잡한 정략 · 음모 · 중상 속에서 민세는 정략적으로 대응할 줄도 몰랐고, 또 앞뒤 가리지 않는 꼿꼿

한 성격으로 적지 않은 오해도 받았다. 그러나 이렇듯 오랜 세월이 흐른 뒤에 국민들도 눈을 떴다. 국민들은 도덕적이며 믿을 수 있는 지도자, 전국민의 신뢰와 사랑을 받을 지도자를 안타깝게 찾고 있었다. 그런 지도자라면 민세가 가장 합당할 것이다.

그의 다사리 이념 역시 현대에 와서도 하나도 그 빛을 잃지 않고 있으며 오히려 우리의 가장 큰 소망인 통일을 앞당기는 데 적극 활용해야 할 귀중한 자산이라고 할 수 있다. 외국의 사상만 연구할 것이 아니라, 위기의 시대를 겪으며 선인이 정리해낸 우리의 사상을 다시 한 번 돌아보아야 할 때가 아닐까.

전쟁터에서 신을 찾았건만

민세가 친한 사람의 배신으로 납북되었듯이, 많은 사람들이 주로 아는 사람의 배신에 의해 납북되곤 했다. 이같은 배신의 예는 허다하다. 내가 청년학생부 간사로 있을 때, 기독교연합회의 총무를 지냈던 남궁혁 목사의 경우도 그 한 예다. 그 역시 장작더미 속에 숨어 있다가 며느리의 오빠 되는 최택이라는 사람이 밀고하는 바람에 잡혀갔다고 한다. 이처럼 전쟁이라는 극한 상황 속의 인간 관계는 평시와는 전혀 다른 원리와 기준으로 움직인다.

이같은 쓰라린 경험은 나 역시 진저리나게 겪은 바였다. 이미 말한 H목사의 위선적인 행동, 애국자로 불리는 정치인들의 파렴치, 가깝다고 믿었던 교우, 이웃 친지들의 돌변한 태도, 내가 가장 존경하고 아버지처럼 의지했던 스승이 극한 상황 속에서 보여준 모습 등 모두가 나에게 불신과 상처를 준 끔찍한 경험들이었다. 상처를 주는 쪽도 받는 쪽도 모두가 인간의 유한성, 인간이 본래 가지고 있는 나약함을 실감해야 했다.

평상시라면 절대로 있을 수 없는 이런 서글픈 체험을 얘기하면서 나는 인간이란 어떤 존재인가를 묻고 싶을 뿐이다. 누구를 비난하기 위해 이런 이야기를 하는 게 아니라 인간이란 나를 포함해 모두가 한없이 허약한 존재일 뿐이라는 사실을 기억하기 위해서이다. 나는 "하나님 앞에서는 의로운 자가 하나도 없다"는 사도 바울의 말을 믿고 있고, 또 인간의 자아 중심적 특질이 잘 안보이게 가려져 있는 사람은 있을지 몰라도 진짜 성자는 존재하지 않는다는 생각을 갖고 있다. 나 자신 언제나 '인간적인 교만함'에 빠지지 않기 위해 이 말을 기억하고 있다.

전쟁은 표면적인 비극을 넘어 풀기 어려운 본질적인 문제 속으로 나를 밀어넣었다. 포연과 시체로 가득 찬 길거리의 참상과 폐허가 된 시가지, 벌거벗은 인간들의 모습을 목격하면서 나는 내가 믿어온 하나님에 대하여 다시 한 번 의문을 품지 않을 수 없었다.

전지전능하고 무소부재(無所不在)하신 하나님은 과연 이런 비참한 현실 속에서 무엇을 하고 계신 것일까? 당시 나의 심정은 2차 세계 대전 중 레닌그라드 포위 작전에 참전한 한 독일 병사가 목사인 아버지에게 보낸 편지의 한 구절로 요약될 수 있다. '우리가 믿어온 하나님은 교회당과 아버지의 서재 안에는 계신지 몰라도 이곳 레닌그라드에는 계시지 않습니다'라는 구절 말이다.

하나님에 대한 나의 이런 회의는 전쟁이 끝난 후에도 좀체 풀리지 않고 내 가슴에 응어리져 있었다. 6·25를 배경으로 한 김은국의 『순교자』라는 소설도 나는 매우 관심 있게 읽었다. 여담이지만 김은국은 나와도 개인적인 인연이 있는 사람이다. 그의 부친 김찬도 선생이 용정 은진중학에서 나를 가르친 은사이기 때문이다. 그때 나는 남성적이면서도 다정하고 소탈한 그를 좋아해서 그 댁에 자주 놀러 갔었는데, 당시 국민학교 저학년생이던 김은국이 하교해 돌아오면서 학교에서 배운 대로 "황국신민의 선서!" 하고 외치며 거수 경례를 하던 모습이 눈에 선하다.

『순교자』에서 신목사는 전쟁의 비극 속에서 '하나님은 계시지 않다'는 결론을 얻었으면서도 절망 속에 있는 수많은 사람들이 하나님을 필요로 하기 때문에 하나님의 말씀을 설교하는 걸로 그려져 있다. 그러나 그 소설에 공감을 하면서도 나 자신은 신목사가 될 수 없었다.

이러한 갈등 속에 있던 내게 해결의 실마리를 던져준 것은 도스토예프스키의 『카라마조프 가의 형제들』이었다. 이 소설에는 무신론자인 이반이 독실한 신자인 동생 알료샤에게 '그 피와 눈물이 지구의 중추까지 적실 정도로 비참하게 죽어간 어린아이들'의 기록을 보여주면서 "도대체 이 비참하게 죽어간 아이들을 위해 네가 믿는 하나님은 무엇을 했느냐"고 묻는 장면이 나온다. 그때 알료사는 조용히 대답한다.

"당신의 그 두루마리 기록에는 가장 비참하게 십자가에 못 박혀 죽어간 하나님의 아들의 기록이 빠져 있습니다."

나는 그 대답을 읽는 순간 어둠 속에서 한 줄기 빛을 본 듯한 기분이었다. 그때부터 나는 모든 악을 심판하시는 정의의 하나님, 하늘에 계신 전지전능한 하나님에서 말 구유에서 태어나 온갖 고난을 거친 후 십자가에서 처참하게 죽은 예수에게 관심을 돌리기 시작했다. 이같은 나의 생각은 일본의 신학자 기타모리 가조(北森嘉藏)가 쓴 『하나님의 아픔의 신학』을 읽고 더욱 굳어졌으며, 그 결과 캐나다 유학 때 내가 쓴 논문의 제목도 『십자가의 신학』이라는, 예수의 고난을 주제로 한 것이었다.

다음으로 나를 괴롭힌 것은 역사의 부조리라고 할까, 왜 우리 민족에게 연이어 이토록 뼈아픈 시련과 비극이 닥치는가 하는 물음이었다. 일제의 식민지 상태에서 벗어난 지 겨우 5년 만에 이번에는 동족끼리 서로 총부리를 겨누고 살상을 하고 있으니, 정말 기막힌 현실이 아닐 수 없었다.

외세에 의한 분단 상황을 민족 자주적으로 극복해보려는 노력은 하지 않고 한쪽에선 북진 통일만이 유일한 애국의 길인 양 떠들어대고, 다른 한편에선 동족에게 총을 겨누고도 해방군을 자처하는 현실을 보면서 나는 숱한 인명과 민족의 힘을 희생시키고 있는 이 전쟁이 도대체 누구와 무엇을 위해 이루어지고 있는지 답답하기만 했다.

피카소가 스페인 내전을 소재로 그린 「게르니카」보다 더 비참한 현장을 목격하면서 나는 우리 민족에게 왜 이런 엄청난 시련이 주어졌는지, 그 이유를 찾지 못해 방황하고 있었다.

믿음의 불씨를 심어준 두 간호원

전쟁은 참으로 비참한 것이었다. 많은 사람들의 재산과 생명을 빼앗아간다는 사실 하나만으로도 전쟁은 더할 수 없이 비참하지만 애국자, 존경하는 스승, 친구라는 말 속에 포함되어 있는 아름다운 세계를 완전히 짓밟아버린다는 점에서 더욱 원망스럽고 무서웠다. 아름답게 보이던 인간의 모습이 냉혹한 이기주의자 외에 아무 것도 아닌 모습으로 변할 때, 전쟁은 오히려 추악한 인간들에게 내려진 정당한 심판처럼 생각되기도 했다.

그러나 심판은 나쁜 사람들이 먼저 받아야 할 터인데 오히려 정반대로 이루어지고 있으니 전쟁은 결국 신(神)의 정당한 심판도 아닌 것이라고 생각하게 되었다. 신 · 인간 · 역사 · 도덕 · 신앙 · 가치 전체에 대한 깊은 회의와 절망, 즉 일체를 체념해 버리고 죽어도 좋고 살아도 좋다는 식의 자포자기와 냉소에 떨어질 수밖에 없었다.

그러나 이러한 상황 속에서도 인간성에 대한 희망과 빛을 보여주는 사람들이 있다. 옥봉이와 순옥이 바로 그런 사람이었다.

도농리로 피신하기 전 서울에서 숨어 다니던 시절, 평소 나를 무척이나 따르고 우리 아이들도 귀여워해 주던 장순옥과 김옥봉, 두 처녀가 나를 찾아왔다. 순옥이는 내가 용정 용강동 교회에서 주일학교를 할 때 나왔던 학생이기도 했다. 참으로 얌전한 여학생이었는데, 서울에 와서도 우리 내외를 부모처럼 따랐다.

서울대 의과대학 간호학과에 다녔던 두 처녀는 그때 병원에 차출되어 간호원으로 일하고 있었는데, 공산당 아래서는 도저히 일할 수가 없다고 나를 찾아왔다. 그들은 평소에 큰소리를 쳤던 나를 찾아오면 무슨 방도가 있지 않을까 해서 온 듯했으나, 나는 그들보다 더한 무능력자였다. 게다가 나는 인간에 대한 심한 배신감과 환멸 등으로 일종의 허탈 상태에 빠져 피난갈 생각도 못하고 있었다.

나는 그들을 돕고는 싶었으나 당장 내 아이들의 호구지책도 해결할 수 없는 막막한 상태여서 무엇 하나 도울 길이 없었다. 나의 무기력하고 절망적인 분위기 탓이었는지 그들은 다시 병원으로 돌아가겠다며 발길을 돌렸다. 그때 나에게는 어떤 의지도 없었다.

그들의 뒷모습을 보며 나는 속으로 생각했다.

'너희들도 결국 내 도움을 기대할 수 없으니 제 살 길을 찾아가는구나.'

이미 인간에 대해 쓰라린 체험을 맛본 나는 서로 힘이 되어주지 못하고 제 살 길 찾아가는 씁쓸한 그 상황을 그다지 안타깝게 받아들지도 않았다.

그런데 얼마 후 그들은 다시 우리 집을 찾아왔다. 그리고는 어렵게 외출 허가를 받아 왔다면서 치마폭에서 밥 사발을 꺼내는 것이었다. 당시 상황에서 그런 행동은 매우 위험한 일이었으나 그들은 그후에도 자주 밥을 숨겨 가지고 와서 우리 식구들을 기아 상태에서 구해주었다. 그들 역시 편한 처지가 아니었을 텐데 그들은 자신보다 우리들을 먼저 걱정해준 것이다. 그들이 아니었다면 우리 가족은 그 끔찍한 배고픔에서 헤어나지 못했을 것이다.

"목사님이 지금까지 집에 있는 것은 매우 위험합니다. 어디 안전한 곳에 가서 숨는 것이 좋겠어요. 목사님 식구들은 저희가 무슨 수를 써서라도 돌볼 터이니 걱정하지 말고 떠나도록 하세요."

나는 그 말을 듣고 단순히 이제는 안심하고 도망할 수 있겠다는 사실보다 그들의 갸륵한 인간성에 그만 눈물이 쏟아졌다. 내 속에서 이미 다 사라져버렸다고 여겼던 인간에 대한 애정이 그때 꿈틀 되살아나는 것을 느꼈기 때문이다. 나는 그들이 너무 고마웠다. 전쟁과 함께 잃어버린 인간에 대한 신뢰와 인간적인 가치, 아름다운 세계에 대한 긍정과 믿음이 다시 내 가슴을 쳤고 식어버린 삶의 의욕, 인간을 위해 일해 보겠다는 의욕이 다시 일어났다. 그같은 의욕이 있었기에 나는 그들의 권고대로 집을 떠나 몸을 피할 수도 있었다.

내가 집에서 나온 바로 그날 밤, 총검을 가진 인민군 보위대가 나를 잡으러 우리 집을 샅샅이 뒤지고 갔단다. 나는 이 소식을 듣고 이제는 집에 갈 수도 없을 뿐 아니라 도망다니는 데도 한계가 있음을 알았다. 옥봉이와 순옥이가 우리 집에 드나드는 것도 그들 신변에 매우 위험한 일이었다.

마침내 시골로 피난을 가기로 작정했을 때 옥봉이는 폐결핵으로 병원에 눕게 되어 우리와 함께 떠날 수 없었다. 나는 가족을 빨리 시골에 피난시키고 조금 안정만 되면 순옥이와 옥봉이를 데려와야겠다고 마음먹고 우선 가족끼리만 피난길에 올라 양주군 도농리에 머물게 된 것이다.

서울에 유엔군이 들어왔다는 소식을 듣자마자 우리 부부는 서울에 있는 옥봉이와 순옥이 그리고 내 작은 동생을 데리고 오기 위해 준비를 했다. 내가 서울로 가기는 위험하여 아내가 대신 폭탄이 떨어지는 서울에 두 번이나 몰래 들어갔으나 이미 그들의 소식은 끊어진 뒤였다.

내가 피해 있던 마을에 국군이 들어오던 날, 나는 다 타버린 잿더미같이 된 내 가슴에 새로운 불씨를 심어 준 그들을 누구보다 빨리 만나고 싶었다. 내 마음이 죽어갈 때 내 마음을 되살려낸 은인들에게 내가 살아남았음을 알려주고 싶었다. 그러나 서울에 돌아온 뒤에도 옥봉이와 순옥이는 만날 길이 없었다. 육군병원의 간호원이 된 게 아닐까 싶어 온 병원을 샅샅이 뒤졌지만 그들의 옛 동료들만 만날 수 있었다. 그들을 통하여 들은 확실하지 않은 소식은 대충 이랬다.

우리 식구가 시골로 피난한 후, 순옥이와 옥봉이는 도망갈 길을 모색했으나 옥봉이의 병세가 악화되자 순옥이는 그를 버려두고 혼자 갈 수가 없었다. 얼마 후 옥봉이의 병세가 호전되어 같이 도망하려 했을 때는 이미 공산군들이 눈치를 채고 그들을 평양으로 강제 후송해 갔다는 것이다. 나는 후에 국군의 뒤를 따라 평양까지 올라가 찾아보았으나 평양에서도 그들의 행방은 알 수가 없었다.

1·4후퇴로 부산에 내려갔을 때 나는 제3육군병원에 가서 순옥이와 옥봉이의 동료 한 명을 만날 수 있었는데, 그가 들려준 얘기로는 간호원들이 북으로 후송되는 도중 탈출 소동이 일어났다고

한다.

"기차가 철원을 지나면서 천천히 달리던 때였어요. 세 사람이 함께 기차에서 뛰어내린 사건이 있었지요. 한 사람은 살아 있는 게 확실한데, 나머지 두 사람의 행방은 알 수 없어요."

나는 그때 살아 돌아왔다는 사람을 만나 보려고 했으나 피난민의 어지러운 행렬 속에서 그 사람을 찾아내기가 쉽지 않았다.

행여나 순옥이와 옥봉이가 이남까지 와서 포로 취급을 당하고 있는 건 아닐까 생각해본 적도 있다. 그래서 포로 수용소에도 연락해 보았으나 헛일이었다. 지금까지도 나는 옥봉이의 생사를 알지 못하고 있다. 순옥이가 저 세상으로 가버렸다는 것은 1991년 용정을 방문했을 때, 비로소 들어 알게 되었다.

인간이 과연 자신이 아닌 남을 순정으로 위해 줄 수 있는 존재일까, 남을 위해 자기를 어느 정도라도 희생할 수 있는 존재일까 하는 회의는 너무도 자주 나를 위협해왔다. 그것은 내가 평소 따뜻한 심정으로 믿어온 사람에게 배신당했을 때에만 생기는 게 아니다. 가장(假裝)된 우정 속에 도사리고 앉은 구역질나는 이기주의는 먼저 나 자신에게서 더 자주 발견할 수 있고, 그런 모습을 발견할 때마다 나는 걷잡을 수 없는 좌절감에 사로잡히곤 한다.

이렇게 계절풍처럼, 때로는 열병처럼 찾아오는 인간 불신의 중병에 걸릴 때, 나는 그들을 떠올린다.

'순옥이와 옥봉이 같은 사람도 있지 않은가. 그들의 순정 어린 희생에 힘입어 나는 생명을 보존했을 뿐 아니라 좌절감의 심연에서 빠져나올 수 있지 않았는가.'

그러고 나면 메마른 사막같이 된 내 마음에 다시 작은 샘이 솟는 걸 느낀다.

물론 부정적인 눈으로 보자면, 만약 그들이 살아서 계속 관계를 유지했다면 지금도 이같은 생각을 간직할 수 있을까 의문을 던질 수도 있고, 또 그들의 순정 어린 행동도 심리 분석학자가 엄밀하게 파고들면 숨어 있는 거짓된 부분을 발견할 수 있을 거라고 생각할 수도 있겠지만, 결국 이러한 시각은 병적인 사디즘이나 마조히즘에 불과함을 나는 알고 있다.

모든 추측이 가능하겠지만 한 가지 분명한 것은, 전쟁으로 인하여 나를 포함한 목사님들, 정치가들, 나의 친구와 교인들이 모두 냉혹한 이기주의자가 되어 지옥을 헤맬 때 그 두 여성은 자신의 안전을 도모하지 않고 나와 우리 가족을 위하여 위험한 일을 감행했다는 사실이다. 그 사실만은 뚜렷하고 확실한 것이므로 나는 이것만을 기억하면 될 뿐이다.

인간은 다 사라지고 정글 속 야수들이 인간의 탈을 쓰고 서로 물고 헐뜯으며 살아가는 것 같은 세상에서 환멸을 느낄 때마다 나는 지금도 어디선가 옥봉이나 순옥이와 같은 사람들이 숨어 있으리라고 믿고 싶어진다. 이 땅 위 어디에선가 남 몰래 희생하는 그들의 삶이 없다면 우리가 사는 지구는 무너지고 말 것이다.

내가 많은 사람들 앞에서 이야기를 할 때, 그 자리의 어느 한 구석에 비록 한둘이라도 그와 같은 사람들이 있어 내 이야기에 귀를 기울여 주려니 하고 생각하면 나는 다시 용기를 되찾곤 한다. 수많은 사람들과 만나고 어울리고 그들에게 상처를 받으면서도 어쩌면 오늘 순옥이나 옥봉이 같은 사람을 만날 수 있을지도 모른다는 기대를 품고 사람들을 만나러 나간다. 비록 오늘 당장 만나지 못한다 하더라도 언젠가 만날 수 있다고 생각하면 사람을 만나는 일이 하나도 싫지 않고 피곤하지도 않다.

모든 것이 때가 되면 사라지거나 변할지라도 남을 위해 순정을 바쳐 희생하는 순옥이와 옥봉이 같은 사람들의 영혼만은 마르지 않는 샘물이 되어 탁류가 된 호수의 밑바닥을 정화시켜 주리라. 내가 그들을 생생하게 기억하고 있는 한 그들과 나 사이의 산 교제는 계속되며 그것은 나의 유한한 삶이 끝난 후에도 시(時) · 공(空)을 넘어서 계속될 것을 믿고 있다. 그러니 나는 서슴지 않고 "……성도가 서로 교제하는 것과, 몸이 다시 사는 것과, 영원히 사는 것을 믿습니다" 하는 신앙 고백을 할 수 있다.

도강파와 잔류파의 더러운 싸움

서울이 수복되어 피난갔던 사람들이 돌아오게 되면서 서울에서는 도강파니 잔류파니 하면서 한강 이남으로 피난을 떠났던 사람과 남은 사람들 사이에 분열과 다툼이 일어났다. 돌아오자마자 우리끼리 싸움을 시작한 꼴이었다.

서울이 인민군에게 넘어가고 있는 상황인데도 대통령이라는 사람이 국민들에게 "절대 동요하지 말고 서울에 남아 있으라"고 해놓고 한강 다리를 끊어놓고 미리 뺑소니를 쳤으니, 그 말을 믿고 남아 있던 사람들은 한마디로 사기를 당한 것이나 다름없었다. 그런데 이제 유엔군의 도움으로 수복이 된 서울에 다시 올라와서는 서울에 남아 온갖 고초를 당한 사람들이 마치 용공분자나 되는 듯 심판대에 올리기 시작한 것이다. 백배 사죄해야 마땅한데도 말이다.

도강파니 잔류파니 하는 얘기가 시작되자 재빨리 피난을 간 사람들은 애국자가 되고, 대통령의 말을 믿고 남아 있던 사람들은 용공분자나 부역자가 되는, 이상한 세상이 전개되었다. 이런 정치가들의 부도덕과 무책임에 분노를 느낀 것은 나만이 아니었다. 피난 가기 위해 강을 건너러 왔다가 끊긴 다리를 보고 발길을 돌려야 했던 서울 사람이라면 누구나 분노를 느꼈을 것이다.

그런데 10월 초 합동 수사본부가 설치되더니 각계 각층에 걸쳐 이른바 부역자에 대한 조사가 실시되었다. 심지어 중·고등학교 학생들까지 조금이라도 혐의가 있으면 불려가 조사를 받고 처벌을 당했다. 공산 치하에서 벗어나긴 했으나 눈앞에 전개되는 현실은 구역질나는 것뿐이었다.

이같은 현상은 기독교계라고 해서 예외는 아니었다. 서울에 다같이 남아서 순교하자고 떠들어놓고 남보다 먼저 피난했다가 돌아온 교역자들 중에는 서울에 남아 있던 교역자들이 공산당과 협조를 했는지 조사해야 한다며 목청을 돋우는 사람들이 많았다. 그들은 자체적으로 조사위원회 비슷한 것을 만들어 군복 같은 노란 옷을 입고 부역한 교역자를 색출한다고 돌아다녔다.

그들은 나에게도 화살을 겨누었다. 그들은 내 뒤에서 "강원용이는 기독교 민주동맹에 포섭되어 지도자로 활동했으며, 홍만길은 인민군을 지지하는 방송을 했다"며 멋대로 떠들고 다녔지만 우리가 도농리에 피난 가 있던 사실이 확실하게 증명되자 내놓고 혐의를 두지는 못했다.

그런 혐의를 받으면서 내가 아찔하게 느꼈던 것은 만약 그때 내가 무릎을 다치지 않아서 계획대로 서울에 돌아와 있었더라면 어찌 되었을까 하는 것이었다. 그렇지 않아도 내가 인민군에 협조했다며 국군 두 명이 권총을 들고 교회로 찾아오는 험악한 분위기였으니 만약 서울에 돌아왔더라면 꼼짝없이 붙들려가 총살을 당했을지도 모르는 일이었다. 다리를 다친 것은 정말 천만다행이었다.

김재준 목사의 처지도 나와 비슷했다. 김목사도 도농리에서 피난 생활을 하던 중에 가족을 놔두고 혼자 서울로 가려고 하는 것을 내가 말린 적이 있었다. 마침 그가 감기에 걸렸기에 치료를 하던 홍만길에게 병세가 더 나빠지는 약을 주라고 은밀히 부탁해 그의 서울행은 좌절된 것이다.

내가 기독교 민주동맹에 관계했다는 헛소문은 한때 지방까지 퍼졌다고 한다. 김창준 목사, 김욱 등이 내가 아는 사람들이고 또 이들이 내 얘기를 한 것이 와전된 탓에 그런 헛소문이 퍼져 나간 모양이었다. 공산 치하의 전주에서 기독교 민주동맹 주최로 교역자 모임이 열렸는데, 그때 참석한 교역자 중 몇몇이 그같은 헛소문을 듣고 은근히 내세우듯 "우리는 강원용과 친하다"고 했다가 "그자는 기회주의자야"라는 면박을 받았다고 하는 우스개 같은 이야기도 들었다.

하루는 우리 교회에 나오던 최옥명이라는 과부 집사가 흥분하여 나를 찾아왔다.

"어떻게 세상에 그럴 수가 있습니까?"

나는 대체 무슨 일인가 하고 그녀의 한탄을 들어보았다. 그녀는 지금도 우리 교계의 지도자로 있는 K, C목사와 중국에 있을 때부터 가까운 사이여서 그들이 피난에서 돌아온 후 인사차 찾아갔더니, 그들이 "아니, 그 김재준이와 강원용이가 죽지 않고 살아 있다면서?" 하고 뜻밖이라는 표정을 짓더라는 것이다. 평신도로서 평소 교계 지도자들의 이면을 잘 몰랐던 그녀는 너무나 충격을 받았다며 흥분을 감추지 못했다.

정치가는 그렇다 치고 종교인들까지 그런 행태를 보이는 것을 보고 나는 그저 전쟁 탓으로 돌릴 수밖에 없었다.

부모님을 찾으러 다시 북으로

서울을 되찾은 국군과 유엔군은 계속 여세를 몰아 38선을 넘어 이북으로 진군해갔다. 남과 북에 각각 정부가 들어서면서 다시는 볼 수 없으리라 여겼던 부모님을 이번 기회에 꼭 모셔오고 싶었던 나는 마음이 타는 듯했다.

나는 각방으로 수소문하여 북으로 안전하게 갈 수 있는 길을 찾았다. 따지고 보면 나의 북행 결심에는 종교계를 비롯하여 서울에서 벌어지고 있는 추악한 작태를 더 이상 보고 싶지 않다는 생각도 숨어 있었다.

북으로 가는 길을 찾기란 생각보다 쉽지 않았다. 일반인들에겐 북행이 금지되어 있었기 때문이다. 그런데 당시 공보처장이 김활란 박사였고 우리 교회 김능근 장로가 그 밑에서 무슨 국장인가를 하고 있었다. 나는 그를 통하여 공보처장이 발행하는 종군 증명서를 얻게 되었다. 이로써 북으로 갈 수 있는 길이 열린 것이었다.

나는 고향인 함경남도 이원에 있는 부모님을 모셔오기 위해 군복을 입고 국군을 따라 북으로 향했다. 가을이 깊어 낙엽이 폐허가 된 거리를 을씨년스럽게 굴러다니는 10월 하순의 어느 날이었다.

나는 군용 트럭을 얻어 타고 철원을 지나 장림(長林)이라는 곳까지 갔다. 그런데 그곳에 도착한 군인들은 더 이상 북진하지 못한다며 내게 어떻게 할 것인지 물어왔다. 인민군이 앞을 막고 있어 더 나아갈 수가 없다는 것이었다. 할 수 없이 나는 그곳에서 하룻밤을 자고 서울로 돌아오고 말았다.

짧은 북행 경험 동안에도 나는 충격적인 장면을 목도하지 않을 수 없었다. 전쟁은 어느 한 구석도 인간적인 모습을 허락하지 않는 모양이었다. 내가 보기에 38선 이북 주민들은 국군이 들어오면 공산 치하에서 벗어난다는 기쁨을 느끼면서도 한편으로는 불안에 떨고 있는 듯했다. 내가 경악을 금치 못한 것은 남쪽에서 올라온 장사꾼들의 횡포였다.

어떤 경로를 통해 장사꾼들이 그럴 수 있는지는 몰라도 국군이 있는 곳에는 일단의 장사꾼들이 따라붙어 마치 자기들이 점령군이나 되는 것처럼 칼만 안 들었지 강도짓을 하고 다녔다. 국군은 계속 전투를 벌이며 전진하니까 민간인들과는 별로 접촉할 기회가 없었다.

장사꾼들은 트럭을 동원하여 남의 집으로 마구 들어가서는 쌀이나 돈이 될 만한 물건들을 털다시피 들어내오고서는 헐값을 쳐서 이남의 화폐로 물건 값을 지불하는 시늉을 했다. 그러니 그런 일을 당한 집은 북쪽에서 통용이 되는지 안 되는지도 모르는 화폐 몇 조각을 받고 물건을 몽땅 뺏긴 셈이다.

비록 우리가 북쪽에 당했다 하더라도 도무지 동족으로서 제 정신 갖고 할 수 있는 짓이 아니었다. 그러나 나는 그같은 행위가 파렴치하다고 느끼면서도 서울로 돌아오기 위해 그들의 트럭을 이용해야 했으므로 잠자코 있을 수밖에 없었다. 그들은 횡재를 한 덕분인지 신나서 떠들며 노래까지 불렀다.

그 트럭을 타고 오며 나는 깊은 생각에 잠겼다. 고통스런 전쟁이 어떤 사람들에게는 축재할 수 있는 절호의 기회가 될 수도 있다는 아이러니컬한 현실은 세상의 부조리에 대해 다시 한 번 생각하게 해주었다. 그리고 동족끼리 왜 이래야만 하는가를 생각하면 인간이란 야수만도 못한 존재가 아닐까 하는 크나큰 절망이 엄습해 왔다.

착잡한 심정으로 서울에 돌아온 나는 여하튼 부모님을 꼭 모셔와야만 한다는 생각으로 다시 북행길을 수소문해 보았다. 북행을 하자면 역시 군과 연결이 되어야 하는데 여기저기 알아보니 다행히도 내가 잘 알고 지내던 박남표 장군이 제2군 사령부의 인사참모로 평양에 가 있었다. 당시 제1군 사령부는 동쪽으로 북진한 반면 제2군 사령부는 서쪽으로 개성을 거쳐 평양까지 올라가 있었다.

내가 박장군을 처음 알게 된 것은 회령고아원에 있을 때였다. 회령 사람인 그는 고아원 설립자의 부인과 잘 아는 사이였던 관계로 나와도 친하게 된 후 우리는 형제처럼 지냈다. 그는 우리가 뒷날 부산에서 피난살이를 할 때 쌀과 먹을 것을 실어다 주기도 했으며, 그가 재혼할 때 내가 주례를 서준 인연도 있다.

평양으로 그를 찾아가면 부모님을 만날 수 있게 해줄 것 같아 종군 증명서만 믿고 단신으로 다시 서울을 떠났다. 그때가 아마 11월 하순이었을 것이다. 나는 증명서 덕택에 군용 트럭 등을 이용하며 큰 어려움 없이 평양에 당도했다. 그리고 박남표 장군도 어렵지 않게 만났다. 내 사정을 들은 박장군은 흔쾌히 나를 돕겠다고 했다.

"며칠 더 있으면 사단이 북쪽으로 옮겨가게 되니 사단 이동이 끝난 후 목사님을 도와드리지요. 그러니 약 일주일 동안만 평양에 머무르며 기다려 주십시오."

이렇게 하여 평양에 머물게 된 나는 그 기회에 평양 형편도 살필 수 있었다. 원래 평양은 일제 때부터 한국의 예루살렘이라고 불릴 정도로 기독교 세력이 전국에서 가장 강했던 곳이었다. 따라서 국군이 입성한 평양은 그 동안의 박해에서 벗어나 해방을 만끽하는 분위기였다.

그때까지만 해도 공산당이 기독교를 박해하기는 했어도 교회를 없애지는 않은 상태여서 평양의 모든 교회는 매일 종을 쳐대며 사람들을 모으고 해방된 세상을 축하했다. 게다가 길거리에는 십자가가 그려진 완장을 차고 다니는 사람들이 수두룩했다. 특히 청년들이 많았는데 그것은 국군이 기독교 신자라면 무조건 관대히 봐주었기 때문이었다. 평양 시내는 온통 기독교 신자로 찬 것처럼 보였다.

그런 상황이었으니 목사에다 기독교연합회 청년학생부 간사로 남쪽에서 활동을 해온 나를 그들이 그냥 놔둘 리 없었다. 여기저기서 설교를 해달라, 강연을 해달라 하는 요청이 들어왔고 그밖에도 좌담회다 뭐다 해서 나는 그 일주일을 정말 바쁘게 돌아다녔다.

그렇게 돌아다니며 보니 평양에서도 장사꾼들의 횡포는 여전했다. 또 내가 만난 평양 사람들을 통해 국군과 유엔군이 저지른 여러 가지 잔인한 행동들에 관한 얘기도 듣게 되었다.

그 가운데 지금도 잊혀지지 않는 얘기는 모 여자중학교 학생위원장이 공산당이라는 이유로 국군에게 당했다는 끔찍한 일이다. 공산주의가 뭔지 제대로 알지도 못하고, 아마 공부를 잘해서 위원장에 뽑혔을 그 어린 소녀가 입에 올리지도 못할 만행을 당했다는 소리를 듣고 나는 그날 밤 잠도 제대로 잘 수가 없었다.

물론 인민군은 남쪽에서 그보다 더한 만행을 숱하게 저질렀지만 그렇다고 해서 그같은 행동들이 정당화될 수는 없는 노릇이다. 나는 결국 이 모두가 전쟁의 광기에서 비롯된 것이라고 결론지을 수밖에 없었다.

남과 북의 끔찍한 적대 상황을 목격하면서 나는 우리 민족의 통일이 점점 더 요원해지는 것을 느꼈다. 이렇게 서로 원수가 되었으니 이 감정의 응어리가 풀리기 전에는 통일이 이루어질 리 만무했다. 양쪽이 서로 통일을 외쳐도 그것은 국토 통일에 불과할 뿐 진정한 민족 통일의 길은 실종된 상태였다.

예정대로 사령부가 덕천으로 옮겨가게 되었다. 당시 사령관은 유재홍 장군이었고 나와 알고 지내던 이한림 장군이 참모장이었다. 나는 박장군과 한 막사에 지내기도 하면서 순천 부근까지 올라가게 되었다.

"사령부가 자리를 잡은 후 사령관에게 잘 얘기해서 목사님을 제 차에 태워 원산 쪽으로 나가 이원까지 모셔다 드리겠습니다. 그러니까 순천 부근에서 며칠만 기다려 주십시오."

나는 그의 말에 따라 순천 조금 못 미처 북창리라는 곳에 내리게 되었다. 박장군은 나를 그곳에 있는 군 검문소에 부탁하고는 이틀쯤 후에 오겠다고 약속했다. 나는 하릴없이 그곳에서 박장군을 기다리는 신세가 되었다.

중공군의 참전

이튿날 낮이었다. 이미 겨울로 접어들어 추위가 기세를 떨치고 있는 가운데 멀리서 사람들이 보따리를 들고 하얗게 무리지어 내려오는 것이 보였다. 아무래도 심상치 않아 다가가서 물어보았다.

"지금 어디로들 가는 겁니까?"

"공산군이 밀고 내려와 피난을 가는 길이오."

"공산군이 어디까지 왔는데요?"

"여기서 10리쯤 떨어진 곳에 벌써 새까맣게 들어와 있어요."

당시 나는 몰랐지만 이미 중공군이 참전해 인해전술로 남하하고 있었던 것이다.

겁이 덜컥 난 나는 가만히 있을 수 없어 검문소에서 차를 얻어 타고 사령부가 있는 순천으로 달려갔다. 그리고 지휘부에 들어가 내가 보고 들은 상황을 얘기하며 어떻게 된 일이냐고 물었다. 그러나 그들은 대수롭지 않게 여기며 다만 웃을 뿐이었다.

"퇴각하지 못한 공비 잔당일 테니 걱정하지 마십시오."

그래도 나는 안심할 수가 없었다. 나 같은 사람이 이러고 있다가는 큰일을 당할지도 모른다는 생각에 이원으로 가는 것을 일단 포기하고 다시 서울로 돌아가기로 했다. 부모님을 모셔오는 일은 다음 기회로 미룰 수밖에 없었다. 그들은 나에게 무얼 그리 겁을 내느냐고 놀리듯이 얘기했지만 예감이 이상했던 나는 서울로 돌아가려는 결심을 바꾸지 않았다.

다음날 나는 박장군의 주선으로 평양으로 가는 트럭에 자리를 하나 얻어 남행길에 올랐다. 평양에 도착하여 하룻밤을 지냈는데 신문을 보니 아니나다를까 중공군이 참전했다는 기사가 조그맣게 실려 있었다.

그날 밤이었다. 평양의 한 여관에서 잠을 청하고 있는데, 밖에서 차들이 시끄럽게 달리는 소리가 계속 들려왔다. 이상해서 나가 보니 군인을 잔뜩 실은 트럭들이 줄지어 남쪽으로 달려가고 있었다. 나는 아무 군인이나 잡아서 물어 보았다.

"도대체 무슨 일이 난 것이오?"

"별일 아닙니다. 군대가 이동하는 것뿐입니다."

그러나 남하하는 군대 분위기가 아무래도 심상치가 않았다. 평양 시내가 빈집처럼 썰렁하게 느껴지는 것도 이상했다. 여관방으로 들어온 나는 암만해도 불안해서 무조건 보따리를 들고 대동강역으로 나갔다.

놀랍게도 이미 역은 피난민들로 사태가 나서 말 그대로 아수라장이었다. 많은 평양 사람들이 국군이 들어왔을 때 기독교인을 자처하며 협조를 했으니 이제 다시 공산군이 내려온다는 소식에 살길을 찾아 피난에 나선 모양이었다.

다행히 역에는 기차 하나가 남쪽으로 떠날 준비를 하고 있었다. 객차가 아닌 짐차였으나 그것도 사람들이 어떻게든 타보려고 개미떼처럼 달려들어 여기저기서 비명소리가 나고 난리도 그런 난리가 없었다.

나도 필사적으로 매달려야 했다. 그러다 보니 어느 틈에 몸이 기차 안에 밀려들어와 있었다. 사람들은 짐짝보다 못한 상태로 빽빽하게 포개져 있었으나 그래도 기차에 오를 수 있었던 것이 기적만 같았다. 그 기차가 공식적으로 평양을 떠난 마지막 기차였다고 한다.

기차 꼭대기에서 트럭 꽁무니까지

드디어 기차는 움직이기 시작했다. 기차의 속도는 진저리나게 느렸다. 사람이 과포화 상태여서 그랬는지, 가는 듯하다가는 멈추고 하는 것이 마냥 제자리 걸음인 듯싶었다.

어디쯤인지는 몰라도 기차가 다시 서서 한참을 움직이지 않고 있을 때였다. 원래 성미가 급한 나는 답답증이 나서 보따리를 놓고 기차 밖으로 나왔다. 그리고 도대체 기차가 왜 그 모양인지 기관사나 관계자들에게 물어보려고 맨 앞의 기관차 쪽으로 다가갔다. 그런데 기차 건너편에서 사람들이 모여서 뭔가 쑥덕거리고 있었다. 그들은 기차를 끌고 가는 기관사와 철도국 직원들이었다.

귀를 모으고 들어보니까 그 내용은 귀가 번쩍 뜨일 만큼 놀라운 것이었다.

"중공군이 마구 밀려들어오는데 이렇게 지지부진하게 기차를 끌고 가다가는 위험하니 다른 차량들은 모두 떼어버리고 기관차만이라도 빨리 갑시다."

그 얘기를 듣는 순간 아찔했다. 그렇게 되었다간 서울의 가족들과 영 이별을 할지도 모른다는 생각에 나는 반사적으로 내가 있던 차량으로 돌아가 보따리를 들고는 기관차 쪽으로 다시 왔다. 그리고는 아무도 모르게 기관차 꼭대기로 기어올랐다. 올라타고 조금 있으려니까 정말로 기관차가 뒤에 붙은 차량들을 칼로 토막을 내듯 떼어버리고 슬슬 움직이기 시작하더니 곧 속력을 내어 달리기 시작했다.

지금 생각해도 그때 일은 우연치고는 희한한 우연이어서 무슨 기적이나 이변처럼 느껴진다. 졸지에 철로 위에 덜렁 내동댕이쳐진 다른 사람들에겐 미안했지만, 내게 주어진 기적 같은 우연에 내 운명을 거는 걸로 만족해야 했다. 나 역시 다급하게 쫓기는 피난민의 한 사람으로 내 한 목숨을 부지하기에도 벅찬 인간에 불과했다.

기관차 꼭대기에 올라탄 나는 매서운 추위와 싸워야 했다. 막 12월로 접어든 무렵이어서 낮에도 추운데, 한밤 중 달리는 기차 꼭대기에서 외투도 없이 바람을 맞고 앉아 있으려니 쌩쌩 이는 바람결이 무수한 칼날이 되어 살을 저미는 듯했다. 게다가 기관차만 달린다고 해서 생각처럼 기차가 빨리 달리는 것도 아니었다. 또 기차가 터널을 통과할 때면 시커먼 연기가 온몸을 뒤덮어 기침을 해대야 했고 완전히 깜둥이가 되었다.

어둠 속에서 그러고 있자니 '이러다 정말 죽거나 병신이 되겠구나' 하는 위기감으로 몸이 점점 졸아들었다. 차라리 죽는 게 낫겠다는 생각도 들었다. 그러나 병신이 되는 한이 있더라도 어떻게든 이 기차 꼭대기에서 버텨내야 한다는 생각에 이를 악물곤 했다.

기차의 종착역은 개성이었다. 시간이 얼마나 흘렀는지도 모른 채 천신만고 끝에 기차가 개성에 도착한 것을 알자 나는 비로소 '이제 살았구나' 하는 안도감에 온몸의 긴장이 다 풀어지는 것을 느꼈다. 그러나 밤새 맹추위와 싸우느라 얼어버린 내 몸은 좀처럼 풀리지가 않았다. 손발이 굳어버려 내 힘으로 기차 꼭대기에서 내려올 수 없을 정도였다. 나는 사람들의 도움을 받아 가까스로 기차에서 내렸다.

연기에 그을리고 추위에 언 내 모습은 스스로 봐도 가관이었다. 대강 역 근처에서 얼굴을 씻고 난 후 정신을 차린 나는 다시 서울로 갈 길을 찾느라고 마음이 조급했다. 이미 개성도 피난 행렬로 난리법석을 이루고 있었다. 아는 사람 하나 없는 개성에서 어떻게든 서울로 가는 차를 잡아보려고 뛰어다니던 나는 서울행 트럭 하나를 발견하고 무조건 거기에 매달렸다.

짐을 싣는 뒤칸에 벌써 사람들이 콩나물 시루처럼 가득 찬 그 트럭에 매달리는 사람은 나만이 아니었다. 너도 나도 틈만 있으면 손을 뻗쳐 매달리는 통에 트럭의 출발은 자꾸 늦어졌다. 그렇게 되자 이미 탄 사람들은 빨리 출발하기 위해 달라붙는 사람들을 몽둥이로 마구 후려치기까지 했다.

그런 상황에서도 나는 죽어도 떨어져서는 안 된다는 일념 아래 끝내 움켜쥔 손을 놓지 않았다. 필사적으로 매달리니까 그들도 어쩔 수 없었던지 그냥 매달린 사람들을 달고 출발했다. 달리는 트럭 꽁무니에 매달려서 가자니 도대체 팔이 아파 견딜 수가 없었다. 이러다 떨어져 죽거나 병신이 되나 보다 하고 안간힘을 쓰고 있는데 더 이상 볼 수가 없었던지 한 순간 트럭이 서더니 나를 비롯해 매달린 사람들을 트럭 위로 올려주었다. 그렇게 얼마를 더 달리니 드디어 멀리 서울이 보였다.

정말 구사일생으로 살아서 돌아온 것이다. 그러나 무사히 서울에 도착했다는 기쁨도 잠깐, 제 정신이 돌아오자 결국 부모님을 모시고 오지 못했다는 안타까움이 다시 가슴을 저미기 시작했다.

나는 피곤과 안타까움이 한꺼번에 몰려와 완전히 지친 상태에서 집을 찾아 들어갔다. 그런데 나를 본 사람들은 놀라고 반가워 하면서도 뒤로 돌아서서는 비죽비죽 웃는 것이었다. 후에 아내에게 들으니 내 모습이 눈만 반짝반짝 하는 영락없는 검둥이의 몰골이었다고 한다. 내가 타고 온 것이 염료를 실은 트럭이어서 그랬던 모양이다.

항구도시 부산

집에 도착해 정신을 차린 나는 곧바로 피난갈 준비부터 서둘렀다. 이번에는 멍청하게 뒤처질 수 없다는 생각이었다. 그러나 차편도 없고 돈도 없어 전전긍긍하고 있는데, 마침 미 선교부가 목사들의 피난길을 주선해 준다는 반가운 소식을 듣게 되었다. 미군 사령부에서 군목을 하던 윌리엄 쇼라는 사람이 앞장을 서서 각 교단의 목사와 가족들을 부산까지 피난시킬 기차편을 마련해 주고 한 가족당 5만 원씩 돈도 준다는 것이었다.

동생 형용이 가족이 거처를 마련하기 위해 먼저 부산으로 떠난 후 우리 가족은 목사들을 위해 마련된 기차를 타고 부산으로 향했다. 12월 10일 무렵이었다. 기차가 김천에 도착했을 때 우리는 역에서 3만 7천 원인가를 주고 쌀 한 가마니를 샀다. 동승한 목사들 중에는 허리춤에 두툼한 돈주머니를 찬 사람들이 많았는데, 그들은 부산까지 가는 동안 몇 가마니씩 쌀을 사기도 했다. 어찌됐든 우리에겐 그 피난길이 전쟁 후 처음으로 여유와 안도를 느낀 길이었다. 편안하게 기차를 차고 갔을 뿐만 아니라 쌀을 한 가

마니나 가질 수 있었기 때문이다.

당시 부산에는 우리 가족과 가까이 지내던 사람이 두 명 있었다. 한 사람은 회령에서 삼성산부인과를 하다가 부산에 내려가 같은 이름으로 개업한 정길환이고 다른 한 사람은 역시 산부인과 의사로서 개업하고 있던 차봉덕이었다. 그녀는 서울여의전에 다닐 때부터 나와는 오누이처럼 지냈으며 아내와도 친자매처럼 가까워 가족이나 진 배 없다고 생각하는 사람이었다. 그런 만큼 부산에 도착하면 그녀의 신세를 질 생각이었다.

그런데 막상 도착해보니 마중 나온 것은 형용이 한 사람뿐이었다.

"봉덕이는 왜 안 나온 거지?"

내가 의아해하며 묻자 형용이는 망설이듯 대답했다.

"차봉덕 의사는 이제 고려파 교회 집사가 되어 형을 보려고 하지 않는답니다."

극단적인 보수파라고 할 수 있는 고려파 집사가 된 그녀는 나를 이단시하고 나와 인연을 끊으려 한다는 것이다. 할 수 없이 나는 형용이가 안내하는 대로 정길환 원장의 집으로 가서 옥상에 자리를 잡았다. 옥상에는 병원에서 나오는 빨래 등을 말리기 위해 지은 가건물 비슷한 것이 있었는데, 거기에 거처를 정할 수밖에 없었다.

나는 화가 나서 차봉덕을 만나보려고 나섰다. 동생이 병원을 가르쳐 주지 않아 경찰서에 문의하여 겨우 찾아냈다. 나는 병원으로 찾아가 그녀를 불러냈다.

그녀를 보자마자 배신감과 홧김에 따귀를 한 대 올려붙였다.

"네가 어찌 내게 이럴 수가 있어!"

내가 소리를 질렀더니 그녀는 울면서 나를 자기 방으로 이끌었다. 그러더니 성경을 펼쳐 보이며 이단과는 관계를 끊으라고 써 있는 구절을 보여주는 것이었다.

"나도 사실은 갈등이 많았어요. 오빠 같은 목사님이 오시는데 정말 나가보고 싶었지만 이단자와는 만나지 말라는 하나님의 말씀을 따를 수밖에 없었어요."

나는 믿었던 그녀가 어처구니없이 변해버린 모습을 보면서 '세상이 모두 심판을 받고 있구나' 하는 생각을 떨칠 수가 없었다.

그후 2년 반 동안 힘겹게 이어지는 부산 피난 생활은 그런 어처구니없는 사건으로 시작되었다.

부끄러운 땅, 부끄러운 시간

인산인해를 이룬 피난민

삼성산부인과 건물 옥상에 거처를 마련한 나는 피난 보따리를 채 풀기도 전에 기독교 관계 활동으로 분주하게 뛰어다니기 시작했다. 우선 내게 닥친 일은 NCC(한국 기독교연합회) 활동이었다. 당시 부산에는 전체 교단의 교역자들이 거의 모두 내려와 있었고, 수많은 교회와 교인이 몰려 있었으므로 NCC가 담당해야 할 일은 앞뒤를 가리기도 힘들 만큼 산적해 있었다.

그런데 NCC 총무인 남궁혁 박사가 납북되어버렸으므로 방화일 목사와 내가 실무를 담당하게 되었다. 방목사는 주로 행정을 맡았고 나는 각종 행사의 기획과 실무 진행을 맡아서 했다. NCC에 닥친 가장 커다란 과제는 이 비참한 전쟁 상황을 NCC가 어떻게 대응해 나가느냐 하는 것이었다. 우리는 어려운 상황에서도 국내외적으로 우리에게 부과된 역할을 완수해 내느라 안간힘을

셨다. 당시 NCC 회장은 한경직 목사였다.

NCC는 대외적으로 미국을 비롯한 국제 사회에 "물밀듯이 들어오는 중공군을 막아달라. 그리고 전쟁과 추위로 헐벗고 굶주리고 있는 피난민들을 위해 구호 물자를 보내달라"는 내용의 호소문을 보내기도 했으며, 대내적으로는 사랑하는 사람과 소중한 가산을 잃고 절망에 빠져 있는 신도들에게 희망을 주기 위해 여러 행사를 기획했다. 우선 급한 대로 광복동에 있는 중앙교회에서 매일 기도회를 열고 모임도 가졌다.

당시 부산은 전국에서 몰려든 피난민들로 인산인해를 이룬 채 무질서와 혼잡이 극에 달해 있었다. 인구가 전쟁 전에 비해 열 배 이상이나 불어났기 때문에 사람으로 사태가 날 지경이었다. 그러니 이들이 거처할 곳을 찾기란 낙타가 바늘구멍에 들어가는 것만큼이나 어려웠다.

거처를 잡지 못한 사람들은 산기슭이나 강변 또는 다리 밑에 미군이 버린 판자와 깡통을 주워다가 움막을 짓고 살았다. 말이 피난민이지 사실은 거지나 다름없는 상황이었다. 이런 지경이니 NCC가 할 일은 산더미처럼 많았다.

엎친 데 덮친 격으로 1951년 1월에 접어들어선 이후 전세는 점점 불리해지고 있었다. 1·4후퇴로 중공군이 벌써 대구까지 밀려왔다는 소식과 함께 부산 함락도 시간 문제라는 비관적인 전망이 사람들을 초조하게 했다. 그런 가운데 아무래도 위험하니 교역자들을 제주도로 피난시킨다는 계획이 수립되었다. 미군측에서 큰 수송선 하나를 내줘 우선 목사와 그 가족들을 제주도로 옮기기로 했는데, 그 수송선에 탈 목사와 가족들을 인솔하는 책임은 NCC에서 활동하고 있던 내가 맡게 되었다.

추악한 지옥을 보다

1월의 어느 날, 나는 계획대로 목사와 그 가족들을 인솔하여 제주도 피난길에 오르기 위해 보따리를 꾸려 부산항 부둣가로 나갔다. 그러나 부둣가에 도착한 나는 눈앞에 전개되고 있는 예상 밖의 상황에 그만 입이 딱 벌어지고 말았다. 그것은 말 그대로 아비규환의 지옥이었다.

어떻게 알았는지 장로들까지 몰려와 "어떻게 목자들이 양떼를 버리고 자기들만 살겠다고 도망칠 수 있느냐"면서 달려들어 수송선은 서로 먼저 타려는 목사와 장로들, 그 가족들로 마치 꿀단지 주변에 몰려든 개미떼를 보듯 혼잡하기가 이루 말할 수 없었다.

심지어는 자기가 타기 위해 앞에서 올라가는 사람을 끌어내리는 사람들도 있었고 여기저기서 서로 먼저 타기 위해 욕설과 몸싸움이 난무했다. 이처럼 난리판이 되자 헌병들이 와서 곤봉으로 내리치며 질서를 잡으려 했지만 사태는 좀체 나아지지 않았다. 사람들은 곤봉으로 두들겨 맞으면서도 '이 배를 놓치면 죽을지도 모른다'는 생각 때문에 필사적으로 달려들었다.

명색이 인솔자였음에도 나는 차마 배 가까이 다가갈 엄두도 못 내고 멀리서 그 끔찍한 꼴을 멍하니 바라보았다.

'차라리 여기서 빠져 죽었으면 죽었지 저 틈에 끼여 타지는 못

하겠구나.'

나는 발걸음을 되돌렸다. 다른 사람도 아닌 목사들과 장로들이 서로 자기만 살겠다고 그런 추악한 모습을 보였다는 사실에 나는 '과연 기독교 신앙이라는 것이 무엇인가' 하는 질문을 떠올렸고 내 발걸음은 무겁기만 했다.

기분이 그렇게 참담할 수가 없었다. 지옥이라는 것이 별 게 아니었다. 천당에 가겠다고 평생 하나님과 예수님을 믿어온 그 사람들이 서로 먼저 배를 타기 위해 보여준 그 광경이 바로 지옥이었다. 부둣가에서 발걸음을 되돌린 나는 할 수 없이 작별 인사를 하고 나온 정길환 원장의 집으로 되들어갈 수밖에 없었다.

그 무렵 나는 주일이면 남성여고 소강당을 빌려 예배를 인도하고 있었다. 강당에는 부산교회라는 간판이 붙어 있었는데, 그 학교 교장이 아주 독실한 신자였다. 부둣가에서 돌아온 그 주일에 나는 그 충격을 잊을 수 없어 유명한 타이타닉 호 얘기를 소재로 설교를 했다.

> 사람들을 가득 싣고 북대서양을 항해하던 타이타닉 호가 한 순간 빙산에 부딪혀 파선하게 되었다. 선장은 사람들에게 위급한 상황을 알리고 구명정과 구명대를 이용해 생명을 건지도록 했다. 그러나 승객 수에 비해 구명 장비는 매우 빈약했다. 하지만 놀랍게도 선원들과 승객들은 위급한 상황에서도 질서를 잃지 않고 침착하게 움직였다. 그들은 우선 어린이와 노약자들부터 구명정에 실어 내보냈다. 그리고 남은 이들은 서서히 침몰

하는 배 안에서 함께 모여 '피난처 있으니 환란을 당한 자 이리로 오게'라는 찬송가를 부르면서 의연하게 죽음을 맞이했다.

그런데 지난번 우리의 모습은 어떠했는가? 아무리 죽음을 눈앞에 둔 절박한 현실이라 해도 그럴수록 더 타이타닉 호의 승객들처럼 최후를 아름답게 장식해야 하는 것이 아닌가. 기독교의 사랑이라는 것은 고난과 시련 속에서도 남을 돕고 자기를 포기하는 것이다. 그리고 이 사랑만이 추악한 현재를 넘어 미래의 한국 교회를 창조하고 다듬는 터전이 될 것이다.

나는 설교를 마무리하며 "이제 남은 우리만이라도 어떤 위급한 사태가 닥쳐오더라도 기독교인의 사랑을 잃지 않고 찬송을 하며 의연하게 죽을 준비를 하자"고 진심으로 호소했다. 어느 틈에 분위기는 비장해져서 사람들 사이에서 흑흑 흐느끼는 소리가 새어 나오기도 했다.

그 즈음에도 피난민들은 계속해서 부산으로 내려오고 있었다. 나는 내가 모시고 내려오지 못한 부모님과 여동생이 혹시라도 그 틈에 끼여 있을까 싶어 피난민들이 모여 있는 곳을 수소문하며 찾아다녔다. 그런데 부모님과 같이 고향에 있던 외삼촌이 이모부, 가까운 친척들은 많이 만났는데, 정작 부모님은 만날 수가 없었다. 그들에게 연유를 물어봐도 서로 급하게 내려오기에 바빠 어떻게 되었는지 모르겠다는 것이었다.

"우리는 배를 타고 내려왔는데, 자네 부모님도 아마 다른 배로 내려오셨을 게야."

모두들 막연한 추측만 할 뿐 정확한 소식은 알 수 없었다. 그렇게 가슴을 태우고 있는데 하루는 경상도 홍해라는 곳에서 정용철 목사에게서 연락이 왔다. 그는 내가 간도에 있을 때부터 친하게 지내던 사람이었다. 그런데 내 누이동생 춘자가 그곳에 와서 나를 찾고 있다는 소식을 알려온 것이었다. 춘자도 배를 타고 내려왔는데 갈 곳이 없어서 사람들에게 "오빠가 목사인데 어떻게 찾을 수 있느냐"고 물었더니 사람들이 정목사를 소개해주어 그곳에 있다는 얘기였다.

나는 반가운 마음에 한달음에 달려갔다. 그리고 동생을 보자마자 부모님부터 찾았다.

"어머니는? 아버지는? 지금 어디 계시냐?"

그런데 동생의 입에서 나온 대답은 기가 막히는 소식이었다.

"6·25가 터지자마자 이북에서는 반동분자 숙청을 시작했는데, 아버지는 인민 재판으로 사형 후보 명단에 오르게 되었어요. 그래서 아버지는 삼수 갑산으로 몸을 피했지요. 국군이 들어오자 아버지는 언 발이 퉁퉁 붓도록 걸어서 고향으로 오셨어요. 그때 발이 많이 상하신 것 같아요. 아버지가 돌아오시자 곧 국군이 후퇴하기 시작했고 사람들도 피난 준비를 했지요. 아버지 역시 피난길에 오르려 했지만 눈이 많이 온데다 발도 제대로 쓸 수가 없어 마지막 배가 떠나는 시간까지 이원항 부두에 도저히 닿을 수 없는 형편이었어요. 그렇게 되자 어머니도 아버지와 함께 나중에 내려가겠다며 저만 먼저 보내신 거예요."

그 얘기를 듣고 내 가슴은 무너져 내리는 듯했다. 한 가닥 희망의 줄마저 끊어지는 순간이었다. 전세는 계속 불리하게 돌아가는데 언제 다시 고향에 가서 부모님을 모셔올지 기약할 수 없는 처지가 아닌가. 아들이 있는 이남으로 오고 싶은 마음은 간절하지만 퉁퉁 부은 발 때문에 막내딸만 홀로 보내야 했던 부모님의 얘기는 결국 내가 이 세상에서 그분들에 대해 마지막으로 듣게 된 가슴 저미는 소식이 되고 말았다. 상황이 얼마나 나쁘고 다급했기에 달구지라도 타고 부두까지 나오지 못했는지, 너무 멀리 떨어져 있던 나로서는 당시의 정황을 잘 알지도 못한 채 지금도 마치 수수께끼를 풀듯 이런저런 안타까운 추측을 해볼 뿐이다.

다대포의 비바람을 뚫고

부산에는 전국의 수많은 교역자들과 교인들이 내려와 있었기 때문에 자연스럽게 서울 등 타지역에서 온 교회들이 초라한 대로 이곳저곳에 재건되고 있었다. 경동교회도 내가 예배를 인도하던 남성여고 강당에 교인들이 하나둘씩 모이다가, 다행히 광복동에 있는 신생회라는 상이 군인 회관에 강당 비슷한 방 하나를 빌려 예배 처소를 마련하게 되었다. 피난 온 경동교회 교인들은 주일마다 이곳에 모여 예배를 드렸는데, 설교는 김재준 목사가 맡았다.

나는 경동교회 일은 대부분 김목사께 맡기고 NCC 일과 학생운동에 주력했다. 주일에도 나는 남성여고 소강당에서 새벽 다섯 시부터 학생들에게 성경 강좌를 열었고, 주일 학교와 낮 예배로 하루 종일 바빴다. 여전히 학생운동에 열성을 쏟았던 나는 상이군인 회관 안에 따로 방을 하나 마련해 학생운동 사무실로 썼는데, 당시 이희호가 나를 도와 그 사무실에서 실무를 보느라고 무척 애를 썼다. 나는 그 사무실과 남성여고 강당을 근거지로 삼아 학생들을 상대로 여러 활동을 펼쳐나갔다.

이때 부산에 있던 학생들이 중심이 되어 조직한 기독학생동지회가 활발히 활동했는데, 이 모임 책임자인 김정문(현재 '김정문 알로에' 대표)이 집과 재산을 거의 내놓아 그것이 큰 힘이 되었다.

그 무렵 내가 몹시 궁금해했던 것은 나와 함께 기독학생운동을 벌이던 학생들의 소식이었다. 그러나 전쟁통에 그들의 행방을 찾기란 매우 어려웠다. 거의 전부가 국군 아니면 의용군으로 징집되어 전선에서 싸우고 있을 터이므로 부산 시내에서 그들의 행방을 알기란 사실상 불가능했다. 그러나 그렇다고 해서 그들을 잊어버릴 수는 없는 일이었다. 어떻게든 죽었는지 살았는지 소식이라도 듣고 싶었다.

나는 혹시 그들의 소식을 얻어들을 수 있을까 하고 부상병을 치료하는 병원을 돌아다니기 시작했다. 병원마다 부상병은 넘칠 만큼 많았다. 병원을 돌아다니면서 내가 궁금하게 여기던 소식을 얻어듣기도 했고 또 아는 학생들을 많이 찾아내기도 했다. 나는 학생들에게 꽤 알려져 있는 편이어서 어느 병원을 가도 나를 알아보고 인사를 해오는 사람이 있었다. 그러다 보니 자연스럽게 부상병들을 모아 놓고 강연이나 설교도 하게 되었으며 틈이 나는 대로 상담도 하게 되었다. 때로는 상이군인 막사에서 잠을 자게 되는 경우도 있었다.

그들이 내게 털어놓은 가장 큰 불만은 군의관들이 잘라내지 않아도 될 팔 다리를 마구 자르는 등 자신들을 너무 함부로 대한다는 것이었다. 마침 그때 군의관 중에 경동교회에 다니며 학생운동을 했던 외과 의사가 있어서 나는 그를 만나 부상병들의 불만을 얘기했다. 그랬더니 그는 "환자들은 무더기로 쏟아져 들어오는데 의료진과 약품은 부족하니 어쩔 수 없다"며 오히려 자신들의 고충을 토로하는 것이었다. 그러나 뒷날 그는 내게 와서 "그래도 목사님의 말씀을 들은 뒤로는 환자들을 대할 때 한 번 더 생각해본 후 수술칼을 잡았다"고 얘기했다.

이런저런 경로로 학생운동을 하던 사람들을 부산에서 다시 만나고 또 새로운 학생들도 접하게 된 나는 전쟁으로 불안과 고립 상태에 있는 이들에게 새로운 희망과 용기를 주고 공동체 의식을 느끼도록 하기 위해 한 번 모임을 가질 필요가 있다고 느꼈다.

그래서 1951년 여름, 다대포에서 천막을 치고 4박 5일 동안 하계 학생대회를 개최했다. 참석자는 70~80명 정도였는데, 대부분이 전역한 상이 군인이거나 현역 군인이어서 언뜻 보면 무슨 군대 모임같이 보였다. 그러나 참석자들은 금방 전쟁 전의 학생 신분으로 돌아간 듯 오랜만에 기쁨과 활기에 차 있었다.

나는 구약 「이사야서」 6장의 내용으로 설교를 했다.

이사야서에 보면 "이제 곧 너희 나라가 망한다. 결국에는 사람들이 살던 집이 모두 폐허가 돼버리고 모든 것이 끝나게 된다. 그러나 높은 상수리나무는 베여 넘어질지라도 그 밑의 그루터기가 살아남아 새싹이 돋아날 것이다. 이것이 너희의 최후 소망이다"라는 말씀이 있다. 이 말씀은 지금 우리의 현실과 너무도 유사하다. 모든 것이 전쟁으로 인해 무너졌으나 다시금 새싹을 키워낼 그루터기는 꼭 있다. 이제 우리가 그 역할을 맡아 폐허 위에서 새로운 역사를 만들어 나가야 한다. 남은 백성들(the remnant)에게 주어진 소명은 새 역사를 만드는 일이다.

이같은 설교는 절망에 빠져 있던 사람들에게 희망의 숨결을 불어넣어 준 듯했다. 비록 다 낡아빠진 천막 아래 지치고 초라한 모습으로 모여 있었지만 천막을 가득 채우는 뜨거운 일체감의 열기는 사람들을 절망적인 현실에서 햇살 가득한 미래로 두둥실 떠올려주는 것 같았다.

그때였다. 갑자기 바람이 거세지고 하늘이 어두워지는 것이 곧 태풍이라도 몰아칠 기세였다. 아니나다를까 곧 폭우가 쏟아지기 시작했다. 설마 큰일이야 있겠나 하면서도 조바심을 내고 있는데, 금방 천막 기둥이 강풍과 폭우를 못 이겨 휘청대기 시작했다. 그러자 학생들은 천막 기둥이 쓰러지지 않도록 힘을 합해 기둥을 끌어안았다.

미친 듯이 후려치는 바람과 장대같이 쏟아지는 빗줄기를 온몸과 얼굴에 그대로 맞으면서도 학생들은 '태산을 넘고 협곡에 가도 빛 가운데로 걸어가면……' 하는 찬송가를 소리쳐 부르면서 전력을 다해 기둥을 잡고 놓지 않았다.

그것은 한 편의 장대한 드라마였다. 강풍과 폭우가 몰아쳐 날아갈 것 같은 가운데서도 서로 한몸이 되어 기둥을 필사적으로 잡고 있는 젊은이들의 모습은 바로 그들이 고난과 시련의 현실을 희망의 미래로 이끌어갈 주역임을 웅변적으로 말해주고 있는 것 같았다. 그것은 절망 속에서 발견한 소중한 희망의 세계였다. 어느 틈에 내 눈에서는 눈물이 흘러내리고 있었으며, 폭풍우를 뚫고 울리는 학생들의 찬송에서도 울먹임이 배어나오고 있었다.

다대포의 그 시간은 너와 나의 구분이 사라지고 모두 혼연일체가 된 황홀한 축제의 순간이요, 절정의 폭발이었다. 그 때문에 우리는 눈물을 흘리면서도 정말 신바람이 났다.

내가 쓴 『새 시대의 건설자』에는 속표지와 겉표지에 서로 일맥상통하는 그림이 실려 있다. 속표지에 실린 것은 앞에서 설명했듯이 와츠가 그린 「소망」이라는 그림이다. 남루한 옷을 걸친 한 여자가 두 눈을 수건으로 가린 채, 한 줄밖에 남지 않은 하프를 열심히 뜯고 있는 모양을 묘사하고 있는 것이다. 그 여자는 별이 빛나는 밤에 지구를 타고 앉아 그 절망적인 상황에서도 환한 얼굴로 하프를 뜯고 있다.

나는 학생들에게 그 그림을 설명하면서 덧붙이곤 했다.

"우리는 지금 우리가 믿어왔던 줄이 다 끊어진 채 어두운 밤에 가난하고 고독하게 남아 있다. 그러나 비록 우리가 별도 못 보게 두 눈이 가린 채 마지막 줄밖에 남지 않은 하프를 앞에 두고 있다 해도 우리는 그 하프를 열정적으로, 최선을 다해 연주하지 않으면 안 된다. 그럴 때 우리는 새 시대의 건설자가 될 수 있고 끝내는 지구를 다스리는 사람이 될 수 있기 때문이다."

그런데 다대포의 그 순간은 정말 와츠의 그림 그대로였다. 절망의 순간에도 굴하지 않고 노래를 불렀으니 말이다.

겉표지의 그림은 유명한 노아의 홍수를 소재로 한 것이었다. 홍수로 세상이 멸망한 후 노아가 날려보낸 비둘기가 나뭇잎을 물고 돌아오는 장면을 그린 것이었다. 두말할 것도 없이 그 그림이 의미하는 것은 '홍수로 온 세상이 물에 잠기고 떠내려가더라도 하나님의 새 역사는 온다. 따라서 우리 젊은 학생들은 풀잎을 물고 오는 비둘기의 사명을 가져야 한다'는 것이었다.

부산에서 조선신학교를 재건하다

전쟁으로 문을 닫았던 조선신학교가 부산에서 다시 강의를 시작하게 된 것은 1951년 3월이었다. 개강을 주도적으로 추진한 사람은 정대위 박사와 나였다. 가까운 선배나 학교 관계자들은 거의 다 제주도나 거제도로 피난을 떠나고 없었다.

부산에서 정박사 가족과 우리는 특별한 인연으로 가깝게 지냈다. 그는 우리가 머물고 있던 삼성병원 옥상 바로 아래층에 살고 있었으며, 얼마 후 우리가 그곳에 더 이상 머물 수 없게 되어 항서교회(港西敎會) 종탑방으로 옮길 때도 우리와 함께 갔다.

내가 항서교회로 옮기게 된 것은 그곳에서 한 나의 설교가 좋은 반응을 얻게 된 덕분이었다. 그 교회의 김길창 목사가 내 사정을 알고는 옛날에 종탑을 매달았던 교회 꼭대기의 좁은 공간을 내줘서 그리로 거처를 옮기게 된 것이다. 정박사 가족과 우리 가족은 그 종탑방 가운데에 칸막이를 치고 한동안 함께 살았다.

여담이지만 중공군이 승승장구 밀고 내려와 언제 부산이 함락될지 모른다는 절박한 기운이 감돌고 있을 무렵 정박사는 전세를 절망적으로 판단하고 캐나다로 집단 이주할 계획을 세우고 나와 의논할 일도 있었다. 그는 캐나다에서 공부한 사람이라 그곳 사정에 밝았다. 당시 캐나다 외무부에서 요직을 맡고 있었던 것으로 기억되는 테일러 부인이라는 사람과 접촉해 집단 이주 가능성을 타진하기도 한 모양이었다. 캐나다는 국토가 넓은 곳이니 우선 가까운 사람들이 50~100호 정도 규모로 이주해서 한인 부락을 개척해 놓고 계속 한국 사람들을 끌어들여 낯선 땅이긴 하지만 새 역사를 시작해 보자는 계획이었다.

희망적인 무언가가 필요했던 당시 우리에게는 그 계획이 매우 그럴 듯해 보여 매일밤 구체적으로 청사진을 그려가며 비밀리에 일을 추진하기도 했다. 새로운 역사의 발판을 마련한다는 생각에 자못 흥분하기도 했다.

그러나 곧 전세가 호전되어 중공군이 유엔군에게 밀려 올라가면서 우리의 계획도 백지화되고 말았다. 조국이 공산화되어 남의 나라로 쫓겨가는 일은 없을 것이라는 게 분명해졌기 때문이었다. 대신 우리는 이 땅에서 우리에게 주어진 새로운 과제를 떠맡았다. 그것이 바로 조선신학교의 개강이었다. 그 무렵 부산에는 이미 대부분의 대학교와 신학교가 문을 열거나 개강을 서두르고 있었다. 그러니 우리라고 가만히 있을 수 없었다.

정박사와 나는 우선 급한 대로 항서교회 건물을 임시 교사로 쓰기로 하고 여기저기서 돈을 좀 얻어 신문에다 '조선신학교가 항서교회에서 문을 여니 학생들은 모이라'고 하는 광고를 냈다. 그러자 많지는 않아도 학생들이 찾아오기 시작했는데, 강의를 할 사람이라곤 정박사와 나밖에 없어 엉성한 대로 둘이서 강의를 이끌어 나갔다.

그러다가 시간이 지나자 아무래도 교사를 신축해야 한다는 의견이 대두되었다. 아마 가을 무렵이었던 것 같은데 우리는 항남교회와 교섭하여 남부민동에 학교 부지로 쓸 땅을 얻게 되었다. 그리고 도농리에서 신세를 졌던 이춘우 장로가 앞장을 서서 교사 신축 작업에 들어갔다.

캐나다통으로 영어 등 외국어에 능했던 정대위 박사는 한국전에 참전한 캐나다 군부대를 찾아가서 그들이 쓰다 버린 목재 탄환 상자를 대량으로 얻어왔다. 그리고 군용 천막도 몇 개 얻어 가건물일망정 건물을 짓기 시작했는데, 건축 작업에는 학생들과 학교 관계자들이 열심히 참여했다.

학교를 막 짓기 시작할 무렵 나는 거제도에서 피난살이를 하고 있던 김재준 목사를 찾아가 "부산에 돌아와 다시 신학교를 시작해 달라"고 요청했다. 김목사는 조선신학교 건립자 중 한 사람인 진정률 장로가 거제도에 살고 있던 관계로 그곳에 머물고 있었다. 그러나 그는 내 요청을 완강하게 거절했다.

"이번 전쟁을 통하여 나는 여러 가지로 느낀 바가 많네. 내가 이번 전쟁에 죽어 하나님 앞에 불려갔을 때, '너는 세상에서 무얼 하다 왔느냐'고 물으신다면 어떤 대답을 하게 될까 하고 생각해본 일이 있지. 그러면 나는 '당신에 대해(about God) 공부하고 가르치다 왔습니다' 하고 대답해야 할 텐데 그런 생각을 하니 정신이 번쩍 나더군. 이제는 더 이상 하나님에 대해 공부하고 가르치면서 상아탑 속의 관념적인 삶에 안주하고 싶지 않네. 이제 내게 남은 시간은 구체적으로 이웃을 위해 사랑을 실천하는 일에 쓰고 싶어."

그러면서 그는 기독교적 사랑을 실천하기 위해 쓰려고 거제도에 넓은 땅도 마련해 놓았다고 말했다. 나는 더 이상 강권할 수가 없어 그냥 돌아오고 말았다.

김재준 목사의 거절에도 불구하고 우리는 희망을 잃지 않고 교사 신축에 박차를 가했다. 그 결과 얼마 후에는 강의실은 물론 작은 강당과 기숙사, 교수 사택까지 마련되었다. 교사가 거의 완공될 무렵 우리는 다시 김재준 목사에게 학교를 정식으로 한 번 시작해 보자고 요청을 했는데, 이번에는 다행히 그러겠노라는 응답이 있었다. 이와 함께 제주도에 가 있던 교수들도 돌아오기 시작해 학교는 활기를 띠기 시작했다.

교수들이 돌아오자 그들에게 방을 분배하게 되었는데, 생각보다 많은 교수들이 와서 방이 모자라는 상황이 벌어졌다. 그 결과 나는 방을 얻지 못하게 되었다. 그 동안 제주도나 거제도에 있다가 공사가 다 끝난 다음에 돌아온 사람들은 새 방을 하나씩 차지하게 되었는데, 나는 학교 건물을 짓는 데 앞장서서 고생했으면서도 방을 얻지 못하게 되자 내심 섭섭한 마음이 드는 것을 어쩔 수 없었다.

물론 그렇게 된 데에는 이유가 없는 것은 아니었다. 명색이 교수 사택인데, 나는 교수 신분이 아니라 이사회 서기 겸 강사였기 때문이다. 그러나 종탑방에서 같이 살며 함께 건물을 짓느라 고생한 정박사마저 내게 함께 가자는 말 한 마디도 없이 훌쩍 보따리를 싸서 떠날 때는 착잡한 기분을 떨칠 수가 없었다.

어쨌든 우리는 계속 그 종탑방에 남게 되었는데 설상가상으로 이번에는 그마저 비워 달라는 것이었다. 어린 것 셋을 둔 가장으로서 정말 나의 무능함을 실감해야 했다. 사실 나는 원래부터 가정에 대한 책임 면에서는 거의 빵점이나 다름없는 남편이요, 아버지였다. 부산에서도 궁핍하기 짝이 없는 피난살이임에도 가정은 돌볼 생각을 하지 않고 그저 일만 하러 돌아다녔다.

그런 중에도 식구들이 굶어죽지 않을 수 있었던 것은 엘리야를 까마귀가 먹여 살리는 『구약성서』의 얘기처럼 내게도 고마운 사람들이 있었기 때문이었다. 박남표 장군은 쌀을 놓고 갔고 다른 사람들 역시 가끔씩 도움을 주곤 했다.

워낙 일에 미치다 보니 집에 들어가지 못하는 날도 부지기수였다. 그러니 아이들 얼굴 보기도 가뭄에 콩 나듯 할 수밖에 없었다. 삼성병원 옥상에서 살 때 아내에게 들은 얘기인데, 바람이 몹시 불던 어느 날 큰딸 혜자가 "바람에 휙 날려가 전쟁이 없는 곳에 떨어졌으면 좋겠다"고 하니 둘째인 혜원이가 "우리만 날려가면 어떻게 해? 아버지도 같이 날려가야지. 지금 아버지가 어디 있는지도 모르는데" 하더라는 것이다.

나는 이 말을 떠올릴 때마다 가장으로서 나의 무책임함에 가슴이 무거워진다. 목사라는 것이 자신의 가족만을 위하여서는 아니 된다는 생각에 바깥일로 평생 뛰어다녔지만, 그렇다고 해서 아무런 갈등이나 고통을 느끼지 않았던 것은 아니다.

종탑방마저 내줘야 하는 상황에서 갈 곳이 없게 되었으니 나는 그만 스스로에게 화가 나고 말았다. 그래서 일종의 자학 심리로 항서교회에서 좀 떨어진 곳에 있는 구덕산이라는 곳으로 들어가기로 했다. 그곳에는 피난민들이 움막을 치고 사는 장소가 있었다. 일제 시대 때는 산속에 숨어 지내기도 했는데, 움막살이쯤 못하랴 하는 오기이기도 했다.

방을 내주기로 한 날 나는 보따리를 싸서 전부 내려놓고 놀란 눈으로 서 있는 아내와 아이들을 남겨둔 채 리어카를 구하러 나갔다. 그런데 돌아와 보니 짐이 몽땅 없어진 게 아닌가. 나는 깜짝 놀라 아내에게 물었다.

"아니, 어떻게 된 일이오?"

"박정수 씨가 우연히 찾아왔는데, 사정 이야기를 듣고는 짐을 다 자기 집으로 옮겨가 버렸어요."

나중에 외무부 장관을 지내고 이 글을 쓰는 지금 암으로 사경을 헤매고 있는 박정수는 평소 나를 잘 따랐는데 그의 집은 원래 김천이었다. 나는 이전에 강연차 김천에 들를 때면 그 집에 가서 가족들과도 한 식구처럼 지내곤 했었다. 당시 박정수의 가족은 부산에서 집을 한 채 얻어 살고 있었는데, 우리 사정을 알고는 선뜻 이층방 하나를 내준 것이었다. 세상 사람들이 다 냉혈동물같이 느껴질 때도 어딘가는 이처럼 고맙고 따스한 사람이 있게 마련이었다.

뜻하지 않게 박정수 집 이층에 새로 거처를 마련하게 된 우리 식구는 거기서 6개월 가량 살다가 전세방으로 이사했다.

백골단과 땃벌떼를 피해 진해로 숨다

전란의 와중에도 임시 수도 부산에서는 더러운 정치 게임이 극성을 부리고 있었다. 1952년 7월로 임기가 끝나게 된 이대통령의 노욕 때문이었다. 이승만은 임기 종료를 앞두고 국회에서 대통령을 선출하게 되어 있는 헌법을 대통령 직선제로 바꾸려고 했다. 당시 국회는 반이승만 세력이 다수를 차지하고 있어서 재집권이 불가능해 보였기 때문이다.

1951년 11월 이승만은 정 · 부통령 직선제와 상하 양원제를 골자로 하는 개헌안을 국회에 제출했으나, 1952년 1월 18일 표결 결과 재적 의원 163명 중 143명이라는 압도적인 다수가 반대, 망신만 당하고 말았다. 찬성표는 19표에 불과했다. 그는 자기 세력을 구축하기 위해 1951년 12월 원외 자유당과 함께 국회의원 90명이 참여한 원내 자유당을 발족시켰는데, 대다수 자유당 의원들마저 그의 개헌 시도를 반대한 것이었다.

게다가 야당인 민국당이 주축이 되어 국회의원 123명이 이승만을 권좌에서 몰아내기 위해 1952년 4월 의원 내각제 개헌안을 제출하자 위기를 느낀 이승만은 그 한달 뒤인 5월에 부결된 첫 개헌안을 다소 수정한 직선제 개헌안을 다시 내놓았다. 이로써 국회에는 두 개의 개헌안이 제출되어 서로 팽팽한 대결을 벌이게 되었고, 이른바 '부산 정치 파동'이라는 치욕스런 역사가 본격적으로 막을 올렸다.

이러한 배경으로 1952년 들어 부산 시내에는 이승만 세력의 사주를 받은 '백골단', '땃벌떼', '민중자결단' 등등의 무시무시한 테러단이 연일 국회 해산과 야당 의원 소환 등을 외치며 데모를 벌이기 시작했다. 그들은 부산 거리를 누비며 '민의는 직선제를 원한다'고 외치고 다녔는데, 이같은 관제 데모에 학생들도 많이 동원되었다. 미국에서도 이승만의 억지에 제동을 거는 모양이었으나 그는 아랑곳하지 않는 듯했다.

나는 정치라는 구역질나는 세계와는 완전히 관계를 끊고 있었지만 학생들까지 민의 조작에 이용하는 이대통령의 눈먼 권력욕에 대해서는 담담하기가 힘들었다. 자연 내 강연이나 설교에는 이대통령에 대한 비판과 직선제 개헌 반대 내용이 들어가곤 했다.

그때는 누구든 이대통령과 정치적 견해가 다르면 무사하기가 힘든 때였다. 백골단이니 땃벌떼니 하는 테러단에게 언제 어떤 공격을 당할지 몰랐다. 주변 사람들로부터 몸조심하라는 말도 듣게 되니 나는 신변의 위험을 느끼지 않을 수 없었다. 아무래도 당분간 몸을 피하는 것이 좋을 것 같아 나는 진해에 있던 이태성(李泰星)의 집에 가서 몸을 의탁했다.

이태성과 나는 그가 연희대학에 다니던 때부터 친구로 지냈는데, 그때 그는 해군에서 통역 장교로 일하고 있었다. 지금 그는 크리스챤 아카데미의 이사로도 활동하고 있다.

나는 그의 집에 머무는 동안 혹시 주위 사람들이 이상하게 보지 않을까 해서 몸이 아파 요양 중인 것으로 꾸미고 약을 다려 먹으면서 지냈다.

그 사이 국회에서는 7월 4일에 절차상의 문제를 안은 이른바 발췌 개헌안이라는 것이 강압적인 분위기에서 기립 표결로 통과되는 촌극이 벌어졌다. 대한민국 건국 후 첫 개헌이 집권자의 권력욕에 의해 변칙적이고 강압적인 촌극으로 이루어졌다는 것은 우리 현대사에서 또 한 번 부끄러운 일이었다.

수단을 가리지 않고 목적을 달성한 이승만은 스스로도 낯부끄러웠던지 대통령 후보 불출마 선언을 했다가 그의 번의(飜意)를 탄원하는 국민 서명운동을 벌이게 한 뒤 후보 지명을 수락하는 정치쇼를 벌여 결국 뜻하던 대로 다시 대통령에 선출되었다. 나는 이 과정을 지켜보면서 '어쩌면 이번 전쟁은 우리에게 내린 하나님의 심판인지도 모른다'는 생각을 하지 않을 수 없었다.

정치가 그 모양이니 국가 행정 역시 제대로 돌아갈 리가 없었다. 1952년 말 나는 인도 트라반코라는 곳에서 열리는 세계 기독청년대회에 참석하게 되었는데, 그때만 해도 외국에 나가기가 하늘의 별 따기만큼이나 어려운데다 전란 중이었으니 사람들은 마치 경사라도 난 듯 축하를 해주고 송별회를 여는 등 한동안 분주했었다.

한국 대표 아홉 명을 인솔하는 단장 자격으로 공식적인 해외

출장을 가는 것이니 아무 문제가 없었지만 우선 여권 신청을 해야 했다. 그런데 여권을 신청하려면 문교부 추천이 필요했다. 나는 문교부 장관이던 백낙준 박사를 찾아가 여권이 빨리 나올 수 있도록 좀 서둘러서 추천서를 내달라고 부탁을 했다. 백장관은 그렇게 해주겠다고 선선히 응낙을 했다. 그런데 아무리 기다려도 그 추천서가 나오지 않는 것이었다. 물어보면 기다리라는 대답뿐이었다.

날짜가 임박해 초조해진 나는 부통령이던 함태영 목사까지 찾아가 부탁을 했다. 함목사는 조선신학교 학장을 지내기도 한 사람이어서 나는 그를 잘 알고 있었다.

여담이지만 그는 1952년 8월의 정 · 부통령 선거에 자유당의 부통령 후보로 출마했을 때, 나에게 선거 지원 유세를 부탁한 일도 있었다. 나는 그같이 엉터리 개헌으로 치러지게 되는 선거에 관여하고 싶지 않아 계속 거절했다. 그런데 하루는 차를 몰고 집에까지 와서 무조건 타라고 하는 바람에 대구의 유세장까지 끌려간 적이 있었다.

그렇게 해서 억지로 연단 뒤쪽에 앉혀져 유세장에 모인 사람들을 바라보고 있으려니 '도대체 저 사람들에게 무슨 얘기를 할 수 있을 것인가' 하는 의문이 들면서 눈앞이 캄캄해지는 것이었다. 결국 나는 내 차례가 오기 전 몰래 그 자리에서 도망쳐 나오고 말았다.

하여튼 부통령까지 찾아가 부탁을 했음에도 추천서는 기한 내에 나오지 않았다. 그러니 떠들썩하게 송별회까지 마친 인도행을 포기할 수밖에 없었다. 나중에 알아보니 추천서가 나오지 않은 것은 담당 계장에게 돈을 쓰지 않았기 때문이라는 것이었다. 당시 관청의 행정 처리 수준이 그러했다. 기가 막힐 일이었지만 세상 물정을 모르는 나 자신을 탓하는 수밖에 없었다.

전쟁터에서 교회는 분열하고

조선신학교 학생 진정서 사건으로 시작된 김재준 목사의 이단 시비는 내가 주동이 되어 처벌 결의를 막았던 1948년 총회 이후에도 계속 핵심 사안으로 부각되어 있었다. 장로교단 내 보수파와 진보파 사이의 대립은 전란 속에서도 그치지 않았다. 오히려 보수파는 이를 자기들의 세력을 확장하는 호기로 삼았다.

선교사들이 중심이 된 보수파들이 의도한 것은 조선신학교를 자기들의 영향력 아래 두려는 것이었다. 그러나 그 일이 김재준 목사 지지파의 반대로 어렵게 되자 그들은 조선신학교의 총회 직영을 취소하고, 대신 1951년 9월 대구에 총회신학교라는 새로운 학교를 세웠다. 한 총회 아래 두 신학교가 존재하게 된 셈이었다. 하지만 그때까지만 해도 총회에서 우리측이 수적으로 우세했는데 52년부터는 역전되고 말았다. 선교사들의 농간 때문이었다.

당시 이남, 특히 거제도에는 1·4후퇴 때 이북에서 피난 내려온 교역자들이 집단으로 피난살이를 하고 있었다. 그들을 보호하고 후원하는 일은 미국 선교사들이 주로 맡고 있었는데, 선교사들은 그들을 모아서 평양 노회 · 함북 노회 · 황해 노회 등 이북 지역의 노회를 열 개나 결성하도록 했다. 조선신학교를 반대하는 세력을 강화하기 위해 교회당도 없는 망명 노회를 만드는 괴상한 교회 정치가 벌어진 것이다.

그런 뒤 1952년 4월에 대구 서문교회당에서 열린 37회 총회에서는 비상 사태를 선언하고 이북 지역 노회가 총회에 가입할 수 있도록 특별 조치를 취하기에 이르렀다. 이로써 일제 시대 때를 기준으로 하여 이북에서 내려온 열 개 노회 67명의 총대가 정식 회원으로 새로 받아들여졌으며, 그 결과 보수파의 세가 증가하여 양쪽 세력이 엇비슷한 양상을 보이게 되었다.

이같은 특별 조치가 총회에서 통과된 것은 이북에서 종교의 자유를 찾아 어렵게 내려온 사람들을 총회에서 거부하는 것은 너무 인색한 처사가 아니냐는 동정론이 우세했기 때문이었다. 게다가 당시 교역자들은 선교사들의 눈치를 보지 않을 수 없는 상황이었다. 우선 구호 물자가 선교사들의 수중에서 좌지우지되고 있었으며, 또 폭격으로 부서진 교회당을 복구하는 데도 선교사들의 도움이 절대적이기 때문이었다. 따라서 그들은 선교사들의 말을 잘 들어야 했다.

이렇듯 37회 총회에서 상황을 유리하게 돌려놓은 보수파는 같은 회의석상에서 우리측에 대한 공세를 펼쳤다. 즉 경기 노회에 명하여 김재준 목사를 면직시키도록 하고 조선신학교 졸업생은 목사 장립을 불허한다는 결의를 해버린 것이다. 또 김재준 목사의 신학이나 그를 지지하는 사람도 같이 처벌한다는 등의 결의도 했다. 이같은 결의는 겨우 8표 차이로 통과되었는데, 그때 선교사들 9명 중 우리를 지지했던 캐나다 선교사 스코트를 제외한 8명이 미국 선교사였으니 그들 때문에 그 결의가 통과된 셈이었다.

나는 그때 선교사들이 꼭 김재준의 신학을 문제삼았다고 보지는 않는다. 조선신학교를 예전처럼 선교사들이 주도하는 학교로 만들려는 데 그 진짜 의도가 있었다고 생각되는데, 이 사건과 관련된 선교사들의 의도와 역할은 한국 교회사를 위해서라도 꼭 밝혀져야 할 것이다.

그때 총회에서 나는 그를 변호하는 연설을 했다.

"나는 김재준 목사 밑에서 계속 공부를 해온 사람인데, 그의 주장은 하나도 틀린 것이 없다고 본다. 정당한 주장을 하고 있는 사람을 성경 유오설(성서는 사람의 손으로 쓴 것이므로 오류가 있을 수 있다는 학설)을 펼쳤다며 이단으로 몰아 처벌하는 것은 자유를 누르는 폐쇄성과 배타성의 발로가 아닌가."

정규오라는 목사가 긴급 동의를 요청해왔다.

"강원용 목사는 지금 김재준 목사를 옹호 · 지지하는 발언을 했으니까 우리의 결의대로 현행범으로 즉각 처벌하자."

김재준 목사의 면직을 막기 위해 안간힘을 쓴 우리측의 노력에도 불구하고 결국 김목사의 면직 문제는 총회 결의로 확정되고 말았다. 상황이 그렇게 되자 나는 의분을 참을 수가 없어서 자리에서 일어나 속에서 치밀어오르는 말들을 쏟아냈다.

"지금 여러분이 여기서 다수의 힘을 믿고 아무리 독단적인 결정을 내린다 해도 역사는 이 자리에서 행해진 조작된 다수의 횡

포대로는 흘러가지 않을 것입니다. 앞으로 10년 안에 지금 이 자리에서 취한 결정이 대단히 잘못되었다는 것을 세상이 다 알게 될 테니까요. 지금 우리는 당신들이 내쫓아서 부득이 나가게 되지만 우리는 당신들을 버리지 않을 것입니다. 우리는 우리의 길을 가겠지만 10년 이내에 여러분을 다시 만나게 될 겁니다. 이것이 제가 여러분께 드리는 마지막 말입니다."

말을 마친 나는 그대로 퇴장했다. 우리측 사람들 역시 나를 선두로 줄을 지어 모두 회의장을 빠져나왔다. 이때 내가 한 말은 "10년 후에 다시 보자"는 말로 요약되어 한동안 입에 오르내리기도 했다.

그런데 이같은 총회 결의에 경기 노회가 명백한 위헌 행위라며 거세게 반발하면서 우리측을 지지하게 되자 김목사 면직 문제를 둘러싼 교계의 소란은 계속 이어졌다. 상황이 뜻대로 전개되지 않자 1953년 4월 열리게 된 38회 총회에서는 헌법을 위반하면서까지 총회가 직접 김재준 목사의 면직을 선언하기에 이르렀다.

이같은 결정을 받아들일 수 없었던 우리측은 그해 6월 10일 서울의 한국신학대학 강당에서 따로 총회를 개최했다. 그리고 그 결과 대한 기독교장로회(1961년 한국 기독교장로회로 개칭)가 기존의 대한 예수교장로회에서 갈라져 새로 탄생되었으니, 이로써 장로교단은 한국신학대학의 기독교 장로회와 총회신학대학의 예수교 장로회로 분열된 것이다.

이상이 한국 기독교 역사에서 기독교 장로회(기장)가 탄생하게 된 과정이다. 기장 탄생은 크게 두 가지 면에서 의미가 있다고 생각한다. 우선 신학적으로 보면 기장이 탄생함으로써 이른바 성경의 축자영감설(逐字靈感說, 성서의 말씀은 글자 하나하나 영감으로 쓰였다는 이론)을 따르지 않는 사람을 성서 유오설을 믿는 자, 나아가 이단자로까지 몰아세우는 보수 신앙이 깨지기 시작했으며, 역사적인 측면에서 보면 한국 교계가 외국 선교사들에 의해 조종받는 외세 지배 시대를 벗어나기 시작했다는 점이다.

장로교의 분열을 몰고 온 중요한 요인이었던 이같은 신학의 차이는 사실 지금에 와서는 거의 의미를 상실하고 말았다고 본다. 이미 축자영감설은 보수나 진보 어느 쪽에서든 시효를 잃은 낡은 이론이 되고 말았기 때문이다.

1953년 여름에는 기독학생들 사이에서도 보수와 진보의 대결이 있었다. 앞서 말했듯 나는 부산에서도 기독학생총연맹(KSCF)을 이끌며 연말에 자선 음악회를 개최하는 등 바쁘게 활동하고 있었다. 현재 지휘자로 활동하고 있는 임원식 등이 그때 학생으로 음악회에 참여했던 사람들이다.

KSCF에는 원래 참여를 거부했던 서울대 학생들도 가입하게 되었는데, 이는 고등학교에서 신인회 멤버로 활동하던 학생들이 서울대에 입학하면서 비롯되었다. 이때부터 서울대가 기독 학생운동을 이끄는 중요한 역할을 맡게 되었다.

KSCF는 일 년에 한 번씩 하계대회 겸 총회를 개최했다. 1953년에는 부산 금정산에서 열리게 되었다. 총회에서는 회장도 선출하도록 되어 있었다. 그때 보수파측에서 "기독 학생운동이 강원용이라는 신신학파 인물에 의해 주도되는 것을 막아야 한다"면서 KSCF를 자기들의 지배 아래 두려고 공작을 꾸몄다. 다시 말해 회장 선거에 자파 후보를 내세워 당선시키려는 계획을 세운 것이었다.

그같은 공작을 주도한 사람은 당시 국회의원이던 황성수(黃聖秀)라는 보수파 기독교인이었다. 후일 국회 부의장을 지내기도 했던 그는 그때 『기독공보』라는 주간지의 책임자였고 돈도 많았다.

총회가 열리게 되자 보수파에서는 자기측 대의원 학생들을 한 명이라도 더 참석시키기 위해 갖가지 지원을 아끼지 않았다. 그때는 아직 휴전이 되기 전이어서 다른 지방의 학생들이 부산까지 내려오기가 매우 힘들었다. 기차 삯도 비싼데다 숙박 문제를 해결하기도 어려웠기 때문이다. 이같은 상황을 좋은 기회로 포착한 보수파에서는 선교사들이 대주는 돈으로 자파 대의원들에게 기차표를 사주고 여관방을 잡아주는 등 후원을 아끼지 않았다.

그들은 자파 후보를 당선시키기 위해 금정산에 텐트를 치고 모인 학생들에게도 선전 공작을 집요하게 펼쳤다. 그때 나는 캐나다 유학 문제로 바쁠 때여서 총회에 대해 예전처럼 적극적으로 관여하지 못하고 있었다.

그런 가운데 드디어 회장 선거가 치러지게 되었다. 선거가 시작되기 전 나는 학생들에게 짤막한 연설을 했다.

"우리는 낡고 부패한 역사와 손잡지 않고 새로운 역사와 시대를 만들기 위해 뜻을 함께 해 모인 사람들이다. 이번 선거에서 누가 회장이 되든 나는 상관하지 않으나 다만 돈을 쓰고 비겁하게 선거 운동을 한 사람은 떨어뜨려야 한다고 생각한다. 그렇게 해서 당선된 사람이 기독학생운동을 이끌어 나간다면 기독학생운동은 망하게 되기 때문이다."

내 연설이 효과를 봤던지 투표 결과 우리측 후보가 회장에 당선되었다. 순수한 학생들이었던 만큼 기성 교역자들의 총회와는 다른 결과를 낼 수 있었던 것 같다.

"강목사, 당신이 인간이오?"

휴전의 분위기가 무르익을 무렵, 나는 존 맥클라우드(John Mcloud)라는 캐나다 성공회의 젊은 목사를 알게 되었다. 그는 캐나다에서 기독학생운동을 하던 사람이었는데, 전쟁 중인 한국의 기독학생들을 지원하기 위해 부산에 온 사람이었다.

그는 한국 기독학생운동의 형편을 살펴보다가 내가 벌이는 활동을 접하고는 상당히 호감을 갖게 된 모양이었다. 어느 날 그는 나를 찾아와 뜻밖의 제안을 했다.

"캐나다 기독학생회에서 당신을 초청할 테니 캐나다로 유학가 볼 생각이 없습니까?"

갑작스런 제의에 나는 우선 생각할 시간을 달라고 했다.

"그러면 대답을 기다리고 있을 테니 조만간 여부를 알려 주십시오."

그가 돌아간 뒤 나는 심각한 갈등에 빠졌다. 용정에 갈 때도,

그리고 일본으로 유학을 떠날 때도 그랬던 것처럼 지금 부산에서 내가 처한 상황 역시 혼자 훌쩍 유학을 떠날 형편이 아니었다. 전쟁의 폐허에서 나를 믿고 따르는 수많은 학생들을 가난과 실의 속에 내버려두고 가는 것도 문제려니와 고생만 시켜온 가족들에게 또 한동안 참아달라고 얘기하려니 차마 입이 떨어질 것 같지 않았다.

1953년에는 막내 대영이까지 태어나 당시 나는 4남매를 둔 가장이었다. 그러나 서른여섯 살의 나이에 내가 가진 것이라고는 너절한 판잣집 하나밖에 없었다. 그때 우리는 전세방에서 전세금을 빼내 제일 가난한 피난민들이 모여 사는 보수동 산꼭대기에 '하꼬방'을 하나 사서 살고 있었다. 우리가 살던 집은 그 중에서도 가장 꼭대기에 위치해 있었으므로 말이 집이지 움막이나 다름없었다. 비가 오면 사방에서 물이 흘러내렸고, 바람이라도 세게 불라치면 아내와 내가 마주보고 있는 양쪽 문짝이 떨어지지 않게 두 손으로 꼭 붙잡고 있어야 했다.

그런 집에다 약한 아내와 올망졸망한 어린것 네 명을 아무 대책 없이 남겨두고 나 혼자 공부한다고 떠날 수는 없는 노릇이었다. 그러나 한편으로 생각해보면 모처럼 찾아온 좋은 기회를 놓치기도 싫었다. 워낙 바쁘게 움직이던 나는 내심 조용히 공부할 수 있는 시간을 늘 원해왔다. 그리고 무엇보다도 그때 내 실력으로는 대학생들을 이끌고 가르치는 데 한계가 있다는 것을 종종 느끼고 있던 참이었다. 국내에 있으면서 공부에 몰두하기란 불가능할 테고 아무래도 외국에 뚝 떨어져 있어야 제대로 할 수 있을 것 같았다. 또 학생운동을 제대로 지도하기 위해서라도 외국에 나가 선진 학문을 공부하고 싶었다.

내 주위 사람들 가운데는 김정준 목사나 정대위 목사 등 이미 유학을 마치고 온 사람들이 많았다. 다들 유학을 떠나 공부를 하고 왔는데, 나 혼자 공부가 미흡하여 한신대에 그토록 공을 들였음에도 다른 사람들처럼 교수가 되지 못하고 있었다.

내가 다른 사람들처럼 일찍 유학을 떠나지 못한 것은 무엇보다 선교사들과 사이가 나빴기 때문이었다. 돈 없는 신학생이 유학을 가려면 선교사들의 추천과 후원이 있어야 했는데 선교사들과 사이가 좋지 않은 나로서는 그런 기회를 잡기가 어려웠다. 그랬던 만큼 어렵게 잡은 이 기회를 놓치기가 싫었다.

그러나 나의 처지가, 자꾸만 떠나려는 내 발길에 천근 쇳덩이로 걸리는 것이었다. 어려운 선택의 기로에서는 늘 그랬듯 나는 하나님께 기도를 올리며 나의 길을 찾고자 했다. 그리고 마침내 내린 결론은 유학을 떠나는 쪽으로 기울었다.

'어차피 나는 지금까지 혈연이 얽힌 사사로운 정분에는 매정하게 행동해온 사람이다. 고향에서 어머니가 소를 팔아 준 돈을 갖고 가족을 버리고 간도로 떠났을 때도 그랬고, 아버지와 싸우며 일본 유학길에 올랐을 때도 그랬으며, 해방 후 이북에 가족을 두고 혼자 서울로 내려올 때도 그랬다. 내 인생에서 선택이라는 것은 늘 그런 식으로 내려지게 되어 있고 그것이 하나님의 뜻인 모양이다.'

심한 고민과 갈등 끝에 이렇게 잠정적인 결정을 내린 나는 우선 아내와 의논을 했다. 고맙게도 아내는 선선히 내 결정을 받아들였다.

"이번 기회를 놓치면 언제 또 기회가 올지 모르니 우리 걱정은 하지 말고 가서 마음껏 공부하고 오세요."

아내는 나를 안심시켰다. 아내는 그런 여자였다. 내가 하고자 하는 일에 한 번도 반대 의사나 불만을 드러내는 법이 없었다. 요즘 여성들이라면 용서하기 힘들었을 남편을 아내는 평생 용납해 왔다.

최근 텔레비전 드라마를 보면 남편이 다른 여자와 밥만 먹어도 싸움을 벌이는데, 나는 피난 시절 우리 가족이 자는 단칸방에 내가 지도하는 여학생들을 재운 적도 있었다. 요즘 드라마에 나오는 여성들의 시각에서 보면 아내와 나는 허구한 날 싸워야 했을 것이다.

물론 아내가 나에게 불평이나 원망을 터뜨리지 않았던 것은 그 모든 것을 완전히 이해해서라고는 생각하지 않는다. 인간인 이상 자신의 남편이나 아내에 대한 독점욕이 없다면 거짓말일 테고, 생계를 등한히 하는 동반자에게 아무런 원망도 품지 않기란 극히 어려운 일이다. 다만 그녀는 참아내었던 것이 아닐까?

그런 면에서 나는 가장 가까운 여자에게 고통을 준 셈인데, 나 같이 바깥일에 미쳐서 사는 사람은 글쎄, 결혼이 썩 어울린다고 보기는 힘들다. 가족에게 고통을 줄 수밖에 없는 처지였고, 그런 가족을 지켜보는 나 역시 고통스러웠으니까 말이다.

어쨌든 아내의 이해로 나는 딱 1년 동안만 그곳에 가서 학위와 상관없이 자유롭게 공부하기로 최종 결정을 내리고 주위에다가도 알리기 시작했다. 주위 사람들도 예상 외로 축하해 주었으며, 여기저기서 송별회다 뭐다 해서 내가 떠나는 것으로 하루하루 분위기가 익어갔다. 그러면서 내 마음도 불안과 기대, 긴장과 흥분으로 들뜨기 시작했다.

그러던 어느 날이었다. 평소 누나처럼 여기고 있던 소설가 김말봉이 만나고 싶다는 연락을 해왔다. 그래서 광복동에 있는 다방에서 만났는데 그녀는 나를 보자마자 대뜸 언성을 높이는 것이었다.

"강목사, 당신이 진짜 목사요? 일반인도 휴머니스트라면 자기 가족을 산꼭대기 피난민촌에 팽개치고는 차마 발길이 안 떨어져서 가지 못할 텐데 목사라는 사람이 어떻게 그런 몰인정한 짓을 할 수 있소? 공부는 해서 뭘 하겠다는 거요? 공부도 사람이 있고 나서 하는 것 아니오?"

그녀의 말은 분명히 옳았다. 그러기에 그녀의 말 한 마디 한 마디는 내 가슴에 못을 박는 듯했다. 보수동 꼭대기 판잣집에서 나 없이 살아갈 가족들에 대한 무거운 책임감과 죄책감은 그녀가 말하기 전에 이미 나를 옥죄고 고민으로 빠뜨린 문제가 아닌가. 내가 그런 생각을 해보지도 않고 유학을 결정했었다면 모르되, 이미 그 문제로 갈등을 겪은 뒤에 결정을 내린 나로서는 그녀의 말이 옳다고 해서 결정을 바꿀 수는 없는 일이었다. 그녀의 비난은 이미 예상했던 바였고, 나 스스로에게 이미 수없이 해온 비난이었다. 나는 그런 비난을 모두 뒤로 한 채 내 길을 새로이 걸어갈 수밖에 없었다.

사람이 어떤 일을 시작하려고 할 때, 누구의 비난도 없이 모든 사람의 축복과 환영 속에서 할 수 있다면 그것은 대단한 행운일 것이다. 그러나 현실은 그렇지가 못하다. 특별한 행운 없이 나처럼 가난한 집안의 장남으로 태어나 가난한 가장으로 살아야 하는 사람은 더욱 새로운 일을 시작한다는 게 쉽지가 않다. 축복과 격려는커녕 비난과 원망을 들을 소지가 더 크다. 어쩌면 다른 사람이 비난하기에 앞서 스스로 자신을 비난하기가 가장 쉬울 것이다. 얼마나 많은 장남들이, 또 가장들이 스스로 발걸음을 멈추었겠는가.

그러나 나는 말하고 싶다. 주위의 비난과 말들을 귀담아듣긴 하되, 가는 길을 멈추지는 말라고. 내 가슴에서 울리는 비난 역시 안 들으려야 안 들을 수 없지만, 그래도 계속 걸어가라고. 스스로 쏟아내는 자기 비난은 불안의 다른 모습에 불과하므로, 불안이 우리의 영혼과 운명을 갉아먹도록 내버려두어서는 아니 된다고.

북미대륙에서 부는 바람

수영비행장에서 유학길에 오르다

캐나다로 떠날 날이 가까워졌다. 캐나다 기독학생회에서는 우선 내게 여비로 쓰라고 500달러를 보내왔다. 그 돈으로 일본까지 비행기를 타고 가면, 일본에서 캐나다까지는 자기들이 국방부에 미리 교섭해둔 캐나다 군용기를 탈 수 있다고 했다. 군용기를 타든 무엇을 타든 캐나다까지 갈 수만 있다면 나는 개의치 않았다.

일본까지 비행기 삯은 100달러 정도였다. 비행기표를 사고 남은 돈은 암시장에서 환전해 생활비로 쓰라고 아내에게 건네줬다. 당시는 암시장의 환율이 은행과는 비교도 할 수 없을 정도로 높았다. 또한 내가 끌고 다니던 책도 책장사를 하는 친구에게 팔아서 돈을 만들었다.

내 유학 준비는 간단했다. 여벌의 옷이 하나도 없어서 광복동 뒷골목에서 2,700원인가를 주고 산 바지가 내가 돈 들여 준비한 것의 전부였다. 그 바지도 한 번 빨게 되면 바짝 줄어들어 바짓가랑이가 발목 위로 껑충 올라오게 되는 질 나쁜 감이었지만 역시 개의치 않았다. 지금도 소중한 기억으로 남아 있는 것은 그때 나를 따르던 여학생들이 손수 수를 놓아서 만든 예쁜 수예품을 선물로 줘서 그나마 홀쭉한 가방을 채우게 됐던 일이다.

휴전 협정으로 3년 동안의 처참했던 전쟁이 끝나고 열흘쯤 지난 1953년 8월 3일 나는 부산 수영비행장에서 비행기에 올랐다. 광복동 뒷골목에서 산 바지에다 낡은 와이셔츠를 입은 차림이었다. 비행장에는 많은 학생들과 동료, 친지들이 나와주었다. 무엇보다도 내 눈에 자꾸 밟혔던 것은 그때 돌을 갓 넘긴 막내 대영이의 얼굴이었다. 그 아이는 내가 떠난 후 사람들이 "아빠 어디 갔느냐"고 물어보면 손가락으로 하늘을 가리키며 "하늘로 올라갔다"고 대답했다고 한다.

프로펠러 항공기에 오르는 순간 나는 내가 죄를 지어도 아주 큰 죄를 짓는 사람처럼 느껴져 한순간 가슴이 움찔해지기도 했다. 구약에 나오는 요나가 벌을 받아 고래 뱃속에 들어갔던 것처럼 나도 그런 벌을 받을 것 같았다.

그러나 예정대로 비행기는 출발했고 그 순간부터 나는 사랑하는 사람들을 뒤로 한 채 홀로 허공을 무심하게 나는 비행기 안에 있었다. 죄의식이고 뭐고 이제부터는 유학 생활에 온힘을 쏟는 것 외에 선택의 여지가 없었다. 그런 생각이 더해질수록 새로운 세계와 생활에 대한 호기심과 불안, 기대와 걱정이 서로 엉키면서 지리적으로 뿐만 아니라, 내 마음속에서도 내가 떠나온 땅과 사람들이 점점 멀어져갔다.

불안하고 막연한 가운데서도 나는 그 길이 내 인생에서 새로운 전기가 되리라는 것을 강하게 느끼고 있었다. 그 전에도 나는 그런 무모한 '떠남'을 감행했고, 그같은 떠남은 내게 새로운 인생의 문을 열어주곤 하지 않았던가.

20일 걸려 도착한 캐나다

프로펠러 비행기는 세 시간 반 만에 일본 하네다 공항에 도착했다. 나는 미리 연락을 받은 대로 나를 실어갈 캐나다 군용기를 찾았는데, 찾고 보니 그게 군인들이 타는 비행기가 아니라 군수물자를 나르는 수송기였다. 비행기라고 타고 보니 승객은 하나도 없고 짐짝들만 잔뜩 실려 있었다.

사람이라곤 조종사와 조수 두세 명뿐이었다. 그들은 나만 홀로 짐짝들 사이에 남겨두고는 조종실로 건너가 버렸다. 짐칸은 방음도 안 되어 있고 좌석도 편할 리 없었다. 어두운 밤에 요란한 프로펠러 소리를 들으며 짐짝들과 하늘로 오르니 두려운 마음보다는 슬픔이 차 올라와 나는 그만 소년처럼 울어버리고 말았다.

비행기는 군용기여서 그랬는지 밤에만 비행을 했다. 그리고 곧장 캐나다로 가는 게 아니라 태평양 위의 섬들을 유람이라도 하듯 여기저기 들르는 것이었다. 그 바람에 내 뜻과는 전혀 상관없이 태평양전쟁 당시 많이 들었던 아츠 섬을 비롯해서 여러 섬들을 경유하게 되었다. 특히 아츠 섬은 2차 대전 당시 일본군 전원이 옥쇄한 장소로 유명한데 그 섬에서 하루를 쉬었다.

비행기는 이 섬에서 며칠, 저 섬에서 며칠 하는 식으로 '부지하세월'로 뜸을 들였는데, 쉴 적에 멋진 풍광이나 구경할 수 있다면 참을 만했겠으나 군용기라고 보호 구역 밖으로는 못나가게 하니 정말 답답하기 짝이 없는 노릇이었다.

더구나 함께 여행하는 조종사들과 나 사이에는 아무런 대화가 오가지 않아서 더욱 견디기 힘들었다. 우선 나는 그들의 말을 한마디도 알아들을 수가 없었다. 명색이 신학교에서 영어 강사를 했던 사람으로 부끄러운 노릇이지만, 원래 영어를 집중적으로 공부할 시간이 없었던데다 그나마 일본식 교과서 영어였기 때문에 일상 회화에는 거의 벙어리나 다름없었다.

한번은 식사를 하는데 무언가를 물어서 그 물음을 대충 어림짐작하여 대답을 했는데, 그 대답이 동문서답이었던 모양인지 자기네들끼리 웃고서는 다시는 내게 말조차 걸어오지 않았다. 그러니 손짓 발짓으로 기본적인 의사 소통만 하고 그 긴 시간을 혼자서 벙어리처럼 지내야 했다.

그렇게 이리저리 돌며 일주일도 넘긴 뒤에야 도착하게 된 곳이 알래스카. 그때 이미 내 몸은 몹시 지쳐 있었다. 그들의 눈에도 내가 안되어 보였던지 조종실 안에 자리를 마련해주었다. 거기에 앉으니 혼자 짐짝 사이에 있는 것보다는 사뭇 덜 초라하였다. 자리도 훨씬 편하고 전망도 좋고 무엇보다 방음 장치가 되어 있어 시끄럽지 않아 좋았다.

알래스카의 산악 지대를 날아 목적지인 밴쿠버로 가던 도중이었다. 한 순간 조종사들의 얼굴이 파랗게 질리는가 싶더니 몹시 당황해하는 표정이 떠올랐다. 비행기는 비행기대로 요란한 소리를 내며 심하게 흔들리기 시작했다.

"엔진이 고장났다! 이러다간 추락할지도 몰라!"

눈 아래로는 험준한 산령이 가파르게 늘어서 있는데 조종사의 다급한 목소리가 들려왔다. 나는 깊은 계곡을 내려다보며 내 몸뚱이가 그 계곡 속 어딘가에서 산산이 부서지는 것을 상상했다. 온몸에 소름이 쭉 끼쳐오며 잠시 잊어버리고 있던 요나의 얘기가 다시 떠올랐다.

'이제 나는 여기서 꼼짝없이 죽는구나.'

오금이 저려오고 정신이 아득해졌다. 그러던 어느 순간이었다. 죽음이 바로 코앞에 닥친 위태로운 상황인데 갑자기 내 정신은 한없이 맑아지며 콩튀듯하던 가슴이 가라앉는 것이었다. 내 안에서 작은 속삭임이 들려왔다.

'하나님께서 나를 여기에서 추락사시키실 리는 없다. 나를 데려가시려면 이미 여러 번 기회가 있었는데 그때는 다 살려주시고 하필 이역만리 이곳에서 죽게 하시겠는가.'

일단 그런 믿음이 생겨나자 나는 침착함을 되찾아 평정을 유지할 수 있었다. 그같은 믿음 때문이었는지 다행히 비행기는 위태로운 곡예를 계속하면서도 추락은 하지 않았다. 잔뜩 긴장하여 아무 말 없이 진땀을 흘리던 조종사들의 얼굴에도 차츰 긴장감이 사라지고 마침내 웃음이 떠올랐고 곧이어 시끄러운 말소리가 이어졌다.

비행기는 알래스카로 되돌아와 무사히 착륙하게 되었다. 정말 죽었다 살아난 기분이었다. 고장난 비행기를 수리하는 데는 일주일이 걸렸다. 그 일주일 동안 나는 공항 문밖에도 나가지 못하고 말 한마디 제대로 못한 채 안에만 갇혀 지내야 했다. 그러니 성질이 불 같은데다 한시도 하는 일 없이 가만히 앉아 있지 못하는 나는 정말 무위에 지쳐버리고 말았다.

이후 나는 제트 여객기를 타고 수십 차례 태평양을 건너게 되지만, 남들이 모두들 지겨워하는 태평양 횡단 여행을 나는 한 번도 지루하게 여긴 적이 없다. 태평양을 건너는 데 20여 일이나 걸린 최초의 이 여행을 떠올려보면 요즘의 제트 비행기 여행은 그야말로 '눈 깜짝할 사이'이기 때문이다.

드디어 일주일 만에 비행기는 떴으나 정작 목적지가 가까워지자 이번에는 또 다른 걱정이 나를 찾아왔다. 그 시절에는 캐나다에 입국하려면 밴쿠버 공항에서 신체 검사를 받아야 했는데, 쇠약해진 내 건강으로는 아무래도 문제가 생길 것 같았다. 만약 신체 검사에 불합격된다면 주위 사람들에게 줄 실망도 실망이려니와 한국에 되돌아가기 위해 다시 그런 수송기를 타야 할 텐데, 그것만은 죽기보다 싫었다.

나는 그같은 걱정으로 마음이 조마조마한 채 밴쿠버 공항에 내렸다. 그 상황에서 내가 의지할 것이라곤 간절한 기도밖에 없었다.

막 신체 검사를 하려고 하는데 공교롭게도 그만 코피가 쏟아지고 말았다.

'이젠 정말 틀렸구나.'

몸도 비쩍 여윈데다 코피까지 흘렸으니 입국이 거부될 게 뻔해 보였다. 그만 그 자리에 주저앉을 것 같은 암담한 기분이었는데, 그 순간 기적처럼 어디선가 나를 부르는 소리가 들려왔다.

"강원용 목사!"

소리가 나는 쪽을 돌아보니 키 큰 캐나다인 하나가 나를 부르며 다가오고 있었다. 자세히 보니 그는 용정 제창병원에서 원장으로 일하던 닥터 블랙(Dr. Black)이라는 사람으로 선교사이기도 했다. 알아들을 수 없는 언어와 익숙지 않은 몸짓이 온몸을 거북스럽게 옭아매는 낯선 땅에서 뜻밖에도 오래 전 용정에서 알고 지냈던 이를 만나니 마치 구세주라도 본 느낌이었다.

그는 내가 온다는 소식을 듣고 일부러 공항까지 마중을 나와준 것이었다. 그의 옆에는 여자 선교사 한 명이 환하게 웃으며 서 있었다. 그녀는 내가 캐나다에 도착하자마자 신세지기로 되어 있는 사람이었다. 한국에서 미리 얘기를 듣긴 했지만 나는 그녀의 주소를 들고 혼자 찾아가야 하는 줄로 알았는데, 고맙게도 공항에서 나를 기다리고 있었다.

나는 그들 덕분에 신체 검사도 받지 않고 공항에서 빠져나올 수 있었다. 공항 밖 밴쿠버 시가에는 어느덧 8월 하순 늦여름의 햇살이 눈부시게 내리쬐고 있었다. 20여 일이나 걸린 지루하고 고생스러웠던 긴 여정이 드디어 끝난 것이었다.

나는 그 선교사의 집에 도착하여 짐을 내려놓자마자 그만 기진

맥진하여 뻗어버리고 말았다. 긴장이 풀려 쇠약해진 내 몸에 늦을세라 여독으로 인한 몸살이 찾아온 것이었다.

전쟁의 참화 속에서 헤어나지 못하고 있는 극동의 불행하고 조그만 나라에서 온 나는 캐나다의 첫 날을 그렇게 시작하였다.

내 생애 가장 평화롭고 아름다운 열흘

선교사 집에서 어느 정도 원기를 되찾은 나는 그녀의 차로 밴쿠버 시내를 둘러보며 캐나다라는 나라와 대충 인사를 나눈 후 바로 기차를 타고 에드먼턴(Edmonton)으로 향했다. 그곳에는 용정 은진중학의 교장을 지냈던 브루스의 집이 있었는데, 나는 우선 그 집에 머물기로 되어 있었다.

은진중학 시절부터 나를 무척 아꼈던 브루스는 10여 년 만에 재회하게 된 나를 자식처럼 살갑게 맞아주었고, 나 역시 그를 다시 상면하게 되어 감회가 남달랐다. 평범한 단층인 그의 집에는 두 부부와 자녀가 함께 살고 있었다. 용정에 있을 때 코흘리개였던 아들 로버트는 이미 물리학을 전공하는 어엿한 대학생이 되어 있었고, 동생인 딸 리나는 간호학교에 다니는 숙녀로 변해 있었다.

내가 도착하자마자 브루스는 자기가 입던 정장 한 벌을 넥타이까지 구색을 갖춰 내게 주었다. 비록 입던 옷이긴 했지만 정장이 없던 내게는 여간 요긴한 것이 아니었다. 양복은 아래위 색깔이 다른 콤비였고 넥타이에는 사슴이 뛰어다니는 문양이 그려져 있었다.

나는 그곳에서 한 달 남짓 머물며 캐나다의 일상 생활과 풍습을 익히는 한편 영어 공부를 시작했다. 영어를 가르쳐 준 사람은 나를 캐나다에 초청한 선교사 맥클라우드의 장모로 그녀는 매일 한 시간씩 개인 교습을 해주었다.

당시 에드먼턴 근방에는 한국인이 두 사람 있었다. 한 사람은 에드먼턴 대학에서 물리학을 공부하던 박윤수(朴允洙)라는 사람으로 내가 부산에서 신세를 졌던 박정수의 둘째형이었다. 내가 부산에서 학생운동을 할 때 그는 서울대학교 기독학생회 회장으로서 나와 가깝게 지냈었는데, 내 추천으로 로버트 브루스가 학생들에게 모금을 해 캐나다에서 유학을 하고 있었다. 그는 후에 미국으로 가서 물리학 박사 학위를 받았으며 지금도 미국에서 살고 있다.

다른 한 사람은 에드먼턴 근방에 있는 한 병원에서 간호원으로 일하던 홍근표였다. 그녀는 후에 연세대학교 교수를 지내고 은퇴한 한태동 박사의 부인이 된 사람이다. 그들보다 늦게 도착한 나는 시간이 날 때면 그들을 만나 이런저런 조언을 듣기도 하고 한국말을 마음껏 하며 향수를 달랬다.

브루스의 집에 도착한 지 20여 일이 지난 9월 말경 나는 그의 아들인 로버트에게서 여행을 함께 떠나자는 제의를 받았다. 캐나다 대학생들은 여름 방학 동안 아르바이트로 돈을 벌어 그 돈으로 학기가 시작되기 전에 여행을 떠나 견문을 넓히는 것이 관례처럼 되어 있었는데, 로버트 역시 개강을 앞두고 친구 두 명과 함께 돈을 모아 자동차를 한 대 몰고 휴가 여행을 떠나기로 했다는 것이었다.

나는 아직 말도 잘 못하고 모든 것이 익숙하지 않은 상태에서 그들의 여행에 동행한다는 것이 부담스럽기도 했으나, 캐나다 젊은이들과 만나고 풍물을 배울 수 있는 좋은 기회라는 생각에서 따라나서게 되었다.

우리가 간 곳은 브리티시컬럼비아 주에 있는 엄청나게 큰 국립공원이었다. 그곳은 내가 처음 해외에 나가 최초로 보게 된 경승지라는 이유도 있겠지만, 그후 세계 곳곳 안 돌아다닌 데가 없을 정도로 여행을 많이 한 지금에도 그곳만큼 아름다운 공원은 선뜻 머리에 떠오르지 않을 정도로 아름답고 장려했다. 구경이라고는 전혀 해보지도 않고 살아온 내게 그 공원의 자연 경관은 필설로 형용할 수 없을 만큼 놀라웠다.

나는 벌린 입을 다물지 못한 채 남북한을 합쳐 놓은 것보다 더 크게 느껴지는 드넓은 공원 안을 로버트를 비롯한 캐나다 학생들과 함께 돌아다녔다. 차를 몰고 가다가 멈춰 서서 밥을 해먹고 잠은 주로 텐트를 치고 자는 여행길이었는데, 그렇게 그 공원을 돌아보는 데는 보름도 넘게 걸린다고 했다.

지금도 놀랍게 생각하는 것은 그렇게 어마어마하게 큰 공원을 어떻게 그처럼 잘 관리할 수 있는가 하는 점이다. 북한산이니 지리산이니 하는 우리나라의 국립공원들과 비교해 보면, 50년 전인데도 매우 효율적으로 관리하며 잘 보존하고 있었다.

캐나다는 밴쿠버에서 동쪽 끝까지 가려면 시계를 다섯 번이나 조정해야 하는 거대한 나라지만 그때 인구는 내 기억에 약 1,400만 명에 불과했다. 그렇게 인구가 적기 때문에 자연이 덜 훼손된 건지는 모르겠지만 어쨌든 적은 수의 인구가 여러 개의 큰 국립공원을 만들어 그처럼 넓은 땅을 효율적으로 관리하고 있는 것을 보고 나는 경탄할 수밖에 없었다.

캐나다 전체를 통틀어 그같은 공원이 한 스무 개쯤 되는데, 그 중에서도 브리티시컬럼비아의 이 공원이 가장 아름답다고 했다. 아름답기만 할 뿐 아니라 놀라울 정도로 깨끗하게 관리되고 있어서 로키 산맥을 올라가는 넓은 길에는 종잇조각 하나 떨어진 것이 없었다. 그럴 수밖에 없는 것이 곳곳에 쓰레기통이 마련돼 있었고, 사람들의 의식 역시 쓰레기는 쓰레기통에만 버려야 하는 것으로 굳어져 있었다.

싸 가지고 간 음식을 먹거나 취사를 하는 일은 적당한 거리를 두고 곳곳에 지어놓은 오두막에서만 가능하도록 엄격히 제한되어 있었다. 그곳에서도 먹고 난 뒤처리는 휴지 한 장 남김없이 말끔하게 하는 것이 이용객들의 몸에 배에 있었다. 효율적이고 엄격한 공원 관리 정책과 사람들의 환경보존 의식이 잘 결합되어 있으니, 그 넓은 공원의 어느 구석도 훼손되거나 더럽혀질 리 없었다.

공원 내에는 야생동물들을 그대로 놓아기르는 구역이 있었는데, 그 입구에는 다음과 같은 글귀가 쓰여 있었다.

조금이라도 동물을 해치는 행위를 하는 사람에게는 500달러 이상의 벌금이 부과된다.

동물을 해치는 행위는 말할 것도 없고 먹이도 마음대로 아무 것이나 줄 수 없도록 되어 있었다. 그 때문에 그곳에 있는 동물들은 사람들을 보고도 전혀 두려워하거나 도망치지 않았다. 사람이란 자기들에게 먹을 것을 주는 친근한 존재이지 결코 해를 끼치는 위험한 존재가 아니기 때문이다. 안에 들어가 보니 제일 흔한 동물이 사슴, 토끼, 물소 등이었으며 가끔씩 곰이 어슬렁거리는 모습도 눈에 띄었다.

브리티시컬럼비아에는 이 공원말고 재스퍼 공원이라는 매우 아름다운 공원도 있었다. 우리는 이 재스퍼 공원에서 얼마쯤 올라가 산중턱에 위치한 빙호(氷湖)까지 가보았다. 산 위의 얼음이 녹아내려 호수를 이룬 가운데 티없이 맑은 옥색 물과 주변의 수려한 경치가 말 그대로 한폭의 그림이었다. 나는 그 호수를 배경으로 파란 스웨터를 입고 기념 사진을 찍기도 했으나, 그 아름다운 사진이 화재로 불에 타버려 안타깝게도 지금은 남아 있지 않다.

산길을 따라 달리다 보면 뜻밖에 온천이 나타나기도 했다. 온천은 산꼭대기 부근에 있었다. 그들은 산 위의 온천에다 특이하게도 야외 수영장을 만들어 놓았다. 9월이지만 기온이 매우 낮아 주위가 얼어붙고 때로 눈이 날리는 날씨에 우리는 그 노천 온천장이자 수영장에 들어갔다. 눈발이 날리는 가운데 따뜻한 온천물에서 수영을 하자니 마치 이상한 나라에 온 것처럼 신기한 기분이었다.

하지만 뭐니뭐니해도 가장 인상적인 장소는 아이스 필드(Ice Field)였다. 할리우드에서도 영화 촬영차 많이 온다는 그곳은 거대한 빙하로, 갖가지 기기묘묘한 형태로 이어진 숱한 얼음 덩어리의 파노라마가 환상적이었다. 그 거대한 빙하에서는 그 위를 달리도록 특수 제작된 차들이 관광객들을 실어 날랐다.

한밤중 곰과 대면하다

빙하가 있는 산의 꼭대기까지 올라가 그곳에 있는 호텔에서 커피를 마신 우리는 아래로 내려와 밤을 보낼 텐트를 쳤다. 그러나 나와 동행한 학생들은 텐트에서 그냥 밤을 보낼 생각이 아니었다. 산꼭대기 호텔에는 방학을 이용해 그곳에서 아르바이트를 하고 있는 여학생들이 있었는데, 그들과 호텔 나이트 클럽에 춤을 추기로 했다는 것이었다. 나에게도 같이 가자고 했지만 영 어색해서 거절하고 말았다. 아마 그들도 같이 가자고 말은 했지만 내가 함께 가는 것을 원하지는 않았을 것이다.

그들이 왁자지껄 떠들며 떠나고 난 후 텐트 안에 혼자 남게 되자 은근히 겁이 났다. 사방은 어둡고 주위에 아무도 없는데 공원 안이라고는 해도 산속에 홀로 남게 되니, 말도 안 통하고 물정에도 어두운 이방인으로서 무슨 일이라도 생기면 어떻게 하나 하는 걱정에서였다. 잔뜩 신경을 곤두세우고 있는데, 어느 순간 밖에서 덜거덕 하는 소리가 들렸다.

깜짝 놀란 나는 재빨리 텐트 문을 열고 밖을 내다보았다. 놀랍게도 내 눈에는 커다란 곰이 어슬렁거리는 모습이 들어왔다. 더구나 곰은 텐트 안으로 들어오려고 하는 것이 아닌가. 나는 혼비백산하여 저절로 탄식이 나왔다.

'이것이 나의 마지막 순간이로구나. 여기까지 와서 곰의 밥이 되다니, 죽어도 제대로 묻히지도 못하겠구나.'

그러나 어찌된 셈인지 곰은 나에겐 별로 아랑곳하는 것 같지 않았다. '호랑이에게 물려가도 정신만 차리면 산다'는 말대로 가까스로 정신을 차리고 곰의 동태를 주시했더니 곰은 텐트 안에 먹을 것이 있는가를 한 번 살피고는 그냥 무심하게 가버렸다. 나는 정말 죽었다 살아난 기분이었고 방금 있었던 곰의 출현이 꼭 꿈을 꾼 것처럼 믿어지지가 않았다.

내가 학생들을 다시 보게 된 것은 다음 날 아침이었다. 그들은 곰에게 잡혀 먹힐 뻔했다는 내 얘기를 듣더니 굉장히 미안해했다. 그러면서도 "이 산에 있는 동물들은 절대로 사람을 해치지 않으니 염려하지 말라"며 내가 받은 충격을 별로 대수롭지 않게 여기는 눈치였다.

나는 같은 사람이라도 동물을 보는 관점이 이렇게 다를 수도 있구나 하고 내심 놀라지 않을 수 없었다. 그때까지 나는 곰과 같은 야수는 사람을 해치는 것으로만 인식해왔었다. 그런데 이 젊은 학생들에겐 인간과 동물이 공존하고 서로 보호하는 관계인 모양이었다. 문득 어렸을 때 좋아했던 성 프란체스코 전기에 나오는 곰 이야기가 떠올랐다.

어느 동네에 사나운 곰이 출몰해 자꾸 사람들을 잡아먹어서 동네 사람들은 공포에 떨었다. 사람들이 아무리 그 곰을 잡아 죽이려 해도 허사였다. 이 소식을 접한 프란체스코는 어느 날 먹이를 들고 곰이 자주 다니는 길목에 가서 기다렸다. 그러자 얼마 있다가 곰이 먹이를 먹으러 다가왔다. 이때 프란체스코는 곰에게 다가가 다정스레 머리를 쓰다듬으며 "내 사랑하는 형제 곰이여" 하고 말했다. 그랬더니 곰은 그의 얼굴에 머리를 비비고 사라지더니 다시는 사람들을 해치지 않았다.

나는 그 얘기를 단순히 프란체스코를 미화하기 위해 꾸민 것이라고 생각하고 있었으나 그날의 경험을 통해 생각을 달리하게 되었다. 인간이 동물을 해치지 않는 한 동물 역시 인간에게 적대적이지 않다는 것을 실제로 경험하고 보니, 프란체스코의 그같은 얘기가 단순한 픽션만은 아니라는 생각이 들었다.

나이트 클럽에서 춤을 추며 데이트를 즐긴 일행은 그것만으로는 미진했는지 그 여학생들을 아침에 텐트로 초대한 모양이었다. 그래서 아침에 여학생들이 텐트로 찾아오게 되었는데, 그들이 들어오자 텐트 안은 금방 젊은 남녀가 뿜어내는 즐겁고 발랄한 분위기로 가득 찼다. 여학생들은 함께 아침을 들며 내게도 이것저것 물어왔는데, 영어가 서툰 나로서는 제대로 알아듣고 대답할 수가 없어 아무래도 마음이 편하지 않았다.

게다가 나를 더욱 거북스럽게 한 것은 그들의 농담이었다. 그곳 사람들이 으레 그렇듯이 그들 역시 말끝마다 우스개 소리를 던지며 깔깔거렸는데 일상 회화도 서툰 나로서는 그 뜻을 하나도 알아들을 수 없어 여간 곤혹스러운 게 아니었다. 모두들 박장대소를 하며 웃는데 나 혼자 꿔다 놓은 보릿자루처럼 멀뚱한 얼굴로 앉아 있기도 어색했고, 그렇다고 따라 웃자니 내가 영문도 모르고 있다는 걸 그들이 뻔히 알 텐데 낯뜨겁게 그럴 수도 없는 노릇이었다.

가시방석에 앉은 것같이 난감했던 식사 시간이 드디어 끝났다. 여학생들은 서둘러 자리를 털고 일어나 가버렸다. 그들을 보내고 나서 식탁을 치우다 보니 종이접시 밑에서 잔돈이 나오는 것이었다. 나는 그 돈이 대체 무언가 궁금했는데, 알고 보니 그 여학생들이 식사 값을 그런 식으로 지불하고 간 것이라고 했다. 당시 나의 사고 방식으로는 참 놀라운 행동이 아닐 수 없었다.

에덴 동산의 선량한 사람들

우리 일행은 아이스 필드를 돌아나와 계속 공원의 이곳저곳을 둘러보고 다녔다. 그러면서 나는 또 한 번 놀라운 일을 목격하게 되었다. 앞서 말한 사람과 짐승과의 관계뿐만 아니라 사람과 사람 사이의 관계 역시 놀라웠던 것이, 도대체 그곳 사람들의 의식에는 '속인다', '훔친다' 하는 개념이 아예 없는 것처럼 보였다.

산길을 올라가다 보면 땀이 나서 점퍼 같은 웃옷을 벗게 되는데, 그러면 그것을 들고 가는 것이 아니라 아무 나뭇가지에나 걸어놓고 그냥 올라가는 것이 아닌가. 그 속에 뭐가 들어 있는지는 몰라도 지갑이 꽂혀 있는 경우도 있었다. 옷뿐만 아니라 사진기 같은 것도 걸어두고 올라갔다가 내려가는 길에 찾아가는 것이었다. 솔직히 그때 나는 내 눈앞에서 일어나는 그런 광경을 믿기가 힘들었다.

평생 신학이라는 것을 공부해온 내가 오늘에 이르러 결론적으로 느끼는 것은 기독교 신앙이라고 하는 것, 즉 구체적으로 말해 죄라고 하는 것, 사랑이니 구원이니 하는 모든 것은 결국 '관계'(relation)에 귀결되는 문제라는 것이다.

인간 세계에서 관계는 크게 셋으로 구분할 수 있다. 하나는 하나님, 즉 창조주와 인간 사이의 수직적인 관계이고, 다음은 인간과 인간 사이의 수평적인 관계, 그리고 마지막이 인간과 자연과의 관계다. 그런데 이 모든 관계가 원만하게 잘 이루어진 곳이 성경에서 말하는 에덴 동산이요, 그렇지 못하고 파괴된 곳이 다름 아닌 지옥인 것이다.

내가 브리티시컬럼비아 공원에서 그런 생각을 한 것은 아니지만, 지금 그때 그곳을 되새겨보면 '참 에덴 동산이 그럴 것이다'라는 느낌이 든다. 무엇보다도 인간과 인간 사이의 신뢰가 존재하는 그 사회가 아쉬운 것은 요즘 우리 현실 때문일 게다.

공원을 돌아다니다 보면 이상한 모자를 쓰고 말을 타고 이곳저곳을 순시하는 사람들이 가끔씩 눈에 띄는데, 그들이 바로 로열 마운틴 폴리스(Royal Mountain Police)라고 불리는 공원 관리 전담 경찰이었다. 그들은 담당 구역을 말을 타고 돌아다니면서 혹시라도 누가 공원을 훼손하거나 규칙을 어기는가를 살피는 모양이었지만, 사람들이 워낙 스스로 알아서 행동하니 별로 바쁜 일이 있을 것 같지 않았다. 역시 중요한 것은 제도에 앞서 사람들의 자각과 의식이었다.

나는 지금 50년 전 캐나다를 회상하면서 오늘날 우리의 환경 정책을 떠올려본다. 무분별하고 건잡을 수 없는 환경 파괴와 사람들의 낮은 환경 의식으로 우리의 금수강산은 나날이 황폐화되어가고 있으니 안타까운 일이 아닐 수 없다. 우리나라는 캐나다처럼 웅장한 자연은 아니지만 섬세하고 오밀조밀한 보석 같은 자연을 하나님에게 선물받았다. 사막에 사는 유목민에게는 사막이 그리운 풍경이 되듯이 나는 개울이 흐르고 버들이 늘어진 우리의 풍광을 사랑한다.

그러나 요즘은 어디를 가나 골프장이니 러브호텔이니 신도시니 새 도로니 하며 땅을 갈아엎기에 바쁘다. 난개발이라고 비난받는 이런 무계획한 개발 사업은 지방 자치 단체의 이권 개입 의혹까지 덧붙여져 우리 국토를 더욱 만신창이로 만들어가고 있다. 인간이 자연을 대하는 태도는 인간이 다른 인간을 대하는 태도와 하나도 다를 것이 없다는 것이 나의 생각이다.

지금 돌이켜보면 브리티시컬럼비아 공원 여행은 내 일생에서 가장 평화롭고 아름다운 열흘이었다. 비록 말도 잘 안 통하는데다 멀미 때문에 차 뒷좌석에 누워서 가는 등 고생도 했지만, 모든 것이 얼떨떨한 낯선 땅에서 보낸 첫 여행으로서 내게 강렬한 인상을 남겼다.

낯선 땅 낯선 사람들

프리먼 학장의 권유

여행을 마친 나는 내가 공부하기로 되어 있는 매니토바 대학이 있는 위니펙(Winnipeg)으로 서둘러 떠나야 했다. 개강이 10월 초이기 때문이었다.

캐나다는 서쪽에서 동쪽으로 가면서 큰 도시가 연이어 있는데, 밴쿠버부터 에드먼턴, 새스커툰, 위니펙, 토론토, 오타와, 몬트리올, 핼리펙스 등으로 이어진다. 워낙 땅이 넓어서 에드먼턴에서 위니펙까지도 아주 먼 거리였으므로 비행기를 이용하기로 했다.

에드먼턴을 떠나면서 나는 '이제 정말로 공부를 해야 한다'는 각오로 바짝 긴장하지 않을 수 없었다. 말도 제대로 못하는데 대학 공부를 정말 해낼 수 있을지 큰 걱정이었다. 내가 생각해도 참 한심했던 것이 공부는 고사하고 우선 학교에 가서 신학부 학장을 만나 인사를 하고 얘기를 나눠야 하는데, 그 일부터 자신이 없었다. 학장이 형편없는 내 영어를 듣고 "영어도 못하면서 공부를 하러 왔느냐"고 하면 어쩌나 싶어서 나는 비행기 안에서 내내 할 말을 열심히 연습했다. 마치 국회 국정 감사에 불려나가는 사람처럼 예상 질문과 답변을 만들어 비행기가 위니펙에 도착할 때까지 반복해서 외웠다.

잔뜩 긴장한 마음으로 위니펙에 내리니 그래도 내가 목사라고 그곳에 있는 목사 몇 명이 마중을 나와 있었다. 그들은 모두 신부들이 착용하는 하얀 옷깃(clerical collar)을 달고 있어서 나를 더욱 낯설게 했다.

나는 인사를 나눈 후 그들이 인도하는 대로 차에 올랐다. 행선지를 물으니 학장 집으로 간다고 했다. 학장과는 학교에서 만날 줄 알았다가 대뜸 그의 집으로 간다니 나는 우선 당황하지 않을 수 없었다. 그 이유를 물었더니 원래 내가 묵을 숙소로 YMCA에 방을 하나 잡아놓았는데, 학장이 그 얘기를 듣더니 "한국에서 학생운동을 하던 목사가 왔는데 어떻게 그렇게 할 수 있느냐, 다만 한 달만이라도 우선 우리 집에 묵도록 하겠다"고 얘기했다는 것이었다.

그 얘기를 들으니 그들의 친절이 무척 고마우면서도 한편으로는 학장과 한집에서 살게 되었다는 사실이 여간 부담스러운 것이 아니었다. 그러나 나로서는 그들의 계획에 따를 수밖에 없었다.

학장의 집은 위니펙 시내에 위치한 아담한 이층집이었다. 우리가 도착하니 그 집에는 목사들과 학생운동 지도자들이 여럿 모여 나를 기다리고 있었다. 그런데 거실에 들어가 그들을 보자마자 깜짝 놀라지 않을 수 없었다. 그들 모두가 시가를 입에 물고 있었기 때문이었다. 서울에서는 상상도 할 수 없는 광경이었다.

학장은 프리먼 박사(Dr. Freeman)였다. 이름에 걸맞게 매우 자유스런 분위기에 후덕한 인상을 주는 뚱뚱한 노인이었다. 그는 처음 만난 나에게 자기를 아버지처럼 여기고 편히 지내라며 아주 친근하게 굴었다. 그 부인도 뚱뚱한 몸집의 인상 좋은 여자였다. 학장은 나를 보더니 농담부터 건넸다.

"당신이 우리 집에 오게 돼서 참 잘됐군요. 우리는 자꾸 살이 쪄서 고민인데 당신은 이렇게 말랐으니 우리가 먹어서는 안 되는 것을 당신이 많이 먹고, 당신이 먹어서는 안 되는 것을 우리가 먹으면 되겠어요."

비록 어렵게 느껴지는 학장 집이고 말도 잘 못해서 처음에는 자꾸 신경이 쓰였으나 그들이 너무 스스럼없이 편하게 대해주는 바람에 얼마 지나지 않아 함께 사는 데 불편함을 거의 느끼지 못하게 되었다.

하루 이틀 시간이 지나면서 보니 학장 부부는 사이도 여간 좋은 게 아니었다. 학장 부인은 학장이 잠들기 전에는 결코 먼저 잠드는 법이 없었다. 프리먼 학장은 잠이 드는 순간까지 시가를 입에서 떼지 않는 골초이기 때문에 그가 잠들기까지 기다렸다가 부인이 그것을 빼내야 하기 때문이었다.

프리먼 부부에게는 로이(Roy)라는 딸 하나밖에 없었다. 그녀의 남편은 나를 초청해준 매니토바 대학 기독학생회의 총무일을 맡아하던 윌슨(Wilson)이었다. 그래서 나는 학장 부부뿐만 아니라 그 딸 부부와도 가깝게 지내게 되었다. 키가 자그마한 로이는 후일 여자로는 처음으로 캐나다 연합교회 총회장을 지내고, 지금은 세계교회협의회(WCC) 회장직을 맡고 있다. 그때 맺은 인연으로 그녀와 나는 지금도 오누이 같은 관계를 지속하고 있다.

그런데 공부를 시작하면서 중요한 문제가 생겼다. 원래 나는 학위는 딸 생각 없이 그냥 일년 동안 자유롭게 공부할 수 있는 학생 자격(free student)으로 그곳에 간 것이었는데, 프리먼 학장의 생각은 달랐다.

"이왕 공부하러 왔으니 학위를 딸 수 있는 공부를 하는 게 어떻겠소?"

그는 나에게 학위를 딸 것을 강력하게 권유해 왔다.

캐나다의 학제는 영국과 같아서 대학 과정 4년을 마쳐야 신학교 입학이 가능했고, 신학교 과정 3년을 다 마쳐도 졸업장만 줄 뿐 학사 학위(B.D.)는 따로 일년짜리 학위 과정을 밟아야 취득이 가능했다. 이 점이 신학교만 졸업하면 그냥 학위가 나오는 미국과 다른 점이었다.

프리먼 학장은 내게 한국에서 신학교 졸업한 것을 인정해줄 테니 학위 공부를 시작하라는 것이었다. 나는 그 말을 듣고 정말 아찔했다. 그래서 체면 불구하고 부끄러운 고백을 했다.

"나는 영어도 못하고 그 동안 공부도 충분히 하지 못했기 때문에 학위를 따기는 여러 가지로 어려울 것 같습니다."

"당신 말을 잘 이해해요. 그러나 한 번 노력해볼 필요가 있지 않을까요?"

그는 물러서지 않고 계속 나를 설득했다. 한 번 노력해보라는데 더 이상 못한다는 말을 할 수도 없고, 결국 나는 죽이 되든 밥이 되든 일단 학위 과정을 시작하지 않을 수 없게 되었다. 날벼락이 떨어진 것 같은 기분이었으나 학위를 얻기 위해서는 죽자고 공부하는 길 외에 다른 선택의 여지가 없었다.

하나뿐인 한국인, 인터뷰 요청까지 받아

나는 위니펙에 살게 된 첫번째 한국 사람이었다. 그 때문에 그곳 주민들은 나에게 매우 친절하면서도 은근히 호기심 어린 눈초리로 내 일거수 일투족을 바라보곤 했다. 일본인, 중국인은 많이 봤어도 한국인은 내가 처음이었기 때문이다.

그들의 호기심 어린 주시 때문에 나는 생활의 자유라는 측면에서 엄청난 불편을 감수해야 했다. 버스 좀 타고 어디를 갔다와도 금방 화제가 되어 소문이 돌곤 했다.

또 나의 개인적인 특성까지도 그들에겐 한국인의 전형으로 인식되는 모양이었다. 나중에 들은 얘기인데, 위니펙에서는 한국 사람, 일본 사람, 중국 사람이 어떻게 다르냐는 얘기가 나오면 "한국 사람이 그중 제일 키가 크다"는 말이 나오곤 했다고 한다. 당시로서는 비교적 큰 내 키(175cm)가 그들에겐 한국인의 평균 키로 비친 것이다. 내가 떠난 뒤 그곳에 도착한 한국 사람의 키가 작은 것을 보고 무척 놀라워했다는 얘기를 들었다.

위니펙에 있는 유일한 한국인이었기 때문인지 도착한 지 얼마 되지 않은 어느 날 나는 그곳 지역 신문의 인터뷰 요청을 받았다. 영어가 서툴러 몹시 걱정했으나, 학장은 그런 나를 보고 "인터뷰할 기자가 우리 대학 졸업생인데 참 마음씨 좋은 여자니까 걱정하지 말라"며 안심을 시켰다. 그래서 나는 크게 마음을 다져먹고 인터뷰에 응하게 되었다.

학장 말대로 나를 찾아온 기자는 주디 크로스(Judy Cross)라는 이름의 상냥하고 예쁜 젊은 여자였다. 나는 엉터리 영어이기는 하지만 어쨌든 인터뷰라는 것을 했는데, 나중에 기사가 나온 것을 보니 깜짝 놀랄 정도로 내용이 훌륭했다. 내 영어는 형편없었는데 그녀의 지성과 재치가 내가 말하고자 했던 바를 제대로 잡아내 훌륭하게 표현해놓았던 것이다.

그 기사 내용은 가족 등 내 신변에 대한 소개, 한국의 실정과 교회 상황, 내가 한국에서 한 일, 캐나다에 대한 인상과 앞으로의 계획 등에 관한 것이었다. 그런데 지금도 나를 미소짓게 만드는 것은 나를 소개하면서 '키가 크고 잘생기고……' 했던 구절과 내가 브루스 교장에게 얻은 사슴 문양의 넥타이를 언급하면서 그 넥타이가 내게 잘 어울린다고 했던 부분, 또 내게 뭔가를 물었더니 대답은 않고 쓴웃음만 지었다고 한 마지막 구절 등이다.

인터뷰를 통해 알게 된 주디는 그후 내게 무척 친절하게 대해주었다. 그녀는 종종 나를 자기 집에 초대해 커피도 끓여주곤 했는데, 하버드 대학 출신이라는 약혼자의 사진을 보여주며 그에 대해 즐겁게 얘기하는 것을 보면 나를 이성으로보다는 친구로서 대하는 것이 분명했다. 하기는 말도 잘 못하고 돈도 없어 옷도 남루하게 걸치고 다니며 그곳 풍습이나 물정에 어두운 동양 남자에게 무슨 매력이 있을 리 있겠는가. 그녀는 얼마 후 미국에 가서 결혼식을 올렸는데, 내게도 초청장을 보내와 축전을 보내주었다. 뒤에 말하겠지만 그녀와 나의 인연은 내가 미국에 가게 되면서 계속 이어지게 된다.

매니토바 대학에서 학위 공부를 시작하면서 캐나다 문화와 직접 부딪치게 된 나는 이질적인 세계에 들어가면 누구나 접하게 되는 이른바 문화 충격이라는 것을 다시 경험하게 됐다.

처음 나를 당황하게 만든 것은 그들의 과장된 표현 방식이었다. 나는 도착하면서부터 여기저기 초대를 많이 받았는데, 초대받아 갈 때면 감사의 표시로 고국 여학생들이 마련해준 한국 자수품을 들고 가서 건네주었다. 그러면 그들은 "감사하다"고 하면서 좋아하는데, 어찌나 요란스러운지 건네준 내가 오히려 얼굴이 붉어질 정도였다. 유럽 사람들과는 달리 극찬을 서슴지 않는 북미 사람들의 언행은 애정이나 감사함에 대해 은근하고 조용한 눈길로만 표현하는 동양인의 눈에는 이상하게 보일 정도였다.

또 하루는 캐나다 학생 한 명이 와서 커피를 마시러 가자고 하기에 함께 담소를 나누며 커피를 마셨다. 나는 그가 먼저 커피를 마시자고 했으니 으레 내 것도 같이 계산할 줄 알고 자리에서 일어난 후 그냥 밖으로 나왔다. 그런데 그가 나를 부르더니 내 커피값을 왜 내지 않느냐고 하는 것이었다. 나는 너무나 놀라고 당황했으며 '뭐 세상에 이따위 야박한 녀석이 있나' 하고 내심 매우 불쾌하게 여겼다.

그런데 얼마 후 다른 학생 하나가 영화 구경을 하자고 해서 같이 가게 되었는데, 이번에도 그 역시 자기 표만 사서 들어가는 것이었다. 그런 일을 몇 번 겪으면서 가만히 살펴보니 그들은 버스를 타도 각자 차비는 자기나 내는 것이 생활화되어 있었다.

시간이 차츰 지나면서 그들의 사고 방식을 이해하게 되고 또 그것이 나름대로 합리적이라는 생각도 갖게 되었지만, 처음에는 그런 행동이 충격적으로 느껴지지 않을 수 없었다. 그런 일로 기분이 상할 때면 한국의 가까운 사람들에게 '이런 몰인정한 사람들도 인간이라고 할 수 있겠느냐' 운운하는 푸념 섞인 편지를 보내기도 했다.

또 하나 나를 불쾌하게 한 것은 나에 대한 호칭이었다. 겨우 스무 살 전후의 대학생들이 30대 중반인 나를 "강목사님"(Rev. Kang) 혹은 "강선생님"(Mr. Kang)이 아니라 쉽게 "하이, 강!" 하거나 "하이! 원용" 하고 부르는 데는 정말 기가 차지 않을 수 없었다. 더구나 새파란 여학생들이 나를 그렇게 부르며 친구처럼 굴 때면 나는 '저런, 버르장머리없는 것들같으니라고, 한국에서는 저희들보다 나이가 훨씬 위인 아이들도 이러지 않았는데' 하며 심사가 언짢아지곤 했다.

한번은 기독학생회에서 캠프를 간다고 해 따라갔다가 기절초풍할 뻔한 일도 있었다. 강의 시간이 되어 교수가 나와 야외 강의를 하는데 학생들이 제멋대로 잔디밭에 편하게 앉거나 누워서 듣는 것까지는 그렇다 해도 남학생과 여학생이 서로 목을 끌어안고 드러누워 강의를 듣는 데는 정말 할 말이 없었다. 나는 그 믿지 못할 광경을 보고 '세상에! 저렇게 망측스러운 일이 다 있나' 하며 경악을 금치 못하고 있는데 점입가경으로 교수가 질문을 하면 그냥 그런 자세로 천연덕스럽게 입을 여는 것이었다.

물론 나중에 시간이 많이 흐르면서 그들의 그런 모습이 눈에 자연스럽게 들어오고, 심지어 아름답게 느껴진 적도 있지만 처음에는 망측스러워 눈을 어디다 둬야 할지 모를 정도였다.

이같은 문화 충격에서 어느 정도 벗어나고 그곳 생활에 그럭저럭 적응하기 시작한 것은 위니펙에 도착한 지 두 달 정도 흐르고 나서였다. 사람들로부터 두 달 동안 배운 것치고는 영어를 잘한다는 소리도 들었는데, 내가 한국에서 영어를 공부하고 왔다는 것을 모르고 한 소리였다.

캐나다 음식, 캐나다 여자

그 무렵 나는 신세를 졌던 프리먼 학장 집에서 나와 내가 다니던 대학의 교수인 조지 테일러(George Taylor)의 집으로 거처를 옮기게 되었다. 그는 프리먼 학장 못지 않게 좋은 사람으로 부인과 2녀 1남을 두고 있었는데 기꺼이 내게 방 하나를 제공해주었다.

그 집 사람들이 내게 호의를 갖고 친절하게 대해주긴 했어도 돈 한푼 없는 유학생으로서 남의 집에서 사는 것이 결코 편할 수만은 없었다. 우선 그곳에서는 생활 필수품으로 되어 있는 차가 없어서 내 일정에 상관없이 테일러 교수가 나갈 때 따라나갔다가 올 때도 역시 그의 차를 타고 들어와야 했다.

매니토바 대학 기독학생회의 후원으로 공부하게 된 나의 수중에 돈이 있는 경우는 극히 드물었다. 학비와 숙식은 그들이 해결해 주었으므로 따로 정기적으로 나오는 돈은 없었고, 다만 학업에 필요한 책 같은 것을 살 때면 기독학생회에 신고를 해야 필요한 돈을 얻을 수 있었다. 그럴 경우엔 꼭 영수증을 갖다 줘야 했다. 때로 용돈이라고 돈이 나오기도 했지만, 아주 적은 액수여서 어디 가서 입에 맞는 음식을 한 끼 사먹기도 어려웠다.

음식 얘기가 나왔으니 말이지만, 서양에 사는 한국 사람들이 다 그렇듯 나 역시 입에 맞지 않는 서양 음식 때문에 여간 고생을 한 게 아니었다. 특히 테일러 교수 집에서는 음식 고생이 더 심했다.

아침에 일어나면 교수 부인이 그때까지도 자고 있기 때문에 테일러 교수와 나는 함께 주방에 들어가 식빵을 굽고 커피를 끓여 아침을 때워야 했다. 그리고 샌드위치와 사과 하나를 도시락으로 싸 가지고 가서 학교 식당에서 차 한 잔을 사서 점심을 해결했다.

저녁 식사 때가 되어야 비로소 제대로 된 식사를 할 수 있었는데, 그것 역시 자기네들 입맛에 맞는 것이어서 별로 식욕이 나지 않았다. 입맛이라는 것이 참 상대적이라는 것을 나는 그 집에서 여러 번 느꼈다.

그 집에서는 일주일에 한 번씩 닭고기에 밥을 곁들인 요리가 나왔는데 밥이라는 것이 영 푸석푸석하여 맛이 없었다. 밥하는 데는 자신이 있었던 나는 어느 날 내 손으로 밥을 해보겠다고 자청했다. 그래서 우리 식으로 밥을 지었더니 역시 예상대로 윤기가 자르르 흐르는 맛있는 밥이 되었다. 나는 잔뜩 기분이 좋아서 자신 있게 그들에게 밥을 퍼줬는데, 그들 역시 "참 맛있다"며 매우 좋아하는 시늉을 보이긴 했는데 그 이후로는 내게 밥을 해보라는 소리가 쏙 들어간 채 다시 그 전처럼 푸석한 밥만 계속 나왔다.

학위 공부 때문에 밤늦게까지 책과 씨름해야 하는 내게 음식 문제는 여간 심각한 게 아니었다. 순 서양 음식만 먹으니 밥맛이 없어서 필요한 만큼 음식을 섭취하지 못했고, 따라서 밤에 공부를 하려면 배가 고프고 힘이 달려 제대로 집중이 안 될 때가 많았다. 그럴 때면 차마 부엌에 들어가 냉장고를 열 용기가 없어 집에서 조금 걸어나가 길가에서 파는 핫도그를 사먹곤 했다.

음식뿐만이 아니라 그들 부부의 생활 방식 역시 나에겐 쉽게 받아들여지지 않는 부분이 많았다. 특히 나를 힘들게 한 것은 설거지 문제였다. 이미 그곳에서는 남자가 설거지를 하는 것이 일상화되어 있었기 때문에 나도 자주 설거지를 해야 했는데, 아무리 문화적인 차이라고는 해도 테일러 부인은 드러누워 신문을 읽는데 남자인 내가 설거지를 하자니, 전형적인 한국 남자였던 당시의 나로서는 그리 기분이 좋지는 않았다.

한번은 그들 부부 사이에 저축한 돈을 놓고 말다툼이 있었다. 테일러 교수는 제자들이 자기보다 좋은 차를 타고 다니니 그 돈으로 차를 바꾸고 싶어했고, 그 부인은 신형 가스 레인지를 새로 들여놓았으면 했다. 결국 그 싸움에서 이긴 사람은 부인이었다. 그녀는 가스 레인지를 새 모델로 들여놓고는 동네 부인들을 불러

구경을 시키기도 했다.

나는 처음에 테일러 부부의 모습을 통해 '아, 여기는 정말 레이디 퍼스트라는 말대로 여성의 지위가 상당히 높구나' 생각하고 감탄을 했다. 그러나 차츰 시간이 흐르면서 속사정을 하나둘 알아가기 시작하자, 그곳 역시 겉으로만 그럴 듯해 보일 뿐 실제적으로는 남녀 차별이 엄존하고 있음을 알게 되었다. 여자에게 문을 열어주고 외투를 입혀주는 등 여성을 위하는 듯한 행동을 보이지만 그런 피상적인 예의나 제스처 차원을 떠나면 어떤 경우 한국보다 여성 차별이 심할 정도였다. 여자가 결혼하면 남편 성을 따르도록 되어 있는 것도 그 좋은 예라고 할 수 있겠다.

당시 캐나다 여성들은 이혼 조건이나 교회 제도 등 법적·제도적·관습적 차원 모두에서 차별을 받고 있었다. 심지어 어떤 남자는 유리한 조건으로 이혼하기 위해 여자에게 간통죄를 뒤집어씌우는 등, 뒤로는 파렴치한 행위도 서슴지 않았다. 지금은 그곳 여성들의 '진짜' 권리가 어느 정도 진보했는지 궁금하다.

일본 교회에서 만난 하야가와

고독하기만 했던 위니펙에서 그래도 내게 위안을 준 것은 일본인 교회였다. 마침 목사가 없었던 일본인 교회에서는 내게 설교를 부탁해왔고, 나는 일본말을 할 줄 알았으므로 승낙을 했다. 교회에 나가 설교를 하면서 자연히 일본 교인들을 접하게 되었는데 개중에는 한국이 해방되었다는 사실을 모르는 사람도 꽤 있었다.

친척이 조선총독부에 근무하는데 만나본 적이 있느냐고 물어오는 사람도 있었으나, 그런 질문이 민족적 우월의식에서 나온 것은 아니기 때문에 그들과의 관계는 비교적 원만한 편이었다.

나는 주말이면 그들의 집에 초대를 받아 일본 음식을 대접받기도 했는데 그럴 때면 정말 살 것 같은 기분이었다. 물기 하나 없는 서양 음식만 먹다가 비록 일본 된장국이긴 했지만 국을 먹고 나면 비로소 속이 풀리는 것 같았다.

그때 알게 된 일본 사람들 가운데 가장 기억에 남는 사람은 하야가와라는 젊은 여성이다. 회사원이던 그녀는 항수병에 걸린 아버지와 단둘이 살고 있었는데, 매우 상냥하고 친절했다. 타이프 칠 일이 생기면 대신 해주기도 하고 집으로 불러 저녁 식사를 대접하는 등 많은 도움을 주었다.

우리는 같은 동양인으로서 좋은 친구이기도 했다. 가끔 영화 구경을 같이 가는 것이 나에겐 유일한 즐거움이었지만, 무조건 남자가 여자를 에스코트해야 하는 것이 그곳의 풍속이었으므로 돈이 없는 나로서는 그런 외출조차 자유롭지 못했다.

하루는 그녀가 자기 친구와 함께 나를 불러내더니 말했다.

"오늘은 발렌타인 데이니까 내가 저녁을 살게요."

나는 발렌타인 데이가 무슨 날인지도 몰랐는데, 알고 보니 그 날은 여자가 좋아하는 남자에게 선물을 하는 날이라고 했다. 그녀는 그날 내게 넥타이를 사주고 여기저기 데리고 다녔다. 그녀 역시 낯선 땅에서 동양인을 만났기 때문에 심정적으로 나를 의지했던 모양이다. 우리는 동양인답게 예의를 지키는 관계였지만,

속으로는 서로에게 연민을 가지고 있었던 셈이다.

후에 내가 미국으로 떠난 뒤 그녀는 결혼하지 않겠다던 평소의 말과 달리 곧 결혼한다는 소식을 보내왔는데, 그 편지에는 외로움이 가득 배어 있었다.

지금 생각해보면 발렌타인 데이에 그녀가 나를 선택한 것은 간접적인 애정 고백이라고도 볼 수 있고, 나에 대한 애정이라기보다는 이국살이의 외로움을 스스로 달래보려는 여자다운 표현법이었다고 볼 수 있다. 어느 쪽이 되었든 나는 그녀의 섬세한 감정을 충분히 이해해준 것 같지는 않다. 편지를 받고 그녀가 그토록 외로움을 느끼고 있다는 사실에 오히려 놀랐으니까.

내가 일본인 교회에서 설교를 하면서 일본인들과 가깝게 지내자 하루는 테일러 부인이 할 말이 있다며 얘기를 꺼냈다.

"왜 자꾸 일본인들을 만나는 거지요? 여기에 공부하러 왔으면 영어를 열심히 해야지 일본인들을 만나 일본말만 하면 어떻게 영어가 늘겠어요?"

또한 나에 대한 이런저런 소문을 들먹이며 조심하라는 말도 덧붙였다. 나는 '과연 그렇겠구나' 하고 그녀의 말을 충고로 받아들였는데, 알고 보니 테일러 부인이 그런 말을 하게 된 데는 또 다른 이유가 있었다.

그곳에 있던 일본 사람들은 대부분 태평양에 접한 서해안에서 살다가 2차 대전 중에 강제로 위니펙으로 이송되어온 사람들이었다. 따라서 2차 대전이 끝난 지 거의 10년이 지난 그때까지도 캐나다인과 일본인 사이에는 감정의 앙금이 남아 있어 서로 사이가 좋지 않았던 것이다.

그러나 조용하고 한적하기만 한 그 고장에서, 더구나 학교에서나 집에서나 개인적인 공간과 시간을 전혀 가질 수 없고 오로지 서양인들에게 둘러싸여 늘 주변의 시선을 의식해야 했던 동양인인 나로서는 그나마 일본인들 사이에 있을 때가 편한 것이 사실이었다. 내게는 절실한 문제였던 음식도 그랬지만 분위기가 특히 그랬다. 나는 그때 문화라는 것이 정말 무섭다는 생각을 했다. 서양 사람들보다는 나와 비슷하게 생긴 동양 사람들 사이에 있는 것이 더 편했으니까 말이다. 그러나 이방인으로서 느끼는 나의 그런 고충과 고독을 캐나다 대학 교수 부인이 이해할 리 없으니 변명을 해보아야 소용없는 일이었을 것이다.

향수병에 걸리다

어찌됐든 시간이 흐르면서 대학에서나 집에서나 그밖의 활동에서도 내 생활은 나름대로 틀을 잡아가기 시작했다. 내가 제일 주력한 것은 물론 공부였다. 그런데 공부라는 것은, 그것도 익숙하지 않은 남의 나라 말로 하는 공부라는 것은 불가능에 대한 도전 같은 것이었다. 하면 할수록 힘이 들었다.

그러다가 하루는 덜컥 병까지 나고 말았다. 나는 몹시 앓았다. 학교 공부를 따라가느라 잘 먹지도 못한 채 무리를 거듭해서 그런 모양이라고 생각하고 있었는데, 테일러 부인이 놀라서 의사를 데려왔다. 나를 진찰한 의사는 특이한 진단을 내렸다.

"신체에는 아무런 이상이 없군요. 아마 향수병인 것 같습니다."

나는 그의 말을 반신반의했다. 설마 향수병이 몸에 이상을 일으키리라고는 생각하지 않았기 때문이다. 그러나 한국에서 세브란스 의대를 다니다가 매니토바 대학 의학부에 공부하러 온 한국 유학생이 한 명 있어서 그와 만나 마음껏 한국말로 얘기를 한 후 몸이 좋아진 것을 보면 의사의 진단이 맞았던 것도 같다.

이렇게 향수병을 앓고 난 나는 더욱 더 한국 사람들이 그리워졌다. 그리고는 '핑계 김에 미국에서 공부하는 학생들이나 한 번 찾아보자'는 결심을 하게 되었다. 우리들은 서로 편지 왕래는 자주 했으나 피차 공부하는 데 급급했을 뿐 아니라, 경제적 여유도 없어 서로 만나지는 못하고 있던 터였다. 나는 그들이 너무 보고 싶어서 온갖 어려움을 무릅쓰고 겨울 방학이 되자마자 미국으로 향했다.

당시에는 99달러인가를 내면 그레이하운드(Greyhound) 버스로 미국 어느 곳이나 갈 수 있었기 때문에 나는 그 버스를 이용하기로 했다. 밤에 버스를 타고 아침에 내리는 방법을 취하면 따로 호텔을 이용할 필요도 없어서 내게는 안성맞춤이었다. 나는 그 버스를 타고 만나고 싶은 학생들이 있는 지역들을 돌아다니기 시작했다. 가다가 내려서 학생들을 만나고 다시 저녁 때 버스를 타고 다음 목적지로 가는 그런 여행이었다.

나는 남부의 내슈빌에서 켄터키 주를 지나 시카고, 미네소타로 이어지는 북진 여행을 했다. 특히 켄터키 주의 시골 마을인 모어헤드라는 곳에는 이범준, 전옥숙, 오덕주 등 나를 따르던 여학생들이 있었는데, 나를 보자 뛸듯이 반가워하며 맞아주었다.

감격과 기쁨에 찬 여행을 마치고 다시 위니펙으로 돌아온 것은 12월 26일이었다. 그 날짜에 맞춰서 돌아와야만 했다. 다음 날인 27일에 새스커툰에서 열리는 전 캐나다 기독학생대회에서 연설을 하기로 되어 있었기 때문이었다. 그러나 잠도 편히 못 자며 강행군했던 여행의 피로가 누적된 탓에 제대로 일어설 수조차 없어 결국 그 대회에 참석도 하지 못했다.

비록 피로 때문에 약속을 어겨 미안하기는 했지만 나로서는 그렇게 해서라도 한국 학생들을 만나고 오니 답답하던 가슴 한구석이 시원하게 트이는 게 정말 살 것 같았다.

고난을 겪으며 쓴 논문주제는 '고난'

1954년으로 접어든 후 내가 당면하게 된 가장 큰 과제는 학위 논문을 쓰는 일이었다. 우선 주제를 무엇으로 잡을까 고민하던 나는 한국전쟁을 떠올리고 그것을 소재로 고난의 문제를 십자가와 연결시키고 싶어 『십자가의 신학』이라는 제목을 잡았다. 그때까지도 6·25가 준 신학적 충격에서 완전히 헤어나지 못하고 있던 나는 예수의 고난과 죽음을 기독교 신앙의 핵심으로 받아들여 그 문제를 해결해 보고자 시도를 한 것이다.

생각은 좋았으나 그것을 완성된 논문으로 만드는 과정은 참으로 어려웠다. 캐나다에 온 지 반 년도 안된 상태에서 영어로 논문을 쓰는 일은 물론이고 영어로 된 두꺼운 자료를 읽는 것도 내겐 벅찬 일이었다. 그 때문에 기타모리 가조의 저술 중 일본어로 된 자료들을 우선 읽어봤으나 아무래도 영어로 된 것을 읽지 않고는 논문을 쓰는 것이 불가능했다. 할 수 없이 사전을 옆에 놓고 끙끙거리며 밤새워 읽어야 했다.

그 다음 문제는 내 생각을 영어로 옮기는 것이었다. 다행히 담당 교수의 조교와 학생 한 명이 내가 쓴 초고를 제대로 된 영어 문장으로 교정해 주는 일을 맡았으나, 워낙 내 영어가 엉터리여서 "도대체 무슨 말인지 모르겠다"고 고개를 흔드는 부분이 그렇지 않은 경우보다 많았다. 그러면 그들에게 내가 말하고자 했던 바를 설명해 주어야 했는데, 그것 역시 진땀나는 일이었다.

문장 하나하나를 그런 과정을 거쳐 완성시키려니 보통 진이 빠지는 작업이 아니었다. 논문 준비를 시작한 이후 밤 두 시 이전에는 자본 일이 거의 없을 정도로 강행군을 해야 했다. 계속 신경을 곤두세우고 무리를 거듭하다 보니 세상에 태어나서 가장 영양가 있는 음식을 먹는데도 점점 피골이 상접해져서 한국에 있을 때보다 더 말라갔다.

내가 밤늦게까지 공부를 할 수밖에 없었던 데는 다른 이유도 있었다. 얼마나 열심히 공부하는가 하는 것이 매일 학교에 보고되어 교수가 내 학습 태도에 대해서도 평점을 내리기 때문이었다.

논문 제출 마감은 3월 말까지였다. 그 기한에 맞추기 위해 죽을 힘을 다했으나 역시 역부족이었다. 아무리 해도 마감 날짜를 지킬 수 있을 것 같지가 않아 고민 끝에 프리먼 학장을 찾아가 솔직하게 사정 얘기를 했다.

"참 미안합니다. 당신이 한 번 노력해 보라고 해서 자신도 없으면서 시작을 했는데, 나로서는 최선을 다했으나 아무래도 능력이 달려 기한 안에 논문을 제출하지 못하게 되었습니다. 실망을 시켜드려 죄송합니다."

프리먼 학장은 가타부타 별 말이 없었다. 그런데 그 이튿날인가 나를 부르더니 말했다.

"교수 회의에서 당신 논문은 특별히 마감을 한달 연장시키기로 했으니 남은 기일 안에 한 번 완성시켜 보도록 해요."

나는 정말 넙죽 엎드려 절이라도 하고 싶을 정도로 그의 배려가 고마웠다.

허락받은 한달 동안 나는 필사적으로 논문을 완성하는 일에 매달렸다. 그 결과 마지막날 수준이야 어떻든 일단 논문을 완성해 제출할 수 있었고, 게다가 별 탈 없이 통과까지 하게 되었다. 내가 생각해봐도 그 논문이 정말 심사를 통과할 만한 수준이어서 그리 되었다기보다는 내가 애쓰는 모습을 인정하여 그 노력에 대한 보상으로 통과시켜준 것 같았다.

공부를 계속하고 싶다

어쨌든 논문이 통과되어 애초에 불가능해 보였던 학위 취득에 성공하게 되자 내 기쁨도 자못 컸다. 논문이 통과된 날 정말 오랜만에 마음 편히 발을 뻗고 잠들 수 있었다. 그러나 원래 기쁨이란 순간에 지나지 않는 것인지 다시 새로운 고민이 나를 찾아왔다.

다름이 아니라 원래 계획대로 1년만 채우고 귀국할 것인가, 아니면 이왕 내친 김에 하고 싶은 공부를 더 할 것인가 하는 문제였다.

할 수만 있다면 공부를 더 하고 싶었다. 그때까지 한 공부라는 것이 내용도 미진할 뿐 아니라 그 주제도 하나님의 존재나 죄의 문제 또는 죽음의 문제, 구원의 문제 등 매우 관념적이고 형이상학적인 것이었다.

그런데 논문을 쓰기 위해 고민했던 이런 문제만으로는 뭔가 부족한 느낌을 떨칠 수가 없었다. 내가 정말로 배우고자 했던 신학은 그런 것과는 다른, 생동하는 역사 현실과 관련된 살아 있는 신학이었다. 이 정도로 공부를 끝내고 돌아간다면 고국에 돌아가서 과연 무슨 일을 할 수 있을까 하는 회의가 심각하게 다가왔다.

원하는 공부를 하기 위해서 나는 미국 뉴욕의 유니언 신학교를 마음에 두고 있었다. 특정 교파의 신학교가 아니라 이름처럼 모든 교파를 초월한 유니언 신학교는 그만큼 교파의 교리에 얽매이지 않은 자유로운 신학 본연의 연구가 보장되는 학교였다. 게다가 그 학교에는 내가 일찍이 흠모해왔던 라인홀드 니버가 교수로 있었고, 또 캐나다에서 공부하면서 새로이 알게된 폴 틸리히(Paul Tillich) 교수도 있었다.

내가 폴 틸리히를 알게 된 것은 그의 설교집 『흔들리는 터전』(*The Shaking of Foundation*)을 통해서였다. 그 책은 그야말로 그 동안 내가 딛고 있던 신앙의 터전을 완전히 흔들어버리고 말았다. 그와의 만남은 니버와의 만남 못지 않게 나에게 큰 충격으로 다가왔다.

모든 신자(信者)가 그렇겠지만 나 역시 기독교에 입문한 뒤 내 신앙에 전환기를 맞게 되는 순간이 몇 차례 있었다. 맨 처음 계기는 용정에서 김재준 목사를 만났을 때였다. 김목사를 만나면서 나는 신학적으로 보수 · 정통 신학에서 벗어난 이른바 신정통신학(Neo Orthodox)을 접하고 충격을 받았었다.

그후 니버는 기독교 사회 윤리 면에서 내게 새로운 눈을 뜨게 해줬고, 틸리히 교수를 알게 되면서부터는 인간 실존에 대해 기존의 해석과는 완전히 다른 깊이와 넓이를 가진 자유로운 시각을 갖게 되었다. 그만큼 그는 죄의 문제, 자유의 문제, 사랑의 문제 등에서 나를 완전히 흔들어놓았다.

나는 사회적 실천으로서 신학을 바라보는 사회 윤리적 접근법뿐만이 아니라 근원적인 인간 실존의 문제 역시 진지하게 접근해 보고 싶었다. 그러자면 니버와 틸리히 교수를 함께 만날 수 있는 유니언 신학교만큼 매력적인 곳이 없었다. 거기에는 그들 외에도 정치 · 사회 문제에 관심이 깊었던 존 베넷(Jhon C. Bennet) 등 명망 높은 교수들이 많았다.

전쟁이 남긴 폐허 속에서 비참하게 살고 있을 가족 문제나 학비 문제 등 여러 가지 갈등도 많았으나 나는 이왕 나온 김에 다만 1년만이라도 유니언 신학교에서 공부해보고 싶은 욕심을 도저히 포기할 수가 없었다.

그까짓 것 밑져야 본전이라는 생각으로 일단 시도해보기로 결심하고 기독학생회 총무인 윌슨과 상의를 했더니, 유니언 신학교에 편지를 해보자는 안이 나왔다.

나는 곧바로 편지를 보냈다. 내 소개를 자세히 한 후 이러저러한 이유로 그곳에서 다만 1년만이라도 꼭 공부를 해보고 싶다는 내용을 담았다. 편지는 보냈지만 그리 쉽사리 받아들여지지는 않을 거라고 생각하면서 초조하게 회답을 기다리고 있는데, 뜻밖에도 '석사 학위 과정을 밟는 조건으로 1년간 1400달러의 장학금을 지급할 테니 오라'는 답신이 왔다.

학위 과정을 밟아야 한다는 조건이 부담스럽기는 했지만 원하던 학교에서 공부를 할 수 있게 된 나는 너무나 기뻐서 춤이라도 추고 싶은 심정이었다.

후에 알고 보니 생각보다 쉽게 장학금을 얻게 된 데는 미국 NCC의 아시아 담당자로 일하던 사람의 도움이 컸다. 내가 한국에서 NCC 청년학생부 간사로 일할 때 몇 번 방한했던 그를 만난 일이 있는데, 그가 유니언 신학교에다 내게 장학금을 지급하라고 강력히 추천했던 것이었다.

밑져야 본전이라는 생각으로 시도한 입학 문제는 예상 외로 쉽게 해결이 났으나, 가족 문제는 여전히 큰 갈등과 고민으로 남아 있었다. 나는 아내와 김재준 목사에게 어떻게 하면 좋겠느냐는 상의 편지를 보냈다. 그랬더니 두 사람 다 '기왕 간 김에 공부를 더 하고 오라'는 격려가 담긴 답신을 보내왔다. 그 일로 용기를 얻은 나는 미국으로 가서 공부를 계속하기로 완전히 마음을 굳혔다.

닫힌 문 앞에 서서

미국 유학과 관련된 일은 이렇게 대강 정리가 되었으나 그렇다고 모든 일이 순조롭게 풀린 것은 아니었다. 무엇보다 걱정스러웠던 것은 건강이었다. 논문을 쓰면서 받은 스트레스와 고독, 그리고 입에 맞지 않은 음식 때문에 충분한 영양 섭취를 하지 못한 탓으로 내 건강은 위태로운 지경에 이르러 있었다.

나는 해골처럼 말라 미국 비자를 받는 데도 꽤 애를 먹었다. 내 키에 몸무게가 52킬로그램 정도밖에 나가지 않으니 미국 대사관측에서는 "아무래도 병이 있는 것 같다"며 자꾸 재검사를 요구했다.

내가 매니토바 대학에서 신학 학사 학위를 받은 날은 1954년 5월 17일이었다. 이날 나는 캐나다 목사 두 명과 함께 학위를 받았는데, 그날 저녁 학교에서는 우리 셋을 위해 축하 파티를 열어주었다.

파티 장소는 시내에 있는 한 호텔이었다. 나는 그런 파티에 한 번도 참석해본 적이 없어 적잖이 걱정되었으나 '축하 파티니까 당연히 축사가 있고 답사가 있겠지' 하는 생각에서 미리 준비했다. 그리고 가능한 한 멋있는 답사를 하고 싶어서 거울을 보고 억양까지 신경 쓰며 열심히 연습을 했다.

그러나 연회장에 들어간 나는 처음부터 당황하지 않을 수 없었다. 파티에 온 교수와 학생들 모두 쌍쌍이 들어오는데, 남자는 모두 나비 넥타이와 함께 아래위가 같은 색깔의 정장을 입고 있었고 여자들도 야회복으로 화려하게 성장한 차림이었다. 명색이 파티의 주인공인 나는 혼자인데다 옷도 브루스 교장이 준 아래위 색깔이 다른 양복을 입고 있었으니 가시방석에 앉아 있는 기분이었다.

내 자리는 특별히 학장과 같은 테이블에 마련되었는데, 그 테이블에는 나와 함께 학위를 받은 목사 부부들도 나란히 앉게 되었다. 테이블마다 음식이 나오면서 파티가 시작되었다. 식사가 끝난 후 나는 '이제 식이 시작되겠지' 하고 잔뜩 긴장하고 있는데, 느닷없이 악단이 들어오는 것이었다. 그러더니 축사고 답사고 그런 식은 아예 남의 일인 듯 금방 춤판이 시작되었다.

세상에 태어난 이래 춤추는 장소 근처에도 가본 일이 없는 나로서는 정말 난감한 일이 아닐 수 없었다. 그런데 춤이 시작되자마자 학장 부인이 내게 다가와 손을 내밀며 춤을 청하는 것이었다. 정말 기겁을 하지 않을 수 없었다. 나는 손을 휘두르며 반사적으로 몸을 뒤로 뺐다.

"아니, 아닙니다. 난 춤을 전혀 못 춥니다(No, no, no! I can't)."

나를 주목하고 있던 사람들은 당황한 내 표정과 몸짓을 보고는 와그르르 웃음을 터뜨렸다. 나는 정말 쥐구멍이라도 있으면 들어가고 싶은 심정이었다. 학장 부인은 내 처지를 이해한 듯 더 이상 강요하지 않고 다른 춤 상대를 찾아갔다. 어느 새 참석자들은 모두 쌍쌍이 짝을 지어 신나게 춤을 추고 있었다. 춤을 추지 않는 사람은 나 하나뿐이었다.

파티의 주인공인 나는 영 편치 않은 기분으로 사람들이 춤추는 모습을 구경이나 할 뿐 다른 도리가 없었다. 그렇게 어정쩡하고 불편한 시간을 억지로 견디고 있는데, 멀뚱하게 앉아 있는 내 모습이 보기 딱했던지 누군가가 다가와 "혼자 앉아 있기 거북하면 슬그머니 가도 괜찮다"고 귀띔을 해주는 것이었다. 그 말을 듣자 나는 '아휴, 이젠 살았구나' 하고 서둘러서 파티장을 슬쩍 빠져나왔다.

버스를 타고 집 앞에 내려서 보니 밤 열 시쯤 되어 있었다. 그런데 테일러 교수 가족도 모두 그 파티에 참석해 춤을 추고 있었기 때문에 현관문이 잠겨 있었다. 따로 열쇠가 없었던 나는 그냥 문 앞에 서서 그들이 돌아올 때까지 기다릴 수밖에 없었다.

캄캄한 어둠 속에서 내가 들어 살고 있는 남의 집 문 앞에 홀로 서 있으려니 타국살이의 서러움이 한꺼번에 몰려드는 듯했다. 말, 음식, 문화—모든 것이 몸에 안 맞는 옷처럼 거북하기만 하고, 나를 둘러싼 그 거북함과 낯설음이 끝내 동화되지 못하는 이방인의 짙은 고독감과 위축감으로 다가오던 순간들.

나는 한 시간, 또 한 시간 쪼그리고 앉았다가 섰다가 하며 기다리고 또 기다렸다. 그렇게 하염없이 기다리려니 마치 채플린의 영화 「라임라이트」에 나오는 한 장면같이 서글픔이 피어올랐다. 내가 영화 가운데서 「라임라이트」를 가장 좋아하는 것도 아마 이 때의 기억 때문인지 모른다.

이 세상의 주역이 아니라 뒷자리에서 서 있는 사람들의 쓸쓸함과 외로움에 대한 연민을 자극하는 이 영화를 볼 때마다 나는 가난하고 겸손한 마음이야말로 우리를 인간답게 만드는 것임을 새삼 느끼곤 한다.

그 어둠과 쓸쓸함 속에서 나는 떠나온 고향과 내 나라를 떠올렸다. 비록 전쟁에 할퀴고 찢기긴 했어도 돌아갈 내 조국이 있다는 사실이, 내가 영원히 이방인으로 남는 건 아니라는 사실이 그날 밤, 얼마나 소중하고 고마웠는지 모른다.

테일러 교수 가족이 돌아온 시간은 새벽 네 시였다. 꼬박 여섯 시간을 문 밖에서 기다린 셈이었다. 그들은 나를 보고 깜짝 놀라며 미안해서 어쩔 줄 모르겠다는 제스처를 거듭했으나, 사실 그들의 잘못만도 아니었다. 그들처럼 즐길 줄도 모르고 그렇다고 찾아갈 친구도 없는 나의 처지를 탓할 수밖에.

다음날 학장을 비롯해 여기저기서 제대로 신경을 못 써줘서 미안하다는 사과 전화가 걸려오기 시작했다. 그렇게 되니 오히려 미안한 건 내 쪽이었다.

유니언 신학교의 개강 시기는 9월 하순이었다. 그때까지 약 넉 달 동안 여유가 생기자 그 시간을 어떻게 보낼까 궁리하다가 시카고에 가서 지내기로 결정을 내렸다. 시카고 일대에는 내가 잘 아는 사람들이 꽤 있었기 때문에 그곳에서 일도 하고 대학의 여름 학교에서 영어 공부도 하며 지내자는 생각이었다.

그것말고도 시카고에 가야 할 중요한 이유가 또 있었다. 세계교회협의회 제2차 총회가 시카고 근방 에반스턴이라는 곳에서 8월에 개최되는데, 내게 한국 기독교장로회의 총대로 참석하라는 연락이 서울에서 왔기 때문이었다.

5월 하순의 어느 날 나는 드디어 만 9개월 동안 이런저런 사연을 만들며 정들었던 캐나다를 떠나게 되었다. 테일러 교수 부부와 윌슨 부부 등 그 동안 내게 호의를 베풀어 준 다정한 사람들의 전송을 받으며, 나는 학문의 새로운 장을 찾아, 또 스승을 찾아 미국으로 향했다.

자유롭고 역동적인 도시 뉴욕

한국대표단의 해프닝

시카고에 도착한 나는 우선 일리노이 주립 대학의 여름 학교에 개설된 외국인을 위한 두 달 과정의 영어 강좌에 등록을 하고, 방 하나를 얻어 자취를 하면서 영어 공부를 계속했다. 그곳에는 내가 아는 한국 학생들이 여럿 있어서 캐나다에서처럼 외롭지 않아 좋았다. 영어 수업을 마친 후에는 시카고에서 유학 중이던 박정수나 한배호, 전영철 등과 함께 자취하는 아파트에서 머물며 뉴욕으로 떠날 때까지 그들과 함께 지냈다.

시카고에서 보낸 석 달 남짓한 시간은 참으로 재미있었다. 무엇보다 주변에 가까운 한국 사람들이 많았고 또 한인 교회까지 하나 있었는데 그 교회의 목사는 내게 자주 설교를 부탁했다. 어떨 때는 주일에도 설교를 하곤 했다.

8월을 맞아 에반스턴에서 열리는 WCC 제2차 총회에 참석할 준비를 시작했다. 당시 WCC 청년부 위원이던 나는 서울에서 연락을 받은 대로 기독장로회를 대표하는 총대로서 참가 신청을 했다. 그 회의에는 한국의 보수파인 예수교장로회에서도 몇 명의 대표를 파견해 놓고 있었다.

그런데 뜻밖에도 주최측에서 "총대로 참석하는 것이 불가하다"며 내 참가 신청을 거절하는 것이었다. 예장 대표들이 내가 참석하는 것을 반대했기 때문인지 "원칙적으로 한국에 장로교는 하나인데 어떻게 대표를 따로 받을 수 있느냐"는 것이 거절 이유였다.

난감해진 나는 어떻게든 길이 없을까 하고 여기저기 교섭을 해 봤지만 모두들 "원칙이 그러니 어쩔 수가 없다"는 것이었다. 그런데 마침 일본 대표단 중에 내가 해방 후 일본에 갔을 때 만났던 다케다 기오코(武田淸子)가 있었다. 그녀는 당시 WCC 총무였는데 총회 총책임자이던 비셔트 후프트라는 사람과는 양아버지·양딸처럼 가까운 사이였다. 내 사정을 알게 된 기오코가 총회 책임자인 후프트에게 얘기를 잘 해줘서 정식 총대가 아닌 협동 총대의 자격이긴 했으나 총회에 참석하게 되었다.

총회의 주제는 '예수 그리스도는 세상의 소망'이었다. 그때는 세계적으로 냉전 체제가 굳어져서 동서 양 진영의 대립이 매우 심각했고 미국에서도 매카시즘으로 표현되는 극단적 반공주의가 득세하고 있는 분위기였다. 이같은 상황에서 WCC의 진보 세력은 양 진영의 극단적 대립을 지양하고 공존(coexistence)의 길을 찾자고 주장하고 있었다.

그런데 이승만 정부는 공산주의와의 공존이란 절대 있을 수 없다고 생각하고 있었고, 이 같은 입장은 한국 교회 역시 마찬가지였다. 한국 대표들을 만나서 들으니 처음에는 정부에서 'WCC는 용공 조직'이라며 여권을 내주지 않아 애를 많이 먹었다고 했다. 그러다가 마지막에 조건부로 여권을 내줬는데, 그 조건이라는 것이 참으로 우스웠다. 즉 한국 대표들이 총회에서 동서 공존을 반대해야 한다는 것이었다.

따라서 한국 대표들은 그 약속을 지키기 위해 정작 총회 자체보다 그 일에만 신경을 쓰는 눈치였다. 그런데 한국 대표들 중에는 영어를 잘하는 사람이 없어서 반대 의사 표명은 고사하고 언제 공존과 관련된 의제가 나오는지조차 제대로 알아낼 수 없는 딱한 상황이라는 것이 큰 문제였다.

그래서 그들은 캐나다에서 신학 공부를 마치고 서울로 가는 길에 신문 기자 자격으로 그곳에 들른 김정준(金正俊) 박사에게 도움을 청했다. 그는 기자 자격이었기 때문에 프레스센터에서 관련 자료를 먼저 입수할 수 있었으므로 그 의제가 언제 상정되는지 미리 알 수 있었다. 그래서 김박사는 어디 가지도 못하고 회의 과정을 지켜보며 공존에 관한 의제가 상정되자마자 한국 대표들에게 알리기 위해 신경을 곤두세워야 했다.

드디어 기다리던 공존 문제가 의제로 다루어지기 시작했다. 한국 대표단은 다른 사람들의 논의 내용은 잘 듣지도 않은 채 언권 신청을 하고 반대 연설부터 하려고 서둘렀다. 연설문의 원고 역시 김정준 박사가 써준 것이었다. 반대 연설을 하게 된 사람은 미국에서 공부한 적이 있는 명모라는 목사였다.

그는 단상에 올라가 원고를 그냥 죽 내리읽은 후 내려왔다. 그러자 계속 난감한 표정을 짓고 있던 사회자가 마침내 한마디했다.

"지금 말씀하신 분의 얘기를 잘 알아듣지 못하겠습니다. 공존 문제에 대해 말씀하신 것 같기는 한데, 도대체 그것에 찬성한다는 얘기인지 아니면 반대한다는 얘기인지 잘 모르겠군요."

그의 말에 장내에서는 "와하하" 하고 웃음이 터져나왔다. 사회자는 당시 유니언 신학교의 학장이던 밴 듀슨(Van Dusen)이라는 사람이었다.

이렇게 한바탕 촌극을 벌인 한국 대표단은 총회가 끝난 후 돌아갔다. 그런데 얼마 후 한국에서 발간된 한 기독교 신문을 보니 이들이 에반스턴 총회에서 벌인 '활약상'이 크게 보도되어 있었다. 그 기사 내용은 한국 대표가 단상에 나가서, 공산주의는 악마의 세력인데 어떻게 하나님을 믿는 기독교와 공존하자고 하느냐, 우리는 무신론인 공산주의에 대해 절대 반대한다고 주장하여 만장의 박수 갈채를 받았다는 것이었다. 나는 그 글을 보고 고소를 금할 수 없었으나 그렇게 쓸 수밖에 없는 한국의 정치 현실, 교회 현실이 더욱 씁쓸했다.

더욱 한심한 것은 대표 중의 하나가 쓴 다른 글이었다. 그는 'WCC에 가입한 세계 교회는 용공일 뿐 아니라 세속주의다. 기독교인으로서 도저히 있을 수 없는, 술 마시고 담배 피우는 일을 거리낌없이 하고 있으니, 그게 세속주의가 아니고 무엇인가' 하는 세계적 흐름에 뒤떨어진 고루한 생각으로 WCC를 비판하고 있었다.

수치스러웠던 한국인의 밤

에반스턴 총회가 폐막된 후 나는 일리노이 주 맘모스 대학(Mammoth College)에서 열린 세계기독학생연맹(WSCF) 이사회에 참석하게 되었다. 원래 나는 이 이사회에 참가할 자격이 있는 건 아니었으나 한국에서 기독학생운동을 해왔다는 사실을 알고 있던 다케다 기오코가 애를 써준 덕분에 특별히 참가하게 되었다.

이 이사회의 프로그램에는 한국 문제를 다룬 것도 있었는데, 그 과정에서 한국의 기독학생운동에 관한 한 보고가 회람에 붙여졌다. 그 보고를 한 사람은 한국에서 학생 운동을 담당하던 셸던이라는 미국인 선교사였다. 황성수와 함께 보수파 학생 운동을 이끌고 있던 그는 보고문에서 내 이름까지 거명하며 나를 「요한복음」 10장에 나오는 거짓 목자와 같은 존재로 묘사해 놓고 '강원용은 KSCF를 만들어 양을 도둑질하고 있다'고 비난했다.

나는 영어도 잘하지 못하는 상황에서 당황하지 않을 수 없었다. 그러나 이번에도 기오코가 적극적으로 나를 옹호하고 나섰다.

"이 문제는 진보와 보수간의 대립이자 그 동안 외국 선교사들이 지배하던 체제에서 벗어나 자주성을 찾아가는 과정의 갈등으로 봐야 한다."

그녀가 이렇게 설득력 있게 변론을 펼친 덕택에 그 문제는 별

탈 없이 넘어가게 되었다.

WSCF 이사회 참가는 내게 매우 중요한 의미를 가진다. 그 모임을 통해 필립 포터(Philip Porter), 나일스(D.T. Niles) 등 세계적인 기독교 지도자들과 알게 되었고 그들과의 교류가 후일 세계를 무대로 한 나의 활동에 큰 도움이 되었기 때문이다.

세계 무대라는 말이 나와서 하는 말이지만 당시 우리나라의 국제적 지위라는 것은 참으로 보잘것없었다. 3년 동안 전쟁의 마수에 찢긴 헐벗고 굶주린 난민들의 나라라는 것이 국제 사회에서 한국을 인식하는 유일한 이미지였다.

시카고에 머물고 있을 때의 일인데, 한번은 미국 장로교회 부총무를 하던 사람이 한국에 갔다온 후 '한국인의 밤'이라는 행사를 개최한다고 해서 참석한 일이 있었다. 그는 자신이 한국에서 활동한 내용을 발표하더니 한국 실정을 구체적으로 보여주겠다며 한국에서 찍은 슬라이드를 상연했는데 그 장면을 본 나는 그만 기가 막히고 말았다.

그가 보여준 장면은 한국 사회의 보통 모습이 아니라 극단적으로 비참한 모습만 골라 담은 것이었다. 지저분하기 짝이 없는 길거리에서 남루한 옷을 걸친 아낙네들이 떡이라고 팔고 있는데, 그 위로 파리떼가 새까맣게 날아와 앉아 있는 모습이라든가, 거지 여자가 젖을 꺼내 뼈만 앙상한 아이에게 물리고 있는 모습, 그리고 게딱지같이 다닥다닥 붙은 판잣집에 사는 헐벗은 사람들의 모습 등등 정말 부끄러워 얼굴을 제대로 들 수 없는 장면들뿐이었다.

슬라이드를 다 보여준 다음 사회자가 나에게 물었다.

"한국인으로서 할 말이 없습니까? 한 말씀 해주시지요."

나는 마침 잘되었다 싶어서 자리에서 일어나 말했다.

"한국에 가서 저 슬라이드들을 찍어오신 분이 미국 교회에서도 상당한 위치에 있는 지도자이므로 그분이 없는 사실을 허위로 만들었다고는 생각하지 않습니다. 하지만 나는 한국에 살면서 저런 비참한 모습은 본 적이 없습니다."

내 말에 주최측은 당황하는 기색이 역력했고 참석자들 사이에서도 수런거리는 소리가 들려왔다. 물론 나는 주최측을 공격할 생각은 없었다. 사람들에게 동정심을 유발하여 구호 활동을 활발히 벌이려는 뜻에서 그런 비참한 장면을 강조하게 된 것임을 충분히 짐작할 수 있었다. 그러나 아무리 호의라 할지라도 한 민족의 자존심을 조금도 고려치 않은 것은 불쾌하지 않을 수 없었다.

시카고에서 보낸 시간은 이런저런 일로 바삐 지나갔다. 그러다 보니 어느 새 새 학기가 시작되는 9월이 왔고 나는 유니언 신학교가 있는 뉴욕으로 길을 떠났다.

스승을 찾아 뉴욕으로!

뉴욕이 내게 준 첫 인상은 무엇보다 '자유로운 도시'라는 것이었다. 시가가 우중충해 보이고 깨끗하지는 않았으나 분위기만큼은 첫눈에도 그렇게 자유로울 수가 없었다. 뉴욕 거리를 걸으며 나는 '아, 자유라는 것이 이렇게 좋은 것이로구나' 하는 것을 피부로 느낄 수 있었다.

사람들의 옷차림도 행동거지도 전부 제멋대로였으나, 누구 하나 특별한 눈으로 보거나 간섭하려 들지 않았다. 심지어 좋은 현상은 아니지만 길을 건너가고 건너오고 하는 것조차 신호등과는 큰 상관없이 어지러운 가운데 사고도 없이 사람도 차도 잘만 다니는 모습이었다. 한마디로 누구나 제멋에 겨워 살고 있는 곳 같았다.

그런 자유로운 분위기는 캐나다의 억눌린 듯한 분위기에 염증이 나 있던 나에게 신선한 충격으로 다가왔다. 한국 사람들은 역시 고여 있는 물처럼 지나치게 조용하고 규칙적인 도시보다는 역동적인 분위기의 도시에서 더욱 편안함을 느끼는 것 같다.

'음, 어쩐지 뉴욕과는 쉽게 친해질 것 같은데.'

나는 기분 좋은 예감을 느끼며 유니언 신학교를 찾아가 등록부터 했다. 학교는 브로드웨이 122번가에 위치해 있었는데 옆으로 허드슨 강이 흐르고 있어 풍치가 좋았다. 등록을 마치고 나자 기숙사 방을 배정받았는데 내 방은 해스팅 홀(Hasting Hall)이라는 남자 기숙사의 7층 22호실, 즉 722호실이었다.

나중에 알고 보니 제일 꼭대기 층인 7층은 독신자용 방이 들어서 있었고, 아래 2, 3층에 있는 방은 부부용으로 마치 아파트처럼 꾸며져 있었다. 기숙사에는 각 방에 개인 우편함도 하나씩 비치되어 있었다.

등록을 하고 기숙사를 배정받음으로써 나의 뉴욕 생활은 본격적으로 시작되었다. 그곳에서도 역시 가장 큰 걱정은 돈 문제였다. 장학금 1,400달러에서 등록금과 기숙사비를 제외하고 나니 남는 돈이 정말 얼마 되지 않아 한숨이 절로 나왔다. 그 돈으로 일 년을 버텨야 했다. 그래도 뉴욕에는 아는 유학생들이 많아서 심정적으로나마 힘이 될 수 있다는 게 위안이라면 위안이었다.

그때 유니언 신학교의 한국인 학생으로는 나와 같이 입학한 김찬국(金燦國, 현 상지대 총장)과 우리보다 먼저 와 있던 현영학(玄永學)이 있었다. 그는 이화여대 교수를 지내다 지금은 은퇴해 있다. 그때까지 미국 유학은 거의 선교사들의 후원으로 이루어졌기 때문에 대개 소속 교파와 연관이 있는 신학교에 유학을 하곤 했다. 따라서 소속 교파와 상관없는 유니언 신학교에는 한국 학생이 별로 많지 않은 편이었다. 그러나 내가 입학한 이듬해 조선출, 이여진, 문상희, 이장식 등이 새로 오게 되어 한인 학생이 늘어났다.

유니언 신학교

돈 문제 외에는 학생으로서 공부하고 생활하는 데 별 문제가 없었다. 더구나 내가 흠모해온 교수들 밑에서 직접 그들의 강의를 듣게 됐다는 감격으로 열심히 공부하고픈 의지가 샘솟았다. 책을 통해서만 만날 수 있었던 라인홀드 니버, 폴 틸리히, 존 베넷 교수 등을 드디어 직접 만나 인사를 하고 육성으로 강의를 듣게 되니 기쁘기 그지없었고, 유니언 신학교에 오기를 정말 잘했다는 생각에 신바람이 났다.

당시 유니언 신학교는 세계적으로 가장 유명한 신학자들이 모여 있는 신학의 메카인데다 특정 교파에 속해 있지 않아 학문적으로 놀랄 만큼 자유로웠다. 자유로운 풍토는 학문의 발전에 좋은 거름이 되기 때문인지 교수도 학생들도 모두들 뛰어나 보였다. 세계적인 석학들 밑에서 공부하는 일은 나 같은 외국 유학생들에겐 힘든 일이기는 했지만, 그들과 함께 공부한다는 감격이 그 고생을 상쇄하고도 남았다.

나는 이곳에서 신학적으로도 큰 진보를 이루게 되지만 신앙 생활에서도 새로운 눈을 뜨게 되었다. 우선 기숙사 생활을 하면서 놀랐던 것은 술에 대한 태도였다. 처음에 우편함을 열었다가 술 광고가 실린 인쇄물이 담겨 있는 것을 보고 그만 기절초풍했었다.

'기숙사에 있는 학생들 중에는 목사들이 많은데, 어떻게 이런 광고가 버젓이 들어 있을까.'

그런데 기숙사에 있는 학생들과 친해지면서 나는 그들이 술 마시는 것을 당연하게 생각하고 있다는 사실을 알게 되었다. 그들의 초청을 받아 방에 가게 되면 으레 손님 대접으로 술이 나왔다. 캐나다만 하더라도 목사들이 담배는 피웠어도 술은 마시지 않았는데, 뉴욕에서는 술을 마시지 않는 목사를 찾기 힘들 정도로 음주가 자연스러웠다. 그들의 신앙 생활 역시 무척이나 자연스럽고 자유스러웠다.

나는 미국 학생들에 비해 몇 배나 노력해야 수업을 따라갈 수 있었으므로 주말에도 기숙사에 남아 공부에 몰두해야 했다. 수업은 금요일까지 있었으므로 금요일 저녁에는 학생들이 썰물처럼 빠져나가 토요일과 일요일, 그리고 공휴일이면 나는 홀로 빈 기숙사를 지키게 되었다.

그렇게 기숙사 안에 홀로 남게 되면 한편으로는 자유로움과 한적함을 즐기게 되지만 다른 한편으로는 말로 표현하기 힘든 외로움과 고적함, 또는 소외감 같은 것이 습기처럼 온몸에 스며드는 것은 어쩔 수가 없었다. 특히 복도에 불도 다 꺼진 상태에서 밥을 혼자 먹을 때면 스스로 처량해지고 울적해져서 '도대체 내가 무엇 때문에 여기 이러고 앉아 있나' 하는 감정까지 들었다.

그럴 때 내 기분을 더욱 처연하게 가라앉히는 것은 교회의 차임벨 소리였다. 우리 학교와 허드슨 강 사이에는 리버사이드 교회라는 22층짜리 대형 교회가 있었는데, 꽤 오랜 전통과 명성을 가진 그 교회에서는 30분에 한 번씩 차임벨 소리가 울려나오곤 했다. 오르간을 연주하는 것 같은 그 차임벨 소리는 묘하게도 듣는 이의 가슴 깊은 곳을 한바탕 휘젓는 힘이 있었다.

기숙사에 혼자 남아 그 소리를 들을 때면 우울함과 처량함이 일순 내 감정을 완전히 지배하는가 하면 다른 한편으로는 자유로움과 알 수 없는 충일감이 나를 채우기도 했다. 그 차임벨은 이렇게 내 감정의 씨줄과 날줄을 교차시키면서 참으로 복잡 미묘한 무늬를 내 가슴에 만들어 내곤 했다.

주말에 기숙사에 혼자 남은 나는 공부 잘하는 미국 학생에게 빌려온 노트를 내 노트와 대조해 가며 틀린 부분을 고치곤 했다. 나는 자유로움과 고적함, 그리고 학문 속에 푹 빠져 주말을 보내곤 했다. 내 평생 이 시기만큼 편안하고 평화로운 삶은 그 이전에도 그리고 이후에도 다시 없었다. 나는 사람의 한평생 가운데에서 이런 고요한 시간, 순수한 학문에 푹 잠기는 시기가 인생을 더욱 풍요롭게 만들 수 있다는 생각을 하곤 한다. 나처럼 숨돌릴 틈 없이 살아온 삶에는 더욱 더.

물리칠 수 없는 달콤한 유혹

홀로 기숙사에서 이렇게 공부를 하고 나서 조금 여유가 생기면 영화와 연극 관람에 시간을 할애했다. 뉴욕에는 연극의 거리 브로드웨이가 있었고 영화관이 수없이 많아서 언제든지 좋은 연극과 영화를 즐길 수 있었다. 늘 가벼운 주머니였지만 연극과 영화를 사랑하는 나로서는 쉼없이 쏟아지는 그 좋은 연극, 영화의 유혹을 물리칠 수가 없었다. 한 편의 연극이나 영화를 보는 것만으로도 나의 쓸쓸하고 고통스러운 주말은 단번에 넘치도록 보상을 받을 수 있었으니, 내가 어찌 그 유혹을 벗어날 수 있겠는가.

브로드웨이 연극은 관람료가 매우 비쌌다. 나는 10달러 이상 내야 하는 1층 좌석은 엄두도 못 내고 값이 제일 싼 맨 위층 뒷좌석에 자리를 잡아 관람용 망원경으로 무대를 감상하곤 했다. 연극에 비하면 영화는 값이 훨씬 쌌으나, 개봉관에서 보려면 2달러 20센트 정도를 내야 했고 재개봉관에서는 1달러나 1달러 20센트로 영화를 두 편이나 볼 수 있었으므로 나는 주로 재개봉관을 이용하곤 했다.

그 외로운 주말에 본 「고도를 기다리며」, 「잔 다르크」, 「안네 프랑크의 일기」 등의 연극과 「라임라이트」, 「카사블랑카」, 「누구를 위하여 종은 울리나」, 「차와 연민」, 「릴리」, 「하이눈」, 「왕과 나」, 「로마의 휴일」, 「길」 등의 영화는 50년 가까이 흐른 지금도 기억에 남는 작품들이다.

특히 새뮤얼 베케트의 「고도를 기다리며」는 이후 다른 연출로 수없이 보아왔지만 브로드웨이에서 본 것만큼 내게 감명을 준 연출은 없었다. 파리에서 성공을 거둔 이 작품은 미국 초연에서는 실패를 했으나, 뉴욕 브로드웨이에 올려지면서부터는 유럽 이민자들의 호응에 힘입어 성공을 거두었다.

「고도를 기다리며」도 그렇지만 채플린의 영화 「라임라이트」 역시 유럽 출신의 뉴욕 시민들에게 인기가 있었다. 나는 좋아하는 여배우가 별로 없는데 「라임라이트」의 여주인공 클레어 블룸의 연기력만은 인정하지 않을 수 없다. 내가 클레어 블룸을 좋아하게 된 것은 제임스 메이슨과 공연한 영화를 보고 나서부터였다. 말로는 표현 못할 복잡미묘한 감정을 기막히게 표현해내는 그녀의 연기를 보고 나는 여배우 가운데 최고라고 생각해왔다.

「라임라이트」에서 클레어 블룸을 다시 보았을 때, 나는 과연 채플린이 뛰어난 눈을 가진 예술가임을 확인할 수 있었다. 채플린 자신 이 영화의 여주인공을 물색하면서 "거의 불가능한 조건을 요구했다"고 고백했다. 즉 '미모와 재능과 풍부한 감정을 겸비한 여자'를 찾았는데, 그 결과가 클레어 블룸이었으니 채플린과 나는 여자 보는 눈이 비슷했던 모양이다.

절망에 빠진 초라한 사람들끼리 주고받는 따스한 연민에서 가장 인간다움을 발견하게 되는 것이 이 영화의 매력인 것 같다. 다리를 다쳐 춤은 고사하고 걷지도 못하는 발레리나가 절망에 빠져 있자, "두려움만 없다면 인생은 아름답단다. 용기와 상상력을 가져라"라며 희망을 불어넣는 늙은 광대 칼베로. 젊은 발레리나에게 희망을 이야기하는 이 광대 자신은 이미 관객들에게 외면당하고 다섯 번이나 결혼에 실패한, 매일 술에 절어 사는 실패한 인생이다. 모처럼 오른 무대에서 관객들이 하품을 하며 자리를 뜰 정도로 실패를 하자 칼베로는 비탄의 눈물을 흘리는데 이번에는 발레리나 테리가 칼베로를 격려한다. 테리 역을 맡은 블룸은 칼베로에게 희망을 얘기하면서 걷게 되는데, 감격의 눈물을 흘리며 희망을 얘기하는 그녀의 연기는 보고 또 보아도 감동을 준다. 나는 지금도 「라임라이트」를 자주 볼 정도로 이 영화를 사랑한다.

펠리니가 만든 이탈리아 영화 「길」과 비토리오 데 시카의 「자전거 도둑」도 내게 깊은 인상을 남겼다. 나는 지금도 할리우드 영화보다 한국인 정서에 더 잘 맞는 건 유럽 영화라고 생각한다. 유럽은 우리처럼 오랜 문화 전통과 역사를 지녔기 때문인지 우리에게 더 큰 감동을 주는 것 같다.

박정희가 등장하는 대한뉴스가 상영되기 시작한 이후 나는 영화관을 자주 찾지 않게 되었고 비디오가 나온 뒤로는 주로 비디오로 영화를 감상하고 있다. 최근의 영화들은 지나치게 오락 위주여서 흥미와 애정을 느끼기가 힘든 점도 있다. 그런데 얼마 전에 본 이란 영화 「천국의 아이들」은 내게 모처럼 깊은 감동을 남졌다. 이처럼 유럽이나 중동처럼 전통 문화가 강한 나라들의 영화가 우리에게 정서적으로 맞는데, 현재 우리나라에 수입되고 소개되는 영화나 문화는 미국 일변도여서 안타깝기 짝이 없다. 외래 문화를 건강하게 소화하기 위해서라도 다양한 세계 문화를 섭취해야 하지 않을까.

뉴욕의 한국사람과 포차이 김치

뉴욕 지역에는 한국인 유학생이 500명 정도로 꽤 많은 편이었고 교포도 적지 않게 살고 있었다. 뉴욕 한인 학생회도 이미 조직되어 있었으며 한인 교회도 하나 있었다. 뉴욕에 있는 동안 특별히 가깝게 지내면서 도움도 많이 받았던 사람은 앞서 말한 현영학 부부였다. 그의 가족 모두가 경동교회에 나왔을 뿐 아니라 그의 어머니는 내가 친어머니처럼 모신 아주 가까운 사이인데, 그의 나이가 나보다 조금 아래였으므로 나는 그를 처음부터 동생처럼 여기며 한가족처럼 지냈다.

현영학 부부는 14번가에 싼 방을 하나 얻어 살고 있었는데, 역시 경제적으로 매우 힘든 살림이었다. 그는 나보다 2년인가 먼저 뉴욕에 왔으나 일하면서 공부하느라고 학업 진도는 더딘 편이었다. 게다가 한때 부부가 다 폐병에 걸려 요양원에 갔다오는 등 고생이 심했다.

나는 현영학을 통해 3·15부정선거 때 내무장관을 하다가 사형당하게 되는 최인규와도 알게 되었는데, 당시 그는 UNKRA(유엔

한국재건단)의 구매관으로 뉴욕에 나와 있었다. 그는 우리 역사에서 부정 선거의 주범으로 낙인찍히고 말았지만, 내가 만난 그는 솔직 담백한 인물이었다. 우리는 주말이면 현영학의 집에 모여 사 들고 간 쇠고기로 음식을 만들어 먹으면서 어울리곤 했다.

그 외에 가깝게 지낸 사람들로는 성악가 김복희(金福姬)와 그 남편 백선기(白善基)가 있다. 컬럼비아 대학에서 정치학을 공부하던 백선기는 한민당의 거물 정치가 백남훈의 아들로, 이 부부 역시 나에게 아주 잘 해줬다. 또 지금은 워싱턴에 살고 있는 치과 의사 노광욱(盧光旭) 부부 등 이런저런 사람들이 내게 김치를 담가주는 등 여러 가지로 배려를 아끼지 않았다.

그때 유학생 사회에서 학생회장을 하는 등 활발하게 활동을 했던 사람은 후일 외무부 장관을 지낸 이동원(李東元)이었다. 유학생 가운데에는 서울에서 내 지도를 받으며 학생 운동을 했던 사람들도 많았다. 유학생 대부분 젊은 또래였으나 나처럼 나이 먹은 학생들도 더러 있었다. 후일 총리를 지낸 이한기(李漢基), 김은우(金恩雨) 교수 등이 그들이다. 여성으로는 후일 숙명여대 총장을 지낸 김옥렬이 있었다.

뉴욕은 캐나다에 비해 인간 관계뿐 아니라 식생활 면에서도 훨씬 나았다. 기숙사에서 먹는 식사야 죄다 양식이니 별다를 게 없었지만 한국 사람들에게 초대받아 한식을 먹을 기회가 자주 있었고, 외식을 하더라도 중국 음식점을 이용할 수 있었다. 중국 음식점은 103번가에도 있었고, 125번가에도 있었으나 나는 값이 싼 125번가의 '상해'(上海)라는 음식점을 주로 이용했다. '상해'에서는 학생 다섯 명이 1달러씩 내서 함께 음식 몇 개를 시키면 배불리 먹을 수 있어 호주머니 사정이 좋지 않은 학생들에겐 제격이었다.

그런데 나는 그곳에서 중국 음식을 먹을 때마다 김치가 먹고 싶어 견딜 수가 없었다. 그래서 하루는 그곳 주방장에게 김치 담그는 법을 가르쳐 줬더니 다음부터는 제대로 된 김치는 아니지만 비슷하게 만들어 내오는 김치를 먹을 수 있게 되었다.

나뿐 아니라 다른 손님들도 그 '사이비' 김치를 즐겨 먹게 됨에 따라 내가 가르쳐준 김치는 '포차이'(包菜)라는 이름으로 그 집의 새로운 메뉴로 자리잡게 되었다. 몇 년 전 뉴욕에 갔을 때 일부러 그 집을 찾아가 메뉴를 보니 30년이란 세월이 흘렀는데도 '포차이'가 그대로 남아 있어 정말 감회가 깊었다.

독일 여성 에바와 만나다

뉴욕에서는 한국인 친구뿐 아니라 외국인 친구들도 새로 사귀게 되었다. 학교에서 가까이 지낸 외국인으로는 우선 캐나다에서 알게 된 주디 크로스를 꼽을 수 있다. 그녀는 나에게 자랑했던 그 약혼자와 혼인하여 부부용 기숙사에 살고 있었는데, 남편은 학생이면서 학장 비서로 일하고 있었다. 그들 내외는 참 친절하게 대해 줬으며, 내가 쓴 글을 교정해 타이핑까지 해주는 등 여러 모로 배려를 아끼지 않았다.

그들 부부는 내가 미국에 있을 때 아프리카에 선교사로 떠나갔다. 떠나기 전 아침 식사를 함께 한 것을 마지막으로 지금까지 다시 만나지 못하고 있으나 그들의 선량함과 따뜻한 인간애는 세월이 흐르고 흐른 지금에도 여전히 내 가슴에 살아 남아 있다.

그때 사귄 친구로 빼놓을 수 없는 인물은 독일 여성인 에바 간츠(Eva Ganz)다. 히틀러 청년단에게 희생된 유대인 아버지와 독일인 어머니 사이에서 난 그녀는 유대인 피가 섞여 있기 때문인지 머리가 매우 좋았다. 두꺼운 안경을 쓰고 있고 외모는 평범했으나 머리가 너무 총명해서 컴퓨터에 비길 만했다. 강의가 끝날 즈음이면 으레 학생들에게 질문 시간이 주어지는데, 그 시간이면 그녀의 날카로운 질문에 장내가 조용해질 정도였고 그녀의 질문 내용으로 그날의 강의가 마무리되는 경우도 많았다.

그녀의 우수함은 니버 교수도 인정하는 터였다. 니버는 강의를 하다가 "미스 간츠, 이 문제에 대해 어떻게 생각하지요?" 하는 질문을 자주 던졌고, 신문이나 잡지에 글을 기고할 때도 유럽 문제 등에 대해서는 그녀에게 조언을 구하기도 했다.

구미인과 사고 방식이 달랐던 나는 수업 내용 중에 내 견해와 다른 점을 많이 발견할 수밖에 없었다. 하지만 영어가 짧아 내 주장을 마음껏 개진하면서 질문을 하기가 몹시 부담스러웠다. 그런데 에바는 자신의 의견을 자유롭게 표현하여 교수들의 인정을 받는 걸 보니 나는 억울하기도 하고 오기가 나기도 했다. 그래서 한번은 강의가 끝난 후 에바에게 다가가 말을 걸었다.

"사실 수업 시간에 네가 한 말은 나도 이미 생각해보았던 것이야. 나는 영어를 너처럼 능숙하게 할 수가 없어 수업 시간에 네게 반론을 펼치지 못했을 뿐이야. 내 생각은……."

나는 에바의 의견에 대한 나의 반론을 서투른 영어로 설명했다. 에바는 다소 돌발적인 나의 접근 방식과 내 의견에 대해 깜짝 놀라는 표정을 지었지만 내 의견을 진지하게 들어주었다.

이 일을 계기로 이후 우리는 자주 학생 휴게실 등에 앉아 토론을 벌이곤 했다. 수업 시간에 말을 제대로 못해 아쉬운 날에는 우수생인 그녀를 상대로 내 의견을 펼쳐 보였으며 그녀는 내 얘기에 관심을 가지고 귀를 기울여 주었고 내가 기대한 것 이상으로 내 주장에 동의를 표하기도 했다. 나는 그런 그녀가 고마울 수밖에 없었다. 우리는 신학 문제는 물론이고 한국과 독일에 관한 얘기까지 두루 나누었다.

그런 시간이 한 번 두 번 쌓이면서 에바와 나는 서로 친해지게 되었고 어떤 때는 그녀가 내 의견을 물어오는 경우도 생기게 되었다. 영어가 부족해서 교수나 다른 학생들과 마음놓고 토론을 벌이지 못했던 나는 에바를 만나 답답했던 부분을 마음껏 얘기할 수 있었고, 학문적인 자극과 도움도 받게 되었다. 유럽에서 온 에바는 실용적인 사고가 앞서 있는 미국 학생들에 비해 나와 통하는 부분이 많았으며, 그런 점이 그녀와 나를 더 가깝게 만들어준 것 같다.

에바는 일년 후에 독일로 돌아가게 되었는데, 떠나기 전 우리는 마지막으로 저녁 때 맥주를 같이하게 되었다. 그 자리에서 나는 이색적인 질문을 그녀에게 던져보았다.

"네가 나를 일년 동안 사귀어 보았으니 떠나는 마당에 그간 나에게 느꼈던 점을 솔직하게 얘기해보기 바란다."

그 부탁에 그녀의 대답은 이러했다.

"너는 내가 만난 남자 가운데 가장 강한 남자야. 나는 너를 통해 남자에 대한 인식을 좀 달리하게 되었어. 그 동안 내가 사귀어 온 남자들은 가까워지기만 하면 나를 친구나 동료로서보다는 여자로 대하곤 했는데 너는 달랐어. 너는 끝까지 사심 없이 나를 친구로 대해주었으니 말이야. 그리고 너의 신학은 상당히 비관적이고 허무적인 것 같은데, 실제로 네가 살아가는 모습은 그렇지가 않아. 넌 매우 적극적이고 의욕적이며 낙천적이거든. 그 점이 내게는 참 의외로 느껴져."

나야말로 에바의 말이 의외였다. 나더러 강한 남자라니. 사실 에바는 예쁘게 생기지도 않았고 내게 이성적인 매력을 주는 형은 아니었기에 에바 앞에서 내가 특별히 강해지려고 노력할 필요도 없었다. 다만 인간적인 면에서 에바를 좋아했다. 에바처럼 훌륭한 친구가 나에 대해 솔직하게 평해주는 말은 귀담아들을 만했다.

말을 마친 에바는 살짝 웃더니 농담처럼 덧붙였다.

"그리고, 앞으론 손톱 좀 자주 깎도록 해."

그때 나는 매우 바쁘기도 했지만 별로 외양에는 신경을 안 썼으므로 내 손톱이 긴지 짧은지 관심도 없었는데, 그녀의 눈에는 그게 좀 거슬렸던 모양이었다.

에바가 떠난 후에도 나는 그녀와 계속 편지를 주고받으며 지금까지 친분을 유지해오고 있다. 에바는 독일에 돌아가 평소 소원

대로 고등학교 교사가 되었고 역시 교사인 남자와 결혼하게 되었는데, 그때 자신의 결혼 결심을 알리는 편지를 보내오기도 했다. 그 편지 말미엔 이런 구절이 씌어 있었다.

'내 편지를 읽는 즉시 너의 느낌을 정직하게 써 보내주기 바란다.'

에바는 매우 명철하고 이성적인 여자였는데, 내게 이런 질문을 해온 것이 나로서는 조금 놀라웠지만 나는 즉시 '축하한다'는 편지를 보냈다. 그리고 남편이 영어를 하지 못한다고 하니, 남편에게 괜한 의심을 받지 않도록 앞으로 편지를 하지 않겠노라고 덧붙였다. 나의 이 말에 에바는 '내가 그런 속 좁은 남자랑 결혼한 줄 아느냐'고 답신을 보내와 에바가 결혼한 후에도 우리는 계속 우정을 나눌 수 있었다. 한참 뒤 독일에 가게 된 나는 에바의 남편도 소개받는 등 나이가 들어가면서 우리들의 우정도 더욱 돈독해졌다.

스승 니버와 틸리히

약 잘못 먹어 병원에 실려가다

이럭저럭 뉴욕 생활에 길이 들어가기 시작하면서 여유가 생기자 차츰 한국에 두고 온 가족 걱정이 내 마음을 무겁게 눌러왔다. 한국을 떠나온 지 어느 덧 일년이 훨씬 넘어 버렸으니, 돈도 없이 폐허 위에 남은 가족들이 그 동안 어떻게 지냈을까 생각하면 가슴이 무거워지며 고통스러운 심정이 되곤 했다. 편지를 통해서 아내와 아이들이 서울로 올라와 경동교회 사택에서 교회 일을 하며 살고 있다는 것을 알고는 있었지만, 얼마나 고생을 하고 있을지는 불을 보듯 훤한 일이었다.

생각할수록 가슴이 쓰리고 에는 것은 아이들 문제였다. 그 무렵 큰딸 혜자는 숙명여중에 다니고 있었는데, 음악에 소질이 많았으나 돈이 없어서 레슨을 받지 못하고 있었다. 고민 끝에 나는 어떻게든 일을 해서 큰아이 레슨비라도 집에 보내야겠다는 생각에 궁리를 하기 시작했다. 그러나 학교 규정이, 장학금을 받는 학생은 따로 일자리를 가질 수 없도록 되어 있는 것이 문제였다.

생각 끝에 나는 유니언 신학교와 긴밀한 유대 관계를 맺고 있는 컬럼비아 대학에 가서 외국인 유학생 관리 부서에 아르바이트 신청을 했다. 그래서 얻게 된 일자리가 미국에 사업이나 관광차 들르는 한국인이나 일본인들을 상대로 통역도 하고 안내도 해주는, 이를테면 통역 안내원이었다.

나는 기회 있을 때마다 그런 일을 하며 돈을 좀 벌어서 적은 돈이나마 집에 부칠 수 있었다. 그런 일을 할 때는 한국인보다 일본인을 상대하기가 훨씬 마음이 편했다. 한국에서는 내가 어느 정도 알려져 있었기 때문에 괜히 이상한 소문이라도 돌까봐 나를 알 만한 사람은 일부러 내 쪽에서 피한 적도 여러 번 있었다.

한번은 삼성물산을 경영하던 이병철의 형님이라는 사람이 뉴욕에 왔는데, 내가 그를 안내하는 일을 맡게 되었다. 나는 내가 누구라는 것을 숨기고 뉴욕뿐 아니라 미국 이곳저곳으로 안내하며 돌아다녔다. 그때만 해도 국내에서는 미국에 갔다왔다고 하면 달나라라도 갔다온 것처럼 선망의 시선으로 바라볼 때라 그는 가는 곳마다 기념 사진을 찍느라고 몹시 분주했다. 그럴 때마다 나는 내 얼굴이 찍히지 않도록 신경을 썼다.

그런데 얼마 지난 후 서울의 아는 사람으로부터 편지가 날아왔다. 내가 길을 안내한 그 사람이 미국 여행길에서 찍은 슬라이드 사진들을 보여줬는데 거기서 내 얼굴을 봤다는 것이었다. 나는 그 소식을 접하고 정말 세상의 이목이 얼마나 무서운지 새삼 느끼기도 했다.

12월로 접어들면서 나는 약속대로 석사 학위 논문을 완성시켜야 한다는 부담 때문에 바짝 긴장하지 않을 수 없었다. 신학 석사 과정을 공부한다는 조건으로 일년 간 장학금을 받았는데, 그 안에 학위를 취득하려면 다음해인 1955년 3월까지는 학위 논문을 써내야 했다. 죽을 힘을 다해 논문을 완성한다 해도 평점 A를 받지 못하면 학교 도서관에 소장되지 못하고 돌려받게 되니, 그것도 이만저만 신경이 쓰이는 게 아니었다.

강의도 충분히 소화해 내기 힘들었던 나는 다른 학생들의 노트를 빌려 강의 내용을 점검하랴, 논문 쓸 준비를 하랴, 가끔 아르바이트도 하랴, 정말 분초를 쪼개 쓸 만큼 바쁜 나날을 보내야 했다. 더구나 내가 다루고자 하는 분야가 기독교 사회윤리로서 교수진이나 학생들이 세계 최고 수준을 자랑하는 분야였기 때문에 더 힘이 들었다. 그런데다 나는 해당 분야인 니버나 베넷의 사상 외에 틸리히의 조직 신학도 배우고 싶은 욕심을 버리기 힘들었다. 한마디로 말해 해야 할 일, 하고 싶은 일은 많은데 주어진 기간이 너무나 짧았다.

어찌됐든 하는 데까지 해보는 수밖에 없었다. 우선 논문 제목부터 정해야 했는데 여건상 어려운 것을 선택해서는 안되겠다는 생각에 한국과 관계되는 쉬운 주제를 택하기로 했다. 그래서 고민 끝에 찾아낸 것이 『한국 가족 제도에 대한 기독교적 접근』이라는 것이었다. 컬럼비아 대학 도서관에는 한국을 비롯한 아시아 관계 자료가 많았기 때문에 그것들을 이용하기로 했다.

논문 준비를 시작하면서 나는 강행군에 들어갔다. 그날 그날 강의를 소화하는 일 외에도 자료를 찾고, 찾은 자료를 섭렵하면서 논문의 골격을 세우느라고 새벽 한 시가 넘어서야 잠자리에 들고, 아침 다섯 시면 어김없이 일어나 공부를 계속했다. 그렇게 체력을 돌보지 않고 무리를 거듭하자 덜컥 병이 찾아오고야 말았다.

시험을 바로 코앞에 둔 어느 날이었다. 밤에 피곤함을 무릅쓰고 공부를 하고 있는데, 갑자기 배가 견딜 수 없이 아프기 시작했다. 아무래도 심상치가 않아 알고 지내던 상보근이라는 교포 의사를 찾아가 증세를 말하고 약을 얻어왔다. 그런데 어찌된 일인지 그 약을 먹은 후로 그만 소변이 완전히 끊기고 말았다.

겁이 난 나는 바로 우리 학교 교의(校醫)에게 찾아갔다. 그는 나를 진찰하더니 심각한 표정을 짓고는 컬럼비아 대학 병원 앰뷸런스를 부르는 것이었다. 나는 병명도 모른 채 앰뷸런스에 실려 컬럼비아 대학병원 9층 검사실로 갔다. 그곳에서 혈액 검사 등 수십 가지 검사를 받은 후 6층의 병실로 옮겨졌다. 담당 의사는 나를 보고 "당신 약을 잘못 먹은 거 같은데 도대체 무슨 약을 먹었느냐"고 자꾸만 다그쳤다.

나는 그때까지 남은 약을 가지고 있었지만 그것을 보여줬다가는 그 약의 출처를 말해야 하고, 그렇게 되면 그 의사가 미국에서 추방될 테니 사실대로 얘기할 수가 없었다. 그래서 "서울에서 올 때 배탈 약으로 가져온 것을 먹었는데 뭔지 잘 모르겠다"고 그냥 얼버무리고 말았다. 내가 정확한 얘기를 하지 않자 학장까지 날 찾아와 추궁하기 시작했다.

"심한 병에 걸렸으니 사실대로 먹은 약을 밝혀야지 고칠 수 있지 않겠느냐."

내 건강이 걸려 있는 문제이니 올바른 정보를 주어야겠지만 나는 끝내 모르겠다고 하면서 버텼다. 심각한 상태였는지는 모르겠지만 다행히도 큰 문제없이 잘못 먹은 약을 해독한 다음 곧 퇴원할 수 있었다.

드래곤(龍)과 가브리엘(天使)

미국에서 맞게 된 첫 크리스마스는 내게 잊지 못할 에피소드들을 많이 남겼다. 미국 교회는 크리스마스 때가 되면 외국 손님을 초대하는 관습이 있는데 그해 크리스마스에 나는 오하이오 주 클리블랜드 시에 있는 페어마운트(Fairmount) 장로교회의 초대를 받게 되었다. 나와 함께 초대된 사람은 남아프리카에서 온 가브리엘(Gabriel)이라는 목사였다.

부자들이 많이 살고 있는 도시로 알려진 클리블랜드 시에 위치한 페어마운트 장로교회는 목사가 다섯 명에 신자수가 3천 명이나 되는 큰 교회였다.

그곳에 도착해 숙소로 제공된 집에 찾아갔더니 주인이 "가브리엘이 흑인이니 한 방을 쓰기 싫으면 딴 방을 써도 된다"고 하는 것이었다. 나는 상관없다며 그와 한 방을 쓰겠다고 했는데, 내심으로 미국 사회에 엄존하는 흑백 차별에 놀라지 않을 수 없었다.

그곳에서 우리는 어린이 교회학교에 초빙되어 각각 한국과 아프리카의 어린이들에 대해 얘기할 기회를 갖게 되었다. 그런데 얘기가 끝난 후 아이들이 던지는 질문이라는 게 참으로 기가 막혔다. 특히 가브리엘 목사에게는 입에 담기도 힘든 질문이 쏟아졌다.

"그 동안 사람을 몇 명이나 잡아먹어 봤어요?"

이런 기막힌 질문에 가브리엘은 얼른 대답을 못하고 몸을 부르르 떨더니 겨우 말했다.

"흑인이 사람을 잡아먹는다는 말은 거짓말……."

가브리엘은 대답을 채 마치지도 못하고 그만 울음을 터뜨리고 말았다. 너무나 모욕적인 질문에 감정이 격해진 모양이었다. 사실 아이들의 그런 질문은 미국 사회의 흑인 차별, 그리고 아프리카에 대한 편견과 무지를 그대로 드러낸 것이었다. 시카고에서 겪었던 '한국인의 밤' 행사에서도 느꼈듯이 이같은 무지와 편견은 그들 눈에는 극동의 조그만 미개발국에 불과한 한국에 대해서도 마찬가지였다.

나에게 주어진 질문이라는 것도 어처구니없는 것들이었다.

"당신은 미국에 오기 전에 양복을 입어본 적이 있나요?"

다분히 서구 문명에 대한 우월감이 어린 질문이었다.

어쨌거나 우리는 성탄 예배 때 신도들 앞에 나가 초대해 주어서 고맙다는 간단한 인사를 하도록 되어 있었다. 나는 그 인사말을 어떻게 할까 궁리를 하다가 미국 사람들은 연설할 때 반드시 재치 있는 농담을 하여 청중을 웃기니 나도 그런 이야기를 하나

해야겠다고 작정을 했다. 그래서 고심 끝에 가브리엘과 내 이름을 가지고 내 딴에는 제법 기발하다고 생각되는 조크를 하나 만들어냈다.

예배가 시작되고 드디어 내가 인사할 차례가 되었다. 나는 2천 명 정도의 청중 앞에 나가 준비한 인사말을 자신 있게 시작했다.

"미국에서 맞게 된 첫 성탄절을 여러분과 함께 보내게 되어 정말 영광입니다. 내 이름은 원용이라고 하는데 내 이름 중 '용'자는 영어로 드래곤(dragon)이라는 뜻입니다. 그런데 이 용을 가브리엘과 함께 초청해 주셔서 나는 정말 감사함을 느끼지 않을 수 없습니다. 왜냐하면 용은 『신약성서』에서는 악마(Satan)의 상징이고 가브리엘은 천사인데, 이 악마를 천사와 함께 초청해 주셨으니 어찌 고맙지 않겠습니까?"

말을 마친 나는 청중들로부터 웃음이 터지기를 기다렸다. 그러나 어찌된 노릇인지 한 사람도 웃는 사람이 없었다. 나는 그만 혼자 머쓱해져서 서둘러 인사말을 끝내고 내려왔다.

예배가 끝난 후 나는 그 교회의 목사에게 다가가 물었다.

"왜 사람들이 내 얘기를 듣고 웃지 않았는지 모르겠군요."

"당신이 무슨 얘기를 했는지 사실 정확히 이해하지 못했어요."

목사의 말에 나는 다시 한 번 용과 가브리엘의 얘기를 해줬더니 그제야 내 조크를 알아들은 그는 "그것 참 재미있다"면서 무릎을 치며 폭소를 터뜨리는 것이었다. 하지만 기차는 이미 떠난 뒤였고 나는 그저 목사 하나를 웃긴 것으로 만족하는 수밖에 없었다. 아마 내 억양이 좋지 않아 청중이 제대로 알아듣지 못한 모양이었다.

나는 그 교회에서 목사들의 관계를 보고 신선한 충격을 받기도 했다. 파치니(Pacini)라고 하는 이탈리아계 사람이 수석 목사직을 맡고 있기는 했으나, 다섯 명 모두가 상하 관계가 아니라 횡적인 유대로서 이른바 팀 미니스트리(Team Ministry) 체제로 일을 하고 있었다. 한 팀을 이루면서도 다섯 명이 각자 엄격한 역할 분담을 하고 있는 그런 체제는 상하 관계에만 익숙해 있던 내게 매우 새롭게 느껴졌다.

클리블랜드 시에 머무는 동안 나는 부탁받은 일을 한 가지 해야 했다. 그 얼마 전 아르바이트로 우리 학교 학생 식당에서 접시에 음식을 담아주는 일을 잠깐 한 적이 있는데, 그때 함께 일을 하며 알게 된 학생 하나가 클리블랜드 출신이었다. 그는 내가 그곳에 가게 되었다는 얘기를 듣고는 가는 길에 자기 집에 들러 부모님께 문안 편지를 좀 전해달라는 부탁을 해왔던 것이다.

나는 일부러 시간을 내어 그 집에 전화를 걸고 용건을 말했다. 그랬더니 매우 반가워하며 저녁이나 같이 하자면서 저녁 식사에 초대했다. 그런데 약속 시간에 맞춰 보내준 차로 그 집에 도착한 나는 크게 놀라지 않을 수 없었다. 식당에서 아르바이트를 하는 학생의 집이니 가난할 것이라는 나의 예상은 완전히 빗나가고 말았기 때문이다.

그 집은 부잣집 중에서도 보기 드물게 으리으리한 대규모 저택이었다. 그때가 1954년이었는데 벌써 커다란 차고가 자동으로 작동되고 있었다. 들어가 보니 응접실도 어마어마하게 크고 화려

했으며 부엌에는 벌써 식기 세척기가 설치되어 설거지가 자동으로 이루어지고 있었다.

알고 보니 그 집은 회사를 여섯 개나 경영하는, 우리 식으로 말하자면 큰 기업을 이끄는 회장 집이었다. 게다가 그 학생은 그 집의 외아들이었으니 나는 더욱 놀라지 않을 수 없었다. 식사가 끝난 후 그 집 주인에게 물어보았다.

"이렇게 부자면서 왜 당신 아들을 공부하면서 아르바이트까지 하도록 고생을 시키는 겁니까?"

"내가 아들을 사랑하기 때문에 일부러 고생을 시키는 것이지요. 나는 등록금만 대주고 나머지는 그 아이가 다 벌어서 해결하도록 하고 있는데, 그렇게 하는 것이 그 아이가 살아가는 태도를 정립하고 장래를 위해서도 좋을 것 같아서이기 때문입니다."

그러고는 이런 말도 덧붙였다.

"나는 그 아이가 졸업한 후에도 재정적인 도움은 주지 않을 작정입니다. 아버지의 재산을 의지하며 살아가는 사람이 도대체 무슨 일을 제대로 할 수 있겠습니까?"

나는 말로만 듣던 미국인들의 그같은 사고 방식을 실제로 접하고 정말 감탄하지 않을 수 없었다. 당시 국민 소득이 몇십 달러밖에 되지 않는 우리나라의 큰 회사 사장 아들이라는 사람이 뉴욕에 살면서 최고급 아파트에다 캐딜락을 몰고 다니는 행태를 목격한 나로서는 그 아버지의 이야기에 더욱 느끼는 바가 많았다.

미국 부자의 특이한 제안

클리블랜드 시에 머무는 동안 나는 그 교회의 장로나 집사의 집에 자주 초대받아 식사를 같이하게 되었는데, 그곳에서도 식사 때마다 술을 대접해 술에 대한 나의 고정 관념은 다시 한 번 충격을 받지 않을 수 없었다.

사실 서양의 식사는 고기 위주인데, 그런 음식에 포도주 같은 알코올은 필수적일 수밖에 없다. 한마디로 술은 그네들의 오랜 문화에 뿌리를 둔 식습관인 것이다. 예수님의 만찬에서도 포도주가 등장하는 것을 보면 쉽게 이해할 수 있듯이 포도주가 빠진 만찬은 어색하고 부자연스럽다. 술을 즐겨 마시던 파치니 목사 등 그곳 목사들의 태도는 식전의 아페리티프와 식사중의 포도주를 식사의 한 부분으로 받아들이는 듯했다.

그때 나를 초대한 사람 중에는 대단히 부자인 집사가 한 명 있었는데 그의 집은 대문에서 현관까지 한참을 차를 몰고 들어가야 할 만큼 컸다. 그는 부자답게 내게 과분한 대접을 해주었는데, 그와 나는 자식도 똑같이 네 명을 둔데다 나이까지 묘하게 같아서 더욱 각별하게 대해주었다.

"이것도 참 드문 인연입니다. 우리는 아마 특별한 인연이 있는 사람인가 봅니다."

그는 친절한 태도로 나와 이야기를 나누었는데 서로의 가족 얘기를 하다가 내가 곤궁한 사정에 처한 것을 알게 되자 뜻밖에도 내 학비와 가족 생활비까지 전부 자신이 부담하겠다고 나섰다.

나는 너무 놀라고 미안해서 그럴 수는 없다고 사양했으나 그가 진심으로 자꾸 얘기하는 바람에 '이것도 하나님의 축복인 모양'이라고 생각하고 그 제의를 받아들이기로 했다.

그런 축복을 받고 뉴욕으로 돌아오는 내 발걸음은 나는 듯이 가벼웠다.

'이제부터 돈 걱정, 가족 걱정은 하지 않고 하고 싶은 공부를 마음껏 할 수 있게 되었구나. 공부를 계속해야지.'

나는 기쁜 마음으로 학업 계획을 세우느라 바빴다. 그리고 그 기쁜 소식을 편지로 서울의 가족들에게 알리기도 했다.

그런데 그로부터 얼마 지나서였다. 페어마운트 장로교회에서 가장 젊은 목사가 뜬금없이 나를 찾아왔다. 그래서 같이 식사를 하게 되었는데, 그의 안색이나 분위기가 마치 죄 지은 사람모양 어쩔 줄 몰라 하는 것이 아무래도 이상했다. 그러다 그가 결국 주저하며 털어놓은 얘기라는 게 내게는 청천벽력 같은 소식이었다.

"당신에게 학비와 생활비를 지원해 주겠다고 한 그 사람이 약속을 지키지 못하게 되었습니다. 뉴욕에 있는 연합장로교회 해외선교부 총무 존 스미스(Dr. John Smith)가 그 소식을 알고 우리 교회에 편지를 보내왔는데, '강원용이란 사람이 벌써 가족 곁을 떠난 지 일년이 훨씬 넘었으니 더 이상 가족과 헤어져 있는 것은 바람직하지 못하다. 그는 가족과 떨어져 마음이 안정되지 못한 탓인지 기숙사에서 외출도 잦고 밤에 늦게 들어오는 일도 적지 않다는 보고가 있다. 그리고 무엇보다 그는 한국에서 선교사 배척 운동을 해 장로교를 분열시킨 장본인인데 왜 그를 도우려고 하느냐' 하는 등의 이유를 들면서 적극적으로 반대하는 내용이었습니다. 미안하게 되었지만 당신을 지원하는 일이 우리 선교부의 반대로 불가능하게 되었습니다."

이런 말을 들으니 당연히 내 기분은 불쾌하기 그지없었다. 영화나 연극을 보고 기숙사에 늦게 들어간 일까지 모조리 고자질한 그 편지 내용이 내 속을 왈칵 뒤집어놓았고 미국인의 돈으로 공부한다는 사실이 그렇게 치사하게 느껴질 수가 없었다.

하지만 그 목사에게 그같은 내색을 할 필요도 이유도 없었다.

"어쨌든 나 때문에 이곳까지 일부러 와줘서 고맙습니다. 그 편지 내용대로 나는 선교사들과 사이가 좋지 않아 갈등을 빚은 경우도 있었고 또 한국 장로교회가 분열된 데 관계한 것도 사실입니다."

구차하게 변명을 하지 않고 그렇게 말해버리니 오히려 속이 후련해졌다. 그러나 속이 후련한 것은 잠깐이었고 나는 다시 현실적인 문제와 대면해야 했다.

'이러다 미국놈들에게 쫓겨나는 것이 아닌가.'

답답해진 나는 학장 비서로 있는 주디의 남편을 찾아갔다. 그는 내 얘기를 듣더니 어떻게 그럴 수가 있느냐고 흥분을 하며 장학금을 얻을 수 있는 길을 자기가 한 번 찾아보겠다고 했으나 그게 말처럼 쉬운 일은 아니었다.

앞서 말했듯 나는 그해, 즉 1955년 3월 말까지 논문을 제출해야 하는 입장이었다. 그러나 아무리 노력을 해봐도 여러 가지 여건상 그 기한을 맞추기는 현실적으로 불가능했다. 또 기왕 쓰는 논문인데 도서관에 남을 수 있도록 평점 A를 받을 수 있는 논문을 쓰고 싶었다. 그렇게 하려면 결국 논문 제출을 다음해까지 늦추는 길 외에 다른 방도가 없었다.

장학금은 여름 학기가 끝나는 그해 5월까지만 받도록 되어 있었기 때문에 일년 동안 더 공부를 하려면 학비와 생활비가 문제였다. 그러나 장학금은 더 이상 기대하지 않기로 했다. 한 번 쓰라린 체험을 했던 나는 이제 미국인들이 주는 장학금에 연연해하지 않고 스스로 돈을 벌어 떳떳하게 공부하기로 결심을 굳혔다.

논문 제출을 다음해로 넘겼으므로 학기말은 비교적 여유 있게 지나갔다. 그 무렵 내 기억에 가장 인상적으로 남아 있는 일은 틸리히 교수의 퇴임 강연이다. 그해 마지막 강의는 5월에 있었는데, 마지막 강의였기 때문인지 강의실에는 학생들이 입추의 여지없이 들어찼다.

틸리히가 준 선물

틸리히와 니버는 같은 독일계 미국인으로 좋은 친구 사이기도 했다. 이미 아버지 때부터 미국에서 이민 생활을 해왔던 니버는 원래 사회주의자였던 틸리히가 히틀러에게 추방당했을 때 그를 미국으로 데려온 주인공이었다. 그러나 두 사람은 냉철한 학자답게 학문의 세계와 우정의 세계를 혼동하는 법이 없었다.

두 사람의 학문적 차이를 간단하게 얘기하자면 틸리히는 죄의 문제, 구원의 문제 등 근원적인 인간 실존의 문제에 관심을 기울이는 반면, 니버는 정치 · 사회적 현실에 학문의 초점을 맞췄다. 그들은 복도 하나를 사이에 두고 강의를 하면서도 서로에 대한 학문적 비판을 서슴지 않았지만 개인적으로는 언제나 다정한 친구 사이였다.

두 사람은 강의 방식이나 학생들을 대하는 태도에서도 차이가 있었다. 예를 들어 니버는 학기의 마지막 시간에 강의가 끝난 후 학생들이 고맙다는 인사를 하고 박수를 보내면 여유 있게 받아들이고 특유의 유머 감각을 발휘했다. 한 손이 불구라는 신체적 결함이 있음에도 그의 표정은 늘 밝았다.

그러나 틸리히 교수는 좀 달랐다. 큰 몸집에 딱딱한 표정을 짓고 전형적인 독일인 기질을 갖고 있던 그는 학생들의 인사도 니버처럼 여유 있게 받아들이지 못하고 종소리가 울리자마자 도망치듯 강의실을 빠져나가곤 했다. 이같은 태도는 마지막 강의라고 해서 예외는 아니었다.

마지막 시간 역시 그는 평상시와 조금도 다름없이 종소리가 울릴 때까지 강의를 계속했다. 학생들이 특별히 인사말을 준비했으나 미처 그 말을 할 틈이 없었다. 종소리가 나자마자 틸리히 교수는 서둘러서 껑충껑충 달아나 버렸기 때문이다. 얼굴이 붉어진 것을 보면 인사하고 박수받고 하는 일이 어색해서 그랬던 것이 분명했다.

틸리히는 고지식하고 어찌 보면 재미없는 교수였지만 학생들의 질문에 때로 기발한 대답을 하기도 했다. 그는 강의 중에 '무'

(nothing)라는 말을 자주 사용했는데, 하루는 어떤 학생이 손을 들고 그에게 질문을 했다.

"선생님, 우리는 어떤 무엇(something)을 배우러 여기 왔는데, 자꾸 '무'만 애기하시면 어떻게 합니까?"

그러자 틸리히는 잠깐 생각하는 표정을 짓더니 특유의 느릿느릿하면서도 무거운 어조로 대답했다.

"'무'도 '어떤 무엇'이네(Nothing is something)."

의표를 찌르는 대답에 학생들은 와그르르 웃음을 터뜨렸다. '무'에 대한 그의 이런 이해는 동양적 사고에서 유래한 것으로 나는 생각했다.

틸리히 교수를 특별히 존경했던 나는 서울에다 부탁해서 그에게 줄 선물로 자개 명패를 하나 준비해 놓고 있었다. 서울에서 명패가 도착하고 나서도 한동안 부끄러워 그것을 건네지 못했던 나는 그가 학교를 떠나기 직전에야 겨우 그의 우편함에다 슬쩍 집어넣었다. 그랬더니 그로부터 꼭 좀 만나자는 연락이 왔다.

연구실로 찾아간 나에게 그는 보기 드물게 미소를 보내며 말했다.

"당신이 준 선물 참 고맙게 받았습니다. 내 아내가 미술을 하는 사람인데 참 좋아해요. 나도 당신에게 선물을 드리고 싶군요."

그는 자기가 쓴 책 두 권에 친필 서명을 해서 건네주었는데, 그것은 『흔들리는 터전』과 『새로운 존재』(*The New Being*)라는 책으로 바로 내가 캐나다에서 읽고 큰 감명을 받았던 책들이었다.

"내가 당신에게 이 책들을 번역할 권리를 줄 테니까 한국에 돌아가서 필요하면 번역을 해도 좋습니다."

나는 그의 격려에 고마운 마음으로 번역할 결심을 하였는데 후일 귀국해서 보니 이미 『흔들리는 터전』은 번역되어 있어서 『새로운 존재』만 1960년에 번역하여 출간한 일이 있다.

어떻게 행동할 것인가—스승 니버의 가르침

내가 라인홀드 니버에 관심을 가진 것은 1948년 한국 기독청년 대표로 일본에 갔을 때 일본 YWCA 학생부 간사로 있던 다케다 기오코 여사를 만나면서였다. 그녀는 뉴욕 유니언 신학교에서 니버의 제자로 공부를 했고 일본에 돌아와 지면과 강연 등을 통해 그를 소개하면서 2차 세계 대전을 배경으로 니버가 쓴 『빛의 자녀들과 어둠의 자녀들』을 일본말로 번역했다.

그때 기오코는 자신이 번역한 『빛의 자녀들과 어둠의 자녀들』과 다른 니버의 저서를 선물하며 내게 그의 이야기를 해주었다. 니버는 30년대에 『도덕적 인간과 비도덕적 사회』를 써서 전세계 신학계의 큰 별로 떠오른 사람이지만 그 시절 일제의 억압에 시달리며 살아온 나 같은 사람은 그에 대해서 알 길이 없었다.

나의 신앙은 율법주의, 축자영감설 등에 갇혀 있다가 일찍이 김재준 선생을 통하여 마음이 열려 밝아진 눈으로 성서를 읽게 되었는데, 뒤늦게 만난 니버를 통해서는 사회를 보는 눈이 새롭게 열렸다. 결국 그의 제자가 되고 싶은 욕망으로 태평양을 건너와 2년 동안 그의 제자까지 됐을 정도로 니버의 사상은 내게 큰 영향을 주었다.

그의 사상은 전통 신학의 원죄론을 수용하고 있기 때문에 인간의 도덕적 윤리적 가능성에 대한 낙관적인 견해를 거부한다. 이것은 당시 미국에서 뜨거운 관심을 불러일으킨 적극적인 사고의 신학(positive thinking)이나 후에 로버트 슐러의 가능성의 신학(possibility thinking)을 거부하는 입장이며 대신 루터, 카를 바르트의 사상을 이어받은 것이다. 가능성의 신학은 하나님만 믿으면 무엇이든 이룰 수 있다고 주장하는 것인데, 니버는 이런 낙관론을 거부한다.

그러나 니버는 인간의 불가능성은 확실히 인정하면서도, 역설적으로 그 불가능 안에서 가능이 열린다는 '불가능의 가능성'(impossible possibility)을 말했다. 이는 인간이 스스로 유한한 존재임을 확실히 받아들이고 난 후 하나님의 은총 안에서 이 속된 세상에 들어가 그 은총에 대해 응답함으로써 가능성을 발견한다는 것이다. 이웃에게 봉사하고 병든 사람과 죄인을 돌보는 복음은 모두 내 안에 들어온 하나님의 은총을 이 세상에 행하는 것이다.

그런데, 이 세상을 위해 일하기 위해서는 '겸손'해야 한다. 그리고 그 겸손은 내가 불가능한 존재이고, 하나님의 빛의 힘으로서 이런 일들을 할 수 있다는 것을 분명히 알 때만이 가능하다. 그가 말하는 죄의 징조는 이 사실을 잊어버렸을 때 나타나는 오만(pride)이다. 니버의 이같은 사상은 힘든 개척기의 한국 교회에서 자라온 나의 세계에 강한 영향을 주었다.

또 그가 30년대에 발표한 『도덕적 인간과 비도덕적 사회』는 미국이나 영국 같은 기독교 전통을 가진 서구 사회에 대한 비판이자 참으로 예언자적인 증언이다.

미국은 개인 중심의 기독교 도덕의 전통이 강한 나라다. 정직성이라든가 호손의 소설 『주홍 글씨』에 나타나듯이 성도덕에 대해 특히 엄격했다. 역대 미국 대통령의 정치 인생에도 영향을 미친 성도덕은 백인 중심의 미국을 만든 청교도의 영향이기도 하다. 그런데 이처럼 개인 도덕을 강조하던 청교도들은 미국 땅에 도착하면서 본래 살고 있던 원주민 인디언들에게는 가장 잔인한 행위를 했고 또 아프리카의 흑인들을 생포해와 노예를 만들었다. 그러면서도 그러한 비도덕성에 대해서는 무감각하다는 사실을 니버는 지적하고 있다.

또 다른 저서 『미국 역사의 아이러니』에서 니버는 유럽 기독교에 비하여 미국은 식민지를 가진 일이 없다고 자랑하는 미국인들에게 '코카콜라 제국주의'라는 명칭을 붙이기도 했다. 또한 길에 떨어진 남의 지갑은 가져가지 않는 신사의 나라 영국이 무력으로 다른 나라를 식민지로 만들어버리는 모순 역시 기독교, 특히 청교도의 이중적인 도덕 관념의 영향이라고 신랄하게 비판했다.

나는 그의 글을 읽으며 이런 서구 국가의 선교사를 통해 기독교를 받아들인 우리나라 기독교 역시 그러한 모순된 증상을 보이지 않는지 뜨끔해지면서, 이 세상에서 제대로 된 기독교인으로 살아간다는 것이 얼마나 어렵고도 중요한지를 깨닫게 되었다.

내가 그에게서 받은 영향은 많지만 그 중에서도 사회 정의와 사랑을 연결한 사상은 두고두고 영향을 미쳤다. "네 이웃을 사랑하라"는 계명을 받은 기독교인들이 사랑을 주장하면서 정의에 대하여 무관심한 것은 참된 사랑이 아니라 감상주의에 불과하고, 반면 사회 정의를 실현하기 위하여 노력하는 사람들이 사랑이라는 관을 통하지 않으면 그 정의는 정의가 아닌 부정이 되고 만다는 그의 사상은 사회 활동에 뛰어든 내게 이정표 구실을 해주었다. 사랑 없는 정의를 강조하는 사회 참여파나 정의 없는 사랑을 말하는 보수파 사이에서 내가 갈 길을 선택해야 할 때마다 나는 사랑은 정의를 통해 사회 속에서 실현되고 그 정의는 항상 사랑이 밑받침되어야 한다는 니버의 이론을 되새기곤 했다.

그는 사회적인 정의를 실현하기 위하여 사회를 개혁하고자 할 때는 목표, 즉 도달하고자 하는 규범(norm)을 실현하는 데 세 가지 방법이 있다고 했다. 하나는 사회를 무조건 거부하고 뒤엎는 급진적인 태도다. 두번째는 추구하여야 할 규범보다는 현 상태를 유지하는 것에 안존하는 보수적인 태도다. 그러나 니버는 이 두 가지를 모두 배격한다.

그가 제시한 세번째 길이 바로 '근사적 접근'(approximately norm)이다. 이것은 도달해야 할 목표를 분명히 하되 현실과 목표 사이의 거리를 단계적으로 차츰차츰 접근시켜 가는 방법이다. 이 이론은 격동기의 역사를 몸으로 겪어온 나에게 늘 등대 같은 구실을 해왔을 뿐만 아니라 나는 결국 그런 근사적 접근법만이 사람들의 희생을 줄이면서도 확실하게 역사를 진전시켜왔다고 믿는다.

우리의 행동과 사회 활동은 도착할 항구 없는 항해와 같은 것이 되어서도 안 되고, 도착할 항구에 단번에 가 닿으려는 혁명적 조급성을 가져서도 안 된다. 도착할 목표를 분명히 인식하되 현실(reality)과 밀착하여 합리적이고도 계획적인 개혁을 시도해가야 한다. 이런 태도야말로 그가 말하는 근사적 접근이요, 바로 내가 그에게서 배운 행동 원칙이다.

그는 결코 이상주의적이고 낭만적인 단순한 낙관성에 매몰되지 않았고 그렇다고 해서 냉소적이거나 절망적인 허무주의적 태도를 가지지도 않았다. 그는 이 두 가지 태도를 배격하고 새로운 길을 선택한다. 즉 절망적인 현실을 제대로 인식하는 데서부터 시작하여 희망적인 믿음으로 이상의 목표를 향해, 작지만 차근차근 밟아 가는 굳센 발걸음.

나는 그가 말한 '환상도 절망도 갖지 않고'(without illusion, without despair)라는 말을 되새길 때마다 풍랑이 몰아치는 바다를 헤쳐나가는 항해사의 마음가짐을 떠올리게 된다. 그리고 나의 바다라고 할 수 있는 사회 활동의 현장에서 풍랑을 만날 때면 늘 이 말을 되새기며 침착하게 바른 길을 찾는 항해사가 되고자 했다.

사람은 누구나 자기 인생의 바다에서 항해사이다. 어떤 항구에 도착해야 할지를 결정해야 하며, 난파되지 않기 위해 어떤 항로를 선택해야 하는가를 판단하는 게 너무나 어렵다. 특히 그 바다가 격랑에 휩싸인 사나운 바다일 때는.

이러한 깊고 진지한 니버의 논의는 그의 강의를 듣는 내 가슴 속에 쏙쏙 들어오며 흥분과 반향을 일으키곤 했다. 그러나 니버는 아무리 진지한 논의를 할 때라도 유머를 섞어 웃어가면서 날카롭게 분석하고 담대하게 증언을 해 보인다. 그런 여유 있는 태도야말로 그의 논의가 분명한 현실 인식과 긴 호흡에서 나온 것임을 보여주는 것이다.

그는 제자들 앞에서도 항상 겸허했으며 오만하거나 경직된 태도를 보인 일이 없다. 그는 죄에 대해서도, 죄라는 것은 알아낼 수 없지만 죄의 징조(sign)는 오만을 통해 볼 수 있다고 주장했다. 사람이 가져야 할 참된 미덕은 겸손하면서도 과감하게 행동하는 삶이라는 그의 이야기는 내 마음의 교훈으로 깊이 자리잡았다고 할 수 있다.

나는 니버 교수의 교실에서 종종 틸리히에 대해 비판하는 것을 들었고 틸리히의 교실에서는 니버에 대한 비판을 듣지만 강의가 끝나고 종이 울리면 이 두 거인은 복도에서 서로 손을 꼭 잡고 다정하게 걸어가곤 했다. 그들은 자기 자신의 사상에 대해서 꾸밈없는 성실성을 견지했고 인간의 우정은 우정대로 키워나갔다. 이 두 가지를 혼돈하지 않는 그런 성숙하고 열린 태도를 나는 감동의 눈길로 보아왔다. 그런 스승들을 둔 나는 행운아였다.

예수님은 누구인가—스승 틸리히의 가르침

니버와 더불어 내게 큰 스승이 되어준 틸리히에 관해서도 말해야겠다. 앞에서 기술한 것처럼 나는 틸리히의 『새로운 존재』라는 책을 번역했다. 처음 번역 작업을 하던 것이 화재로 인해 틸리히가 직접 서명해준 원서와 함께 모두 다 타버리고 말았다. 그 후에 다시 용기를 내어 번역에 손을 대었으나 매우 어려웠다.

첫째로 그는 매우 독특한 단어들을 많이 썼는데 그 언어를 우리말로 번역하기가 매우 힘들었다. 예를 들어 'estrangement'(疎遠)라든가 'predicament'(苦境)와 같은 단어들을 그가 애초에 뜻한 바를 살려서 우리말로 적절하게 번역해내기가 어려웠다.

그 다음 어려운 점은 그의 체취를 담아내는 것이었다. 그의 저서 중에는 그가 직접 행한 설교를 묶은 설교집이 있는데, 그가 설교를 할 때는 그만의 독특한 분위기가 있었다. 큼직하고 무게 있는 몸집에다 얼굴에는 미소를 전혀 볼 수 없는 근엄한 표정과 침통한 어조로 원고를 독일식 액센트를 섞어 조용조용 이야기해나가는 그의 태도는 그것만으로도 사람들을 압도하곤 했다. 인간의 실존에 대한 깊은 통찰로 예수의 행적을 해석하는 그의 신학은 투박한 독일식 영어로 나올 때 더욱 깊은 울림을 갖는다.

그런데 그런 분위기를 익히 알고 있는 나로서는 그의 체취를 살려보려고 애를 쓰면 쓸수록 번역이 만족스럽지가 않았다. 그의 설교 자체가 주는 감동을 번역문으로 전달한다는 것은 거의 불가능한 일이었다. 그의 저서 『새로운 존재』는 이러한 갈등 속에서 억지로 번역되어 1960년 12월에 대한기독교서회에서 나온 뒤 지금까지 꾸준히 읽히고 있으니 고마울 따름이다.

틸리히는 1886년 독일에서 목사의 아들로 태어나 베를린 대학에서 철학박사, 할레 대학에서 신학박사 학위를 받았다. 제1차 대전 당시 종군 목사로 참가한 그는 전쟁 후부터 1933년 나치 정부로부터 추방당할 때까지 베를린, 드레스덴, 프랑크푸르트 대학에서 교수로 있으면서 나치와 투쟁했다.

니버의 알선으로 미국으로 오게 된 틸리히는 석학답게 깊은 학문 세계를 펼쳐 보였으나 영어를 잘하지 못했다. 그는 자신이 설교하거나 강의할 내용을 영어로 미리 써서 그 노트를 또박또박 읽곤 했는데, 끝까지 미국식 영어가 아닌 독일식 액센트를 버리지 못했다.

유니언 신학교에서 은퇴한 후 그는 시카고 대학에서 강의를 했다. 한번은 『타임』지 표지 인물로 나왔는데 그 특유의 시무룩하고 울적한 표정의 사진이 실려 있었다. 그리고 아래에는 "우리의 과학 기술은 로켓이 우주를 향하여 올라가는데 틸리히는 인간 실존의 가장 깊은 곳을 바라보고 있다"라고 하는 표제가 붙어 있었다. 그는 거인 신학자로서 존경을 받으며 강의를 하고 설교하다가 1965년 10월 22일 일흔아홉의 나이에 심장마비로 별세했다.

그의 신학은 여러 가지 독특한 면이 있으나 라틴어를 깊이 알고 있어서인지 그 동안 통상적으로 사용해오던 신학적 용어에 대해 언어적으로 깊이 파고들어 그 근본 의미를 파헤치는 작업을 했다. 그렇게 함으로써 서구 신학에서 써오던 용어들을 많이 바꾸어버렸는데 예를 들면 죄(sin)라는 말을 분리(separation)라는 말로, 은혜(grace)라는 말을 재연합(reunion)이라는 말로 대치했다.

그의 설교나 강의를 듣다보면 마치 불가의 선승이 노선사의 가르침을 받을 때처럼 충격적인 깨달음으로 와 닿는 간략한 단어들을 만날 때가 있다. 이런 신앙적인 깨달음을 준 틸리히에 대해 나는 늘 감사하게 생각한다.

그를 만난 지 50년이 지난 지금에도 그의 모습은 지워지지 않고 있다. 잔잔하면서도 투박한 음성, 독일식 액센트, 웃음이 없는 침통한 표정, 그런 침울하고도 엄숙한 모습 뒤에 깊으면서도 전혀 어둡지 않은 그의 '아름다운' 신학이 있는 것, 그 모두가 내게는 강한 인상으로 남아 있다.

나는 틸리히를 제일 처음 캐나다에서 책으로 만났다. 6·25를 치르고 난 직후 나는 인간 실존의 근저에 대해 비관적인 의문과 함께 수많은 부조리에 대한 기억들로 짓눌려 있었다. 그럴 때 만나게 된 그의 설교집 『흔들리는 터전』에서 '너는 받아들여졌다'라고 하는 설교문을 읽고 너무 감격하여 몇 날을 잠을 못 잘 정도로 흥분했었다. 그의 설교 하나하나가 차원 높은 감동을 담고 있지만 그 가운데서 내게 특히 깊은 감동을 주었던 몇 부분을 간추려서 여기에 소개하고자 한다.

사람이 산다는 건 모험입니다.

모험에는 대부분 실패가 따르게 마련입니다.

모험과 그에 따른 실패로 인해 저지른 잘못은 하나님의 용서를 받습니다.

그러나 사람들은 실패하지 않으려고 모험을 하지 않습니다.

결국 모험하지 않는 사람은 삶을 회피하면서 하나님이 용서하실 수 없을 정도로 온몸 깊숙이 실패를 심습니다.

다음에 소개하고자 하는 틸리히의 설교 세 편은 나의 삶에 태풍처럼 다가와 나의 신앙과 사고에 큰 변화를 일으킨 내용이다. 그 태풍의 핵은 아직도 수그러들지 않고 내 속에 자리잡고 있으며 내가 지치거나 안이해지려고 할 때면 언제든지 신선한 바람을 일으킬 준비를 하고 있다.

'거룩한 낭비'라는 글은 내가 번역한 『새로운 존재』 중에 있는 것이고, '종교의 멍에'와 '너는 받아들여졌다'는 김천배가 번역한 『흔들리는 터전』 중에서 발췌 요약한 것임을 밝혀둔다.

거룩한 낭비(holly waste)

신약 「마가복음」 14장 3절에서 9절에 기록돼 있는 예수님과 제자들, 그리고 죄 많은 여인에 관한 이야기로, 예수님이 제자들과 함께 식사하는 자리에서 죄 많은 한 여인이 비싼 나드 향유를 담은 옥합을 깨뜨려 예수의 머리에 붓는 것을 보고 제자들이 그 비싼 향유를 팔아서 가난한 사람들에게 주지 왜 그렇게 낭비하는가 하고 비난하자 예수님은 그 자리에서 그 여인을 두둔한다. 틸리히의 '거룩한 낭비'는 이 이야기를 토대로 한 설교이다.

이 여인이 저지른 막대한 낭비를 보고 분개한 제자들을 누가 감히 비난할 수 있겠습니까? 가난한 이를 돕는 집사나 사회사업가, 교회 행정가들은 그 제자들의 태도를 결코 비난하지 않을 것입니다. 그러나 예수나 초대 교회 지도자들은 달랐습니다. 그들은 풍부한 마음이 없이는 위대한 일이 일어날 수 없음을 알았습니다. 합리성의 울타리 안에 사로잡힌 종교는 맥빠진 종교, 타산적인 사랑은 전혀 사랑이 될 수 없다는 것을 알고 있었습니다.

예수님께서는 그 여인이 에로스 혹은 아가페의 감정에서 그런 행동을 하였는지, 또 어느 정도의 인간적인 정열과 어느 정도의 이해로 그런 행동을 하였는지는 전혀 문제삼지 않았습니다. 그 여인의 마음 속에 얽혀 있는 이 여러 가지 요소들을 분석하려고도 하지 않았습니다. 다만 그 여인의 넘쳐흐르는 심정을 이해하셨을 뿐 아니라 그것만을 받아들이셨습니다(이 말은 나에게는 큰 충격이었다. 세상의 기준으로 타인의 마음을 헤아리고 분석하는 게 아니라 그 심정 자체를 받아들일 줄 아는 것. 그게 사랑이다).

인류의 역사는 두려워하지 아니하고 자기 자신을 낭비한 남녀들의 역사입니다. 이들은 넘쳐흐르는 심정으로 자기 자신과 여러 물질을 낭비하였습니다. 그들은 하나님이 자연과 역사, 창조와 구원 속에서 낭비하신 것처럼 그렇게 낭비하였습니다. 율법을 초월하는 루터의 하나님은 창조의 하나님이시며, 다시 창조하기 위해 파괴하시는 낭비의 하나님이 아니었습니까? 그런데 오늘날 프로테스탄티즘은 자신을 낭비하는 성자들을 잃어버려 결국 손실을 가져왔습니다. 우리는 베다니에서 제자들이 취한 태도와 똑같이 합리적인 목적을 추구하는 종교적이고 도덕적인 공리주의의 위험에 빠져 있는 것은 아닙니까?

많은 사람들이 넘쳐흐르는 심성을 지니고 있습니다. 그러나 법률이니 인습이니 엄격한 자제력이니 하는 따위가 이 풍부한 심정을 억눌러 마침내는 이러한 심정을 사멸시켜 버렸습니다. 자기 자신을 낭비할 수 없기 때문에 사람들은 병이 나는 것입니다.

예수께서는 그 여자가 부은 기름을 자신의 죽음과 결부시켰습니다. 왕들이 왕위에 즉위할 때에는 기름이 부어졌으며 죽은 자에게 주는 산 자의 마지막 선물도 시체에 기름을 붓는 일이었습니다. 십자가는 성스러운 낭비, 즉 황홀한 자기 포기를 부정하지 않습니다.

종교의 멍에(bondage of religion)

「마태복음」 11장 25~30절에 있는 "수고하고 무거운 짐 진 자들아 다 내게로 오라. 내가 너희를 쉬게 하리라. 나는 마음이 온유하고 겸손하니 나의 멍에를 메고 내게 배우라, 그러면 너희 마음이 쉼을 얻으리니. 이는 내 멍에는 쉽고 내 짐은 가볍기 때문이니라"를 본문으로 삼아 틸리히가 설교한 내용이 '종교의 멍에'이다.

예수의 말씀에서 우리는 세 가지 문제를 의제로 삼아야 합니다. 무거운 짐이란 무엇인가. 그가 우리들에게 무거운 짐 대신 메어 주려고 하는 가벼운 멍에, 가벼운 짐이란 무엇인가. 어째서 예수만이 우리들에게 그와 같은 '쉼'을 줄 수 있는가.

예수가 우리들에게서 떼어버리려고 하는 무거운 짐이란 바로 종교라는 짐입니다(이것은 나에겐 엄청난 충격이었다). 당시에 종교적 교사들이 백성들에게 씌우는 종교적 율법의 멍에입니다. 수고하고 무거운 짐 진 자들이란 종교적 율법의 멍에 아래서 신음하는 사람들을 말하는 것입니다. 예수가 주시는 멍에는 종교를 뛰어넘는 새로운 존재입니다. 여기에 예수의 말씀의 깊이가 있는 것입니다.

공포와 불안은 누구나 생리적으로 가지고 있습니다. 종교의 율법은 인간이 자기의 불안과 절망을 극복해보려는 시도요, 자신 안에 있는 구렁을 메우고 불사성과 영성에 완전히 도달해보고자 하는 노력입니다. 그렇기 때문에 인간은 종교적 율법 아래서 그토록 애쓰고 고행하는 것입니다.

사람은 자기가 믿을 수 없는 것을 믿으라고 하는 종교적 요구로 인하여 애쓰고 고생하는 것입니다. 그러기에 그는 일종의 신학적인 광신 속에서 다시 예전의 멍에로 돌아가며 다른 사람들이나 제자들에게도 그 멍에를 씌우려고 합니다. 즉 종교적 광신을 가지고서 정치적 이데올로기를 선점한다든지 종교의 독단을 가지고서 과학적 이론을 배척한다든지, 그렇지 않으면 하나의 종교에 불과한 자기들의 신조인 멍에를 모든 나라에 억지로 씌움으로써 유토피아적 기대를 세계 구원의 조건으로 선언하는 것이 다 그런 것들입니다.

종교적 율법은 모든 면에서 완전하기를 요구합니다. 기독교인이라고 불리는 사람들로서 도저히 도달할 수 없는 무수한 율법 아래서 고생하고 애쓰는 것, 그리고 그 율법으로부터 달아나는가 하면 되돌아오고, 다른 율법으로 대치시키는 것, 이런 것이야말로 예수께서 우리를 해방시키려는 것입니다.

그런 것들은 모두 우리를 종교에 예속시킵니다. 새로운 종교의 율법을 만들어 냅니다. 그러나 예수께서는 종교의 율법을 쳐 이기시는 것입니다. 우리들의 실존이 지니고 있는 불안과 절망과 공포와 동요를 극복하는 존재, 권능, 실재를 지목하는 말입니다.

우리들인 이 새로운 실재를 어느 곳에서 느끼고 얻을 수 있을까요? 그런데 우리들이 그것을 찾아낼 수는 없습니다. 그러나 그것이 우리들을 찾아낼 수는 있습니다. 내게로 오라는 예수가 부르시는 의미는 바로 이것입니다.

예수는 새로운 신학이나 새로운 종교적 율법을 우리들에게 부과하지 않습니다. 오히려 예수는 새로이 존재하는 것, 새로운 존재는 보편, 편재하는 것이기에 누구나 그것에 참여할 수 있다는 것을 의미합니다.

예수의 존재는 예수의 노력이나 수고의 결과가 아니며, 예수의 독자성 역시 종교적 율법에 얽매인 것이 아니라 도리어 종교와 율법의 승리에 있습니다. 그러므로 예수는 종교와 율법, 무거운 짐과 멍에를 사람들에게 지우는 일을 하지 않습니다. 만일 예수가 기독교라는 종교 혹 기독교 교리, 도덕이라는 곳으로 우리를 부르시는 것이라면 우리는 혐오의 감정으로 그의 부르심을 거역할 것입니다. 예수는 기독교의 창시자가 아니라 모든 종교의 승리자입니다. 예수는 새 율법을 작성한 분이 아니라 모든 율법을 이기신 분입니다.

기독교의 목사, 교사인 우리들은 여러분을 기독교라는 종교에 초청하는 것이 아니라 새로운 존재에게로 초청하는 것입니다. 여러분이 예수의 부르심을 들을 때 여러분은 온갖 기독교의 교리, 자기 확신, 유혹 등을 잊어버리십시오. 우리가 예수를 그리스도라 부르는 것은 결코 그가 새 종교를 가져왔기 때문이 아니라, 그야말로 종교를 끝내버린 분으로서(end of religion) 종교와 비종교, 기독교와 비기독교를 초월하는 곳에 위치하고 있기 때문입니다.

너는 받아들여졌다(You are accepted)

이는 "율법이 더해지면 범죄는 더욱 늘어납니다. 그러나 죄가 많은 곳에 은혜가 더욱 넘치게 되고"(「로마서」 5장 20절)를 주제로 한 설교 내용이다.

죄는 결코 복수(複數)로 쓰여서는 안 됩니다. 온갖 죄(sins)가 아니라 죄(Sin)는 하나입니다. 아직도 사람들을 누구누구는 죄인, 누구누구는 의인이라고 부름으로써 인간을 나누는 것이 인간의 오만이자 과오임을 알고 있나요?

죄란 '분리'(separation)입니다. 분리는 우리가 모두 경험하게 되는 일면으로, 모름지기 '죄'라는 말은 '산산이 부서진다'

(asunder)와 동일한 어원을 가지고 있습니다. 죄는 갈라지는 것입니다. 죄의 상태에 있다는 것은 분리 상태에 있다는 말입니다.

이 분리에는 세 가지가 있습니다. 첫째는 개개 생명 사이의 분리, 둘째는 자기로부터의 분리, 셋째는 존재의 근원으로부터 인간 전체의 분리입니다.

우리들은 인간으로 분리 상태에 있다는 것을 알고 있습니다. 실존은 분리입니다. 죄란 어떤 행위(act)이기에 앞서 어떤 상태(status)입니다. 반대로 은혜라는 말은 생명과 생명의 재결합이며 자기가 자신과 화해하는 것입니다. 은혜는 숙명을 의로운 천명으로 변화시키며 죄과를 확신과 용기로 변하게 합니다(은혜라는 말에는 무엇인가 승리를 연상케 하는 것이 들어 있습니다).

죄 곧 분리, 은혜 곧 재결합(reunion)이라는 말은 분명 우리에게 새로운 의의를 가지게 될 것입니다. 자신을 사랑한다는 것은 남도 사랑할 수 있는 것, 자기 경멸을 극복하는 법을 배운 사람은 남에 대한 경멸도 극복할 수 있습니다. 우리들 한 사람 한 사람 속에는 자기 파괴의 본능이 있고, 마찬가지로 자기 보호의 본능이 똑같이 강합니다. 남을 학대하고 파괴하려는 우리들의 경향 속에서 저 자신을 학대하고 파멸시키려는 현재적, 잠재적 경향이 들어 있습니다.

현대 심리학의 도움을 빌리지 않고도 바울은 이 사실을 다음의 유명한 말로 표현하고 있습니다. "나는 내가 원하는 선을 행하지 못하고 도리어 원하지 않는 악을 행합니다"라고 말했습니다. 만일에 내가 원치 않는 것을 내가 행한다면 이를 행하는 것은 내가 아니고 내 속에 있는 악입니다. 그 사도는 자기가 의식하는 의지와 자기 참 의지 사이에서, 그리고 자기 자신과 자기 안에서 자기에게 반항하는 이상한 그 무엇과의 사이에서 일어나는 분열을 자각하였던 것입니다. 그는 자기 자신에서 이탈하고 있었습니다. 그는 그 이탈을 죄라고 불렀습니다. 그리고 그는 또 그것을 저항하기 어려운 충돌이라고 불렀습니다. 죄는 가장 심각한 의미에서 절망이라는 형태로 우리들 안에서 부풀어가고 있습니다.

"그러나 죄가 많은 곳에는 은혜가 더욱 넘치게 되었습니다."

타인과 분리되거나 또는 저 자신과 분리되는 가장 큰 분리의 순간에 나타난 그리스도 예수의 모습 안에서 버림받으면서 오히려 받아들여진 자기 자신을 발견했던 것입니다. 그리고 이렇게 받아들여졌음을 알았을 때 그는 있는 그대로의 자신을 용납할 수 있었고, 남과도 화해할 수 있었습니다.

그러면 은혜가 넘친다는 말은 무엇을 의미하는 것일까요. 그것은 우리들이 갑자기 하나님이 존재한다는 것, 혹은 예수가 구주라는 것, 혹은 성서가 진리를 가졌다는 것을 믿는 것을 의미하는 게 아닙니다.

무엇인가 있다는 것을 믿는다는 것은 은혜와는 반대되는 것입니다. 은혜가 빠진 하나님과의 관계는 필연적으로 우리를 교만으로 이끌어가거나 그렇지 않으면 절망으로 이끌어갈 뿐입니다. 은혜를 제외한 채로 하나님과 그리스도와 성서를 받아들이기보다는 오히려 그것을 거부하는 편이 나을 것입니다. 왜냐하면 우리들이 은혜 없이 이를 받아들인다면 그것은 분리 상태에서 받아들이는 것이요, 그 결과는 오히려 분리를 더 심각하게 만들 뿐이기 때문입니다.

갑자기 은혜가 우리를 엄습합니다. 자기 존재에 대한 혐오, 몰인정, 유약함, 적개심, 반항과 고요함의 결여, 이런 것들로 우리가 더 이상 견딜 수 없게 될 때 은혜는 우리를 엄습합니다. '너는 받아들여졌다'는 것은 너보다 위대한 자가 너를 받아들인다는 말입니다. 당신은 그의 이름을 모릅니다. 아직은 아무 것도 하려고 애쓰지 마십시오. 아마 머지 않아 더욱더 많은 것을 하게 될 테니까요. 아무 것도 구하지 마십시오. 아무 것도 행하지 마십시오. 아무 것도 의도하지 마십시오. 다만 당신을 받아들인다는 사실만을 받아들이십시오. 은혜는 죄를 극복하고 화해는 이탈의 심연에 다리를 놓습니다.

우리들은 상대방의 눈을 솔직히 들여다볼 수 있는 은혜, 생명과 생명의 기적적 재결합의 은혜를 경험합니다. 비록 다른 생명이 우리를 향하여 적의를 가지고 해를 끼치려고 할지라도 그것을 용납할 수 있는 은혜를 우리는 경험하게 됩니다. 이성간의 비극적 분리, 세대와 세대, 국가와 국가, 민족과 민족 사이의 비극적 분리, 나아가서는 인간과 자연 사이에 있는 어쩔 수 없는 분리까지도 이겨낼 수 있는 은혜를 경험합니다. 나보다 더 위대한 분이 나를 받아들인다는 것을 자각했기 때문입니다. 우리는 다만 우리 생명이 가지는 영원한 의에 대한 확신으로 우리 스스로의 생명을 사랑할 수 있으며 우리 자신도 이를 용납할 수 있기 때문입니다.

쓰디쓴 고난의 열매

산업사회에서 소외되는 인간들

드디어 5월로 학기가 끝나게 되자 나는 기숙사에서 나와 새 거처로 옮겼다. 이제부터는 본격적으로 일을 하며 공부를 해야 하는 고된 나날이 시작된 것이다. 나는 시내에 조금 큰 방을 구해 치과 의사로서 미국 의사 면허를 따기 위해 공부하고 있던 김낙희라는 사람과 함께 자취를 시작했다.

내가 학교를 통해 처음 얻은 일자리는 뉴욕 생명보험 회사였다. 그곳에서 내가 하게 된 일은 찾으라는 지시가 떨어진 사무용 파일을 지하 4층에서 찾아내고, 한 번 쓴 파일이 내려오면 다시 제자리에 갖다놓는 최하급 수준의 단순한 노동이었으나, 더 나은 곳에 취직할 방도가 없으니 어쩔 수 없었다. 공부도 병행해야 했으므로 나는 월 · 수 · 금요일 사흘만 일을 하고 화 · 목요일과 주말에는 공부에 집중했다.

그때 미국인들과 일하면서 비록 단편적이기는 하지만 미국 사회의 실상이랄까 이면을 생생하게 접할 수 있었다. 나와 함께 일하던 사람 중에는 컬럼비아 대학 대학원에 다니는 흑인이 있었다. 기혼자였던 그는 나이가 나보다 아래였으며 나를 매우 따랐다.

그런데 주급을 받는 어느 날, 돈을 받아서 내게로 오더니 그만 울음을 터뜨리는 것이었다. 까닭을 물어보니 주급 봉투 안에 '회사 사정으로 다음 주부터 당신에게 일자리를 줄 수 없다. 다시 일자리가 나면 연락을 할 테니 기다리라'고 쓴 통지문이 들어 있다는 대답이었다.

"이것이 유일한 수입원인데, 이제 살 길이 막막해요."

나는 그의 모습이 딱해서 아무 말도 하지 않고 가만히 보고 있기가 힘들었다.

"인사과에 가서 한 번 이유를 물어보고 일할 수 있는 길을 찾아보도록 하는 게 어떨까?"

그러나 그는 허튼 짓이라며 고개를 내저었다. 그의 말에 의하면 물어볼 것도 없이 이유는 뻔하다는 것이었다. 미국 사회는 법률적으로는 인종 차별이 금지되어 있어 전체 사원 중 일정 비율을 흑인으로 고용해야 하는 의무 조항이 있으나 실제 회사에서는 흑인을 고용하기 꺼리므로 적은 일자리 수에 비해 흑인이 많아지면 얼마 안 가 사람을 바꾼다는 것이었다.

"어쩌면 흑인인 내가 대학원을 다니는 것도 미친 짓인지 모르죠. 대학원을 마치고 사회에 나와 봤자 주어질 일이라는 게 고작

해야 택시나 트럭 운전사밖에 없을 테니까요."

그는 이렇게 말하며 자조적인 미소를 지었다. 그의 이런 얘기는 심각한 흑백 문제와 함께 미국 사회의 이중성과 위선을 절감하게 해주었다.

그곳에서 일하면서 또한 산업 사회에서 사는 인간들의 삶이 얼마나 비인간화되고 소외되어 있는가를 깨닫게 되었다. 그곳에서 일하는 사람 중에 꽤 나이를 먹은 백인이 하나 있었는데, 그가 하는 일은 하루 종일 파일에 구멍을 뚫는 일이었다. 그런데 그는 그 단순한 작업을 무려 37년이나 해왔다고 했다. 나는 그 말을 듣고 기가 막혔다. 마치 파일에 구멍을 뚫기 위해 태어난 것 같은 그의 모습을 보며 나는 하나의 기계로 전락해버린 인간의 삶이 얼마나 끔찍한가, 그리고 자유롭고 풍요로운 나라로 알려진 미국에 이런 모습의 인간도 있구나 하는 생각에 소름마저 끼쳐왔다.

사람들이 자신의 일에 보람을 느끼지 못하니 작업 시간이 재미있을 리 없었다. 출근 시간은 8시 반인데 오전과 오후에 한 차례씩 허락되는 이른바 커피 브레이크(coffee break) 15분씩과 점심 시간 30분을 제외하면 오후 4시 반까지 꼬박 일해야 했다. 나는 일하면서 자꾸 시계를 보곤 했는데, 커피 브레이크까지 시간이 얼마 남았는가를 확인해 보기 위해서였다.

퇴근 때는 펀치(punch, 출퇴근 시간을 기록하는 기계)라는 것을 찍도록 되어 있었는데 정해진 시간보다 1분이라도 빨리 퇴근하면 감봉을 당하게 되므로 사람들은 일이 빨리 끝나도 그 시간까지 기다렸다가 펀치를 찍곤 했다.

무엇보다 인상적이었던 것은 퇴근 시간에 일터를 빠져나가는 사람들의 모습이다. 사람들은 4시 30분만 되면 누가 쫓아오기라도 하듯 서둘러 회사를 빠져나갔다. 그냥 빨리 걷는 정도가 아니라 아예 뛰어나갔다. 처음에 나는 무슨 일이 있는 줄 알고 영문도 모른 채 같이 뛰어나갔으나, 곧 그들이 급하게 갈 데가 있어서 그러는 것이 아니라 그저 회사로부터 1초라도 빨리 벗어나기 위해 그런다는 것을 알게 되었다. 어쩌면 기계적인 작업에서 해방된 기쁨이 뛰는 행동으로 자연스럽게 표출되었는지도 모른다. 그 순간은 사람이 기계에서 인간으로 돌아오는 순간이기 때문이다.

나는 그들의 군상을 보면서 사람이 자기가 하는 일에서 보람과 의미를 느끼지 못하고 순전히 돈을 버는 기계로 전락하는 것이 얼마나 비참한 일인가를 뼈저리게 느낄 수 있었다.

막노동에 지친 유학생활

그러다가 나는 야간에만 일하고 보수도 더 받을 수 있는 새 직장을 얻게 되었다. 새 직장은 유명한 출판사인 랜덤 하우스(Random House)였다. 학교에서 상당히 떨어진 리버사이드 11번가에는 랜덤하우스 사의 큰 창고가 있었는데, 그곳에는 배편으로 외국에 수출되는 책들이 가득 쌓여 있었다. 나는 책을 500권씩 묶어서 배까지 날라다 싣는 일을 하게 되었다. 한마디로 막노동이었다.

노동 시간은 오후 5시에서 새벽 1시까지 8시간이었는데, 보수가 전 직장보다는 괜찮아서 아파트를 새로 얻어 독립할 수 있었다. 하지만 육체적으로 힘든 일을 하며 공부하는 일이 생각만큼 쉽지 않았다. 아침 8시에 학교에 갔다가 보통 오후 3시까지 강의를 듣고 4시가 되면 버스를 타고 일터로 갔다. 그리고 새벽 1시까지 힘들게 일을 한 후 다시 버스를 타고 집에 오면 새벽 2시였다. 집에 도착해서는 식은 음식으로 아무렇게나 시장기를 달래고 쓰러져 자기에 바빴으니 하루 종일 피곤에 절어 살아야 했다.

자취를 시작한 후에는 식사 문제도 여간 부담스럽지가 않았다. 김치는 앞에서 말한 성악가 심복희가 주로 담가다 줬으나, 매일 밥을 해먹을 수가 없어서 일요일 저녁이면 금요일까지 먹을 밥과 국을 한꺼번에 만들어서 냉장고에 넣어두고 끼니마다 꺼내 데워 먹었다. 그런 식사가 맛도 영양가도 있을 리 없지만 그래도 토요일이면 아는 여학생들이 자주 찾아와 푸짐하게 요리를 해 먹는 즐거움이 있어 다소 위안이 되었다.

그 시절 막노동에 지친 몸을 이끌고 아파트에 돌아와 썰렁하기만 한 방의 불을 켰을 때, 피곤함보다 나를 더 힘들게 한 것은 엄습하는 외로움과 우울함이었다. 나는 반겨줄 사람이 아무도 없는 빈 집으로 돌아가는 게 너무 싫어서 고양이 한 마리를 사다가 키우기도 했다. 그러고 나니 그래도 문을 열면 "야옹" 하고 반겨주는 소리가 있어 훨씬 위로가 되었다.

그런데 얼마 후 한창 정이 든 그 고양이가 그만 무슨 일이 있었는지 죽고 말았다. 동물들에게 마냥 약하기만 한 나는 고양이의 죽음에 상처를 받은 나머지 이틀 동안 밖에 나가지도 못하고 울었다. 내 상심이 얼마나 깊었는지 가까운 학생들이 소식을 듣고 위로차 찾아올 정도였다. 본래 내 마음이 여리고 울보이기도 하지만 아마 그때 내가 외로웠기 때문에 유일한 동반자인 고양이의 죽음이 그만큼 더 가슴 아팠는지도 모르겠다.

랜덤하우스 사 창고에서 같이 일하던 동료 중에는 한국인도 있었다. 나와 함께 자취를 했던 김낙희, 그리고 역시 치과 의사였던 노광욱이었다. 휴식 시간이면 그들과 만나 서로 고충도 털어놓고 이런저런 얘기도 나눌 수 있는 것이 힘든 생활에서 그나마 상당한 위안이 되었다.

그곳에서 일하면서 가장 힘들었던 것은 동료들과의 관계였다. 그들은 대부분 미국 사회의 하층 계급에 속한 사람들로 교육도 제대로 받지 못했을 뿐만 아니라 특별한 기술도 없는 하루살이 인생들이었다. 따라서 쓰는 말도 거의가 저속하기 짝이 없는 은어나 속어, 비어들이어서 나는 그들의 대화를 제대로 알아들을 수도 없었다.

쓰는 말이 그러한 것처럼 행동거지 또한 올바를 리가 없었다. 가만히 보니 그들은 감독하는 사람의 눈을 속이며 책을 도둑질해 내고 있었다. 저녁 도시락을 넣어 가지고 온 가방에 책을 몇 권씩 몰래 넣어서는 밖에 가지고 나가 팔아먹는 것 같았으나 확실한 증거도 없이 가방을 검사했다가는 당장 인권 침해라고 항의를 받을 테니 감독관도 섣불리 무슨 조치를 취하지 못하는 모양이었다.

그것까지는 나와 상관없는 일이니 좋은데, 문제는 그들이 내게도 같은 짓을 하기를 강요하기 시작한 것이었다. 나는 내 직업이 목사라며 거절했으나 막무가내였다. 내가 고자질할까봐 겁이 난 그들은 이번에는 "그렇다면 우리들이 네가 원하는 책을 대신 빼내 줄 테니 그걸 받으라"고 했다. 내가 아무리 고자질을 안 한다고 해도 기어이 나를 공범을 만들어야 안심이 되는 모양이었다.

그들의 의도를 알게 된 나는 그것까지 거절을 하면 오해를 받을 것 같아 할 수 없이 그들의 제의를 받아들이게 되었다. 그래서 창고에 있는 책 중 임어당(林語堂)의 책을 갖고 싶다고 했더니 그날 밤, 일이 끝난 후 그들은 그 책을 내게 넘겨주었다. 그들이 원하는 대로 공범이 된 셈이었다. 어쩔 수 없이 도둑질에 가담한 꼴이 되었으니 여간 마음이 찜찜한 게 아니었다.

영국 여인 샐리와의 아쉬운 만남

보험회사와 출판사에서 이렇게 힘든 나날을 보낼 무렵, 내게는 펜팔 친구가 한 명 있었다. 나의 편지 친구는 샐리 히팅스(Sally Hittings)였다. 내가 그녀와 편지 친구로 인연을 맺게 된 것은 1953년 캐나다에서 공부하던 시절 앤 브라운(Ann Brown)이라는 캐나다 여학생을 통해서였다.

매니토바 대학에 다닐 적에 참가했던 기독학생 캠프에서 만나게 된 앤 브라운은 동양의 유교 사상에 관심이 많아 나와 얘기를 나누며 가까워졌다. 앤은 친절하면서도 지적 호기심이 많아 내가 잘 하지도 못하는 영어로 유교에 대해 설명해주는 것을 아주 흥미 있게 들어주었다.

한번은 앤이 자기의 친한 여자 친구를 하나 소개해줄 테니 펜팔을 해보지 않겠느냐고 물어왔다. 그래서 소개받아 편지를 교환하게 된 사람이 샐리였다. 샐리는 케임브리지 대학에서 식물학을 전공하고 있는 여학생이었다.

나는 샐리에게 유교 사상 등 동양에 대한 얘기와 한국인으로서 캐나다에서 공부하고 생활하며 느끼는 것들을 적어보내곤 했는데, 서로 만나보지도 못한 상태에서 편지만 주고받는 처지였던 만큼 자유로우면서도 담백한 우정을 쌓아갈 수 있었다.

내가 미국으로 온 후에도 계속 편지를 교환했는데 그때 샐리는 영국 케임브리지 대학에서 박사 학위를 받은 후 캐나다로 건너와 매니토바 대학에서 연구를 계속하고 있었다.

1955년 여름 어느 날 내가 일을 마치고 아파트에 돌아와 보니 복도에 하얀 옷을 입은 귀여운 인상의 아가씨가 두리번거리고 있었다. 나는 당연히 다른 사람을 찾아온 방문객으로 생각하고 무심코 내 방문을 열고 들어가려 하는데, 그 여자가 좀 머뭇거리며 내게 다가왔다.

"혹시 당신이 강원용이라는 사람입니까?"

"그런데요?"

내게 이런 어여쁜 서양 아가씨가 찾아올 리 없어 나는 잠시 멍하니 그녀를 바라보았는데 그녀가 자기 소개를 했다.

"난 샐리에요."

나는 그녀의 말에 깜짝 놀랐다. 그 동안 편지에서 나를 방문하겠다는 얘기를 비친 적이 없었기 때문이었다.

"이거 정말 뜻밖에 만나게 되어 반갑군요. 그런데 여기는 연락도 없이 어떻게 오셨습니까?"

"캐나다에서 공부를 마치고 영국으로 돌아가는 길에 당신도 만나볼 겸 뉴욕에 들른 것입니다. 당신을 한 번 보고 싶었습니다."

나는 그녀에게 먼저 숙소는 정했느냐고 물었다. 내 질문에 그녀는 좀 뜻밖이었는지 당황해하면서 "아직 정하지 않았다"고 대답했다. 마침 여름 방학이어서 내가 친구들과 자취하는 아파트에 비어 있는 방이 많아 우선 그녀에게 방부터 하나 잡아준 후, 그녀를 데리고 중국집에 가서 저녁을 사주며 얘기를 나눴다.

그간 서로 편지를 교환했던 사이인 만큼 할 말이 많아 우리의 얘기는 저녁 식사가 끝난 후 그녀를 방으로 데려다 준 후에도 꽤 오래 이어졌다. 그녀는 독실한 성공회 신자였으므로 기독교에 대한 대화도 꽤 진지하게 나누었다.

손님을 접대하는 예의대로라면 다음날부터 그녀가 떠날 때가지 뉴욕도 안내해주고 여러 가지로 그녀를 불편하지 않게 보살펴주는 게 도리였으나, 가난한 고학생으로서 직장에 빠질 수가 없는 처지였다.

"사실은 내가 일을 나가야 하는데……."

염치 불구하고 나는 그런 말을 하고 말았다.

"걱정하지 마세요. 나는 뉴욕이 처음이니까 당신이 일하는 동안 혼자 뉴욕 관광이나 하지요."

나는 그녀의 말을 그대로 받아들이고는 평소와 다름없이 일을 하러 나갔다. 우리가 같이 시간을 보낼 수 있는 것은 저녁 때 잠깐뿐이었다. 사흘이 채 지나지 않은 날 저녁에 돌아오니 그녀는 조금 슬픈 표정으로 떠나겠다고 했다.

"예정을 바꾸어서 내일 아침 배로 떠나기로 했어요."

나는 이상하다 싶으면서도 그녀의 말대로 다음날 아침 그녀를 배웅해주러 함께 부두로 나갔다. 나는 그녀에게 제대로 대접을 못해 정말 미안한 마음이었는데, 그래도 그녀는 헤어지기가 아쉬웠는지 배에 오른 뒤에도 계속 나를 향해 손을 흔들었다. 그러더니 다시 내 쪽을 향해 터벅터벅 걸어 내려왔다. 그리고는 목에 걸고 있던 십자가 목걸이를 빼서 내 목에 걸어주는 것이었다. 그녀의 눈엔 눈물이 가득했다.

샐리를 그렇게 보내고 나니 내 마음은 매우 무거웠다. 예고에도 없는 급작스런 방문이었으나, 서양 여자 더구나 영국 여자가 그런 형식을 따지지 않고 나를 찾아왔다는 것은 그만큼 나를 가깝게 느꼈다는 말이기도 할 것이다. 그런 그녀를 제대로 대접하지도 못한 채 어정쩡한 마음으로 떠나보내고 말았다.

그로부터 7년 뒤 런던에 회의에 참석하러 가게 되었을 때 나는 누구보다 샐리를 만나보고 싶었다. 뉴욕에서 제대로 대접해주지 못했던 마음의 빚을 씻고 싶었기 때문이다. 그러나 나와 샐리는 씁쓸한 결말만 남겼으니, 모두가 나의 부족함 때문이었다.

학위와 영주권을 거머쥐고

이래저래 심신 양면으로 피곤하고 부담스러운 랜덤 하우스 일로 점점 지쳐갔지만 목표한 학위 논문을 끝내야 한다는 생각으로 학업과 일을 계속 버텨나갔다. 그렇게 노력한 결과 나는 다행히 기간 내에 의도했던 논문을 써서 제출할 수 있었고, 그것도 뜻한 대로 우수한 성적으로 통과되어 유니언 신학교 도서실에 남게 되었다. 논문이 통과됨에 따라 나는 1956년 5월 유니언 신학교에서 신학석사 학위(S.T.M.)를 받게 되었다. 유학을 떠난 지 만 2년 9개월 만이었다.

그 동안의 고생이 한꺼번에 보상을 받는지 학위를 받게 된 그 무렵 내게는 예상치 않은 좋은 기회가 찾아왔다. 그때 워싱턴에는 김창순 박사가 살고 있었는데, 그는 원래 침례교 목사로 1956년 5월 워싱턴에 한인 침례교회를 세우게 되었다. 교회 신도는 대부분 유학생과 교포 청년들이었는데 그런 이유 때문이었는지 내게 그 교회 목사일을 맡아달라고 요청을 해왔다. 주일마다 설교를 맡아서 해주면 한 달에 350달러를 주겠다는 것이었다. 주말에만 시간을 내면 되는데다 원래 내 직분에 맞는 일을 하고 보수도 넉넉히 받을 수 있으니 정말 좋은 조건이었다.

워싱턴에서 온 제의는 신학석사 학위를 받고 난 후 학업을 계속할 것인가 말 것인가 하는 문제로 갈등하던 내게 결정적인 영향을 미치기도 했다. 학위를 받고 난 후 나는 '이제 가족들 문제도 있고 하니 귀국해야 하나, 아니면 하고 싶은 공부를 더 해야 하나' 하는 선택의 문제로 다시 한 번 고민하고 있었다.

내가 그런 고민을 다시 하게 된 것은 그때까지 내가 미국에서 공부한 학문의 실제적인 효용성 때문이었다. 이미 말했듯이 내가 어려움을 무릅쓰고 굳이 유니언 신학교에서 공부하기로 한 이유는 사회적 실천으로서 기독교 윤리를 체계적으로 배워서 그것을 한국 사회의 개혁을 위해 적절하게 적용시켜 보려는 데 있었다.

그러나 내가 유니언 신학교에서 공부한 대상은 미국 사회지 그와는 엄청나게 다른 한국 사회가 아니었다. 중요한 정치 · 사회 문제는 물론 가정 문제나 남녀 문제, 성 문제 등에서도 미국 사회와 한국 사회는 완전히 다른 배경과 양상을 나타내고 있으며 의식 구조의 편차도 심했다.

이미 당시 미국 사회는 호모 섹스가 성 논쟁의 초점으로 등장하고 있었고, 유명한 킨제이 보고서가 발표되어 개인적 영역으로 은폐되어 있던 성생활이 공개적으로 논의되고 핵가족 문제가 뜨거운 사안으로 다루어지고 있었다. 정치 · 경제 · 사회 문제 역시 미국 사회에서 주요 쟁점으로 부각되는 것과, 민주 의식이나 경제 수준에서 까마득하게 뒤떨어졌을 뿐 아니라 문화적 배경이 크게 다른 당시 한국 사회에서 중요한 사안은 크게 달랐다.

이러한 자각이 들면서 나는 '도대체 지금까지 내가 공부한 내용을 갖고 한국에 돌아가 무엇을 할 수 있을 것인가, 기껏해야 우리 사회와는 동떨어진 미국 사회의 모습이나 공허하게 떠들게 되는 것이 아닌가' 하는 심각한 회의에 빠지지 않을 수 없었다.

그런 회의와 갈등과 고민 끝에 내린 결론은 사회학을 공부해 보자는 것이었다. 그 중에서도 사회조사 방법론을 배워 우선 한국 사회를 정확하게 분석하고 파악한 연후에 기독교 윤리든 뭐든 거기에 맞춰 적용을 시켜야지, 그런 작업이 선행되지 않은 채 우리 사회에 미국의 이론을 억지로 갖다 맞출 수는 없는 노릇이었다.

사회학을 공부하기 위해 내가 찾은 곳은 뉴욕 14번가에 위치한 뉴 스쿨(New School for Social Research)이었다.

워싱턴 한인 침례교회의 목사 초빙 제의를 수락하면서 나는 사회학 공부를 새로 시작하기로 맘을 굳혔다. 교회에서 주는 돈만으로도 학비와 생활비 모두 해결할 수 있는데다 목사로 일하게 되면서 얻기 어렵다는 영주권도 얻게 되어 공부를 계속하는 데 이제 아무런 문제도 없었다. 김창순 박사가 영주권 신청 수속을 밟으라고 해서 그대로 했더니 목사이기 때문에 일차적으로 영주권이 나왔던 것이다. 한국 사람이 미국 영주권을 얻으려면 약 천 달러 정도 써야 한다고 했는데 나는 불과 25달러를 지불하고 영주권을 얻게 되었다.

영주권까지 얻게 되니 그때까지와는 다른 차원에서 가족과 학업 문제를 생각하게 되었다. 그때만 해도 미국에서 영주권을 얻고 산다고 하면 극락 세계에서 사는 것처럼 여길 때였으므로 나는 가족을 불러들여 미국 사회에 그냥 눌러앉느냐, 아니면 일단 가족과 함께 미국에서 생활하기는 하되 공부를 끝낸 후 귀국하느냐, 그것도 아니면 그냥 혼자 공부를 마친 후 귀국하느냐 하는 선택의 문제로 깊은 고민에 빠졌다.

현실적으로 보자면 고민이고 뭐고 할 필요도 없었다. 영주권도 나왔겠다, 교회에서 가족들이 생활할 집도 제공해 주겠다, 목사 월급만으로도 내 학비와 생활비가 다 해결되겠다, 도대체 망설일 이유가 없었다. 무엇보다 그 동안 고생만 한 가족들에게 고생도 면하게 해주고 아이들 교육도 선진국에서 제대로 시킬 수 있지 않느냐는 생각에 이르면 솔직히 가족과 함께 미국에 눌러앉고 싶다는 유혹을 물리치기 어려웠다.

게다가 영주권이 나왔다는 소식을 가족에게 알리지도 않았는데 미국 대사관에서 아내에게 통지를 해줘서 아내도 그 사실을 알고 내게 편지를 보내왔다. 그러니 한국에 돌아가도 당장 살아갈 방편이 마련돼 있지 않은 상황에서 가족들의 기대와 미래를 생각하면 할수록 나의 갈등은 심해졌다.

주위 사람들 의견은 두말할 것도 없이 그냥 미국에서 살라는 것이었다. 내가 그런 문제로 고민하는 것조차 별스럽다는 투였다. 그때 뉴욕에는 내가 유학을 떠날 때 "어찌 그렇게 비인도적인 짓을 할 수 있느냐"고 나무랐던 김말봉 선생이 살고 있었다. 그녀는 내 얘기를 듣고는 환영하는 투로 말했다.

"뭘 그렇게 고민하고 있어요? 망설이지 말고 우선 가족을 데려와요. 그리고 안정된 상태에서 공부를 마치고 아이들 영양 보충도 좀 시키고 한 후에 다시 생각해서 정 돌아가고 싶으면 그때 돌아가도 늦지 않아."

그러나 고민과 갈등 끝에 내가 내리게 된 결론은 달랐다. 아무리 고민을 해봐도 그런 현실적인 요구에 맞춰 내 인생을 수정해 나갈 수는 없었다. 어린 나이에 소 판 돈을 가지고 만주로 뛰쳐나갔을 때 이미 나는 내 한 몸 편해지기 위해 그랬던 것이 아니었다. 만약 그랬더라면 그렇게 가족들을 곤경 속에 내버려두면서까지 나서지 못했을 것이다. 경찰서에서 또 전쟁 중 죽음의 고비를 맞을 때마다 나는 하나님 앞에서 내 목숨을 살려주시면 나머지 인생은 하나님의 뜻을 받들며 살겠다고 약속하지 않았던가. 그런데 이제 와서 내 일신의 안정만을 취한다면, 나는 그 전까지 살아온 내 삶을 송두리째 배반하는 게 아닌가. 더구나 하나님 뜻에 맞춰 산다는 이유로 내 한 몸뿐 아니라 가족들까지 온갖 고생을 시켰는데, 영주권 하나로 하나님의 뜻과 그 동안 가족이 겪었던 고생을 송두리째 바꿔치기한다는 것은 아무래도 말이 안 됐다.

결국 나는 공부는 계속하되 가족은 데려오지 않기로 결정을 내렸다. 가족을 서울에 둠으로써 언젠가 돌아갈 내 나라에 계속 뿌리를 두고 싶었던 것이다.

뉴욕과 워싱턴을 오가다

1956년 가을 나는 워싱턴 침례교회의 주말 목사 일을 계속하면서 뉴 스쿨의 사회학 박사 과정에 등록을 했다. 뉴 스쿨은 유대인이 설립한 진보적인 학풍의 대학원 과정 학교였다. 주중에는 뉴욕에서 공부를 하고, 주말이면 워싱턴에 가 목사 일을 하는 생활은 즐겁기만 했다. 토요일 오후면 버스나 기차로 워싱턴에 가서 거기서 차편으로 다시 한 시간 정도 더 들어가야 교회에 도착할 수 있었는데, 총 소요 시간이 6시간 내외로 결코 짧지는 않았으나 나는 별로 피곤한 줄도 모르고 그곳을 왕복했다.

버스로 워싱턴에 도착하면 교회로 들어가기 전에 알고 지내던 여자 유학생들이 살고 있던 시내의 한 아파트를 방문해 같이 저녁을 해먹으며 즐거운 시간을 보내기도 했다. 그 아파트에는 당시 우리 대사관의 무관으로 나와 있던 이후락도 가끔씩 놀러 오곤 해서 그와 화투놀이를 했던 일이 기억에 남아 있다.

교회 건물 2층에는 여러 개의 침실이 있어서 나는 토요일 밤은 거기서 머물고 일요일 아침에 예배를 인도하곤 했다. 식사는 교인들이 준비해 왔기 때문에 아무 불편 없이 해결할 수 있었다.

교인들의 숫자는 처음에 마흔 명쯤 되었던 것으로 기억하는데 대부분 국제 결혼한 부부들이었다. 그 중에는 한국에서 여성 운동을 진취적으로 벌이다가 유부남이던 신흥우와 연애를 하는 바람에 미국으로 쫓겨오다시피 건너온 박인덕이란 여성도 있었다. 그녀는 당시 미국에서 자신이 살아온 얘기를 담은 『9월 원숭이』(*Setember Monkey*)라는 책을 출간해 주목을 끌고 있었다.

일요일에 예배가 끝나면 우리는 교회에서 준비한 밥과 김치에다 교인들이 만들어 온 반찬을 놓고 점심을 같이 들면서 친교의 시간을 가졌으며, 오후에는 개별 면담을 주로 했다. 나는 그 개별 면담을 통해 국제 결혼의 문제점을 자세히 파악할 수 있게 되었는데, 역시 가장 큰 갈등 요인은 서로 다른 문화와 풍습에서 기인한 문화 충돌이었다. 그런 경험 때문에 나는 지금도 국제 결혼에 대해서는 별로 긍정적인 생각을 갖고 있지 않다.

나는 목사로서 결혼식 주례도 서곤 했다. 내가 결혼시킨 커플 중에는 그후 부부가 함께 정치학 박사 학위를 받아 화제를 모았던 박정수 · 이범준 커플도 있었다.

그렇게 뉴욕과 워싱턴을 오가는 사이 나는 어느덧 뉴 스쿨에서 학위 과정을 대강 끝내고 논문을 준비해야 할 시기를 맞게 되었다. 그러면서 어려운 문제에 봉착하게 되었는데, 다름이 아니라 사회 조사(Social Research)를 공부하기 위해서는 통계학이 꼭 필요했는데 나는 통계학을 배운 적이 없어 사회조사 공부를 계속 해나가기가 매우 힘들다는 점이었다.

그러나 그 문제보다 나를 더 힘들게 한 것은 내가 공부하는 사회조사 방법 자체에 대한 회의였다. 즉 내가 배우고 있는 조사 방법이 한국 사회 실정에 잘 맞지 않는다는 생각을 갖게 된 것이다. 내가 학교에서 배운 조사 방법은 주로 조사 대상자 중 일정 수를 표본으로 무작위 추출하여 설문 조사를 통해 회답을 받아내는 것이었다. 현관에 배달된 질문지를 보면 보통 그 자리에서 거리낌 없이 답을 써서 보내는 미국 사회에서는 그같은 방법이 통용될 수 있겠지만, 한국에서는 아무래도 미국과 같은 결과를 기대하기가 어려울 것 같았다.

우선 제대로 답을 해서 보내줄 사람이 얼마나 될지 의문이었고, 또 일부 사람들이 친절히 답해준다고 해도 그들은 비슷한 사고 유형을 지닌 사람들일 게 뻔했다. 그러니 그 결과를 조사 대상 전체를 대변할 수 있는 과학적인 표본으로 삼기에는 무리가 있을 것이었다. 게다가 조사 결과가 정확히 나오려면 질문을 대하자마자 바로 떠오르는 것을 솔직하게 표시해줘야 하는데, 한국 사회 분위기나 사람들의 사고 방식상 그런 일이 제대로 이루어질 것 같지가 않았다.

설문 조사보다 더 문제가 많은 것은 인터뷰였다. 개방적이고 자기 의견이 분명한 미국인들에게야 인터뷰가 제대로 기능을 발휘하겠지만 한국에서는 역효과만 낼 게 뻔했다. 더구나 미국에서처럼 임의의 장소에서 지나가는 사람을 아무나 붙잡고 질문을 한다면 미친 사람 취급을 받거나 경찰 혹은 정보 기관에서 나온 사람으로 오해받기 십상일 것이다.

미국에서 아무리 사회 조사 방법을 배워도 그것을 한국에서 써먹을 수 없다면 도대체 무슨 소용이 있는가 하는 생각에 그만 막다른 골목에 다다른 느낌이었다. 생각 끝에 담당 교수인 독일계 사회학자 마이어(Meyer) 교수를 찾아가 고민을 털어놓았다. 그랬더니 그 역시 나의 말에 고개를 끄덕였다.

"솔직히 당신은 학교를 잘못 선택한 것 같습니다. 미국의 사회 조사 방법은 독일에서도 잘 맞지 않는데, 한국에서야 말할 것도 없겠지요. 지금 하고 있는 공부를 재고해 볼 필요가 있을 것입니다."

나의 갈등은 더욱 심해졌다. 이왕 시작한 공부니까 어떻게든 계속해서 하면 학위야 따겠지만 한국 사회와는 동떨어진 것을 공부해서 뭘 어쩌겠는가 하는 생각 때문에 공부에 전념하기가 점점 어려워졌다.

그러던 차에 서울의 김재준 목사에게서 편지가 날아왔다. 항상 편지를 펜이 아닌 붓으로 쓰는 그가 적어보낸 내용인즉 '이제 그만 한국으로 돌아오라'는 것이었다. 당시 그는 한국신학대학 학장이었다.

그는 편지에 한신대학이 캐나다에서 돈을 얻어 수유리에 새 건물을 짓게 되어 서울역에서 수유리로 옮기게 되었다면서 그 기회에 적용 신학(applied theology)이라는 학과를 신설하려 한다고 말했다. 적용 신학이라는 말은 원래 있는 용어가 아니라 이름짓는 데 탁월한 재능이 있던 김목사가 새로 만든 것으로, '신에 대해서'만 얘기하는 관념적인 신학에 한계를 느끼고 있던 그가 특별히 창설한 학과였다. 마침 자신과 신학적 견해가 일치하는 내가 기독교 윤리를 공부했다고 하니 나를 그 신설 학과의 책임자로 앉히고 싶다는 것이 그의 얘기였다. 그는 나에게 빨리 돌아와서 조교 한 사람과 본격적으로 적용신학과를 운영해 보자면서 재정적인 뒷받침도 마련되어 있다고 덧붙였다. 감창준이라는 실업가가 매달 2백만 원씩 돈을 대어주기로 했으니 연구 활동이나 교수 활동에 아무런 지장이 없을 것이라는 설명이었다.

영주권을 불태우며

이같은 제의를 받고 나는 다시 귀국 문제를 깊이 생각하게 되었다. 학업도 넘기 힘든 한계에 부딪쳤고 가족 문제도 있는데 마침 마땅한 제의가 들어왔으니 귀국하고 싶은 마음이 굴뚝 같았다. 그러나 한편으로는 공부를 도중에 그만두는 것도 내키지가 않았고 한국의 정치적 상황 또한 신경 쓰이지 않을 수 없었다. 기독교 윤리를 공부한 사람으로서 정치 · 사회 현실과 무관하게 살 수는 없을 텐데, 그러면 자연 이승만 정권과 부딪칠 게 뻔했기 때문이다.

당시 이승만 정권은 이른바 사사오입 개헌으로 정권을 무리하게 연장하고 이에 맞서 새로 창당된 민주당 등 야당을 탄압하고 있었다. 특히 1956년 11월에는 대통령 선거에 두 차례 입후보하여 이승만을 위협했던 죽산 조봉암(竹山 曺奉岩)을 중심으로 진보당(進步黨)이 창당되어 집권 세력의 가시 돋친 주목을 받고 있었는데, 진보당 관계자들 중에는 이명하, 윤길중, 조규희, 김기철 등 나와 가까운 사람들이 많이 있었다. 나는 이같은 사실을 신문을 통해 대략 알고 있었다.

미국에 있는 주위 사람들은 한국의 정치적 상황이 나에게 불리하다며 귀국을 반대하고 나왔다. 게다가 미국에서 내 활동도 정부측에 곱게 비쳐지지 않고 있던 상황이었다. 우선 워싱턴 침례교회 설립자인 김창순이 반이승만계 인사인데다, 역시 워싱턴에 있던 한인 감리교회측에서 우리 교회를 반정부 집단의 집합소나 되는 양 서울에 보고를 했던 터였다. 나중에 생긴 우리 교회에 비판적인 젊은이들이 많이 모이고 내 설교도 비판적인 내용이 많았던 것이 그들에게 빌미를 제공해준 모양이었다.

그때 워싱턴에 있던 주미 대사는 양유찬인가 하는 사람이었고 공사로 한표욱이라는 사람이 나와 있었는데, 이 부부는 이대통령의 부인 프란체스카와 직접 편지로 통할 만큼 가까운 사이였다. 그런데 이들은 나를 위험한 인물로 낙인찍고 못마땅하게 여기고 있었다. 이태영 여사의 사위로 현재 변호사를 하고 있는 사람이 당시 한공사와 친해 나를 변호해 주기도 하고, 역시 한공사와 가까웠던 박정수가 나에 대한 그들의 인식을 바꾸려고 애쓰기도 했으나 잘 되지 않았다.

워싱턴에 나와 있던 정부 관계자 중 나를 가장 좋게 본 사람은 최인규였다. 그는 한국 정부와 이대통령이 미국 언론의 공격을 받게 되면 『뉴욕 타임스』 등 주요 매체에 이대통령을 옹호하는 글을 투고해 가끔씩 실리기도 해서 이대통령의 신임을 얻고 있었다. 언젠가 그는 내게 이런 제안까지 해온 적이 있다.

"당신이 배운 것을 실행하려면 권력이 있어야 하지 않겠는가. 내가 이대통령에게 당신을 공보처장으로 추천하고 싶은데 어떤가."

그가 나에게 호감을 가지고 이런 제안을 했다는 것은 알았지만 정부 기관, 그것도 이승만 정권의 정부 기관에서 공직을 갖는다는 것은 내겐 어불성설이어서 그런 말에 일말의 관심도 보이지 않았다. 설사 내가 관심을 보였다 해도 이승만 정부가 나를 현재의 공보처 장관에 해당하는 그런 직책에 기용했을까도 의문이긴 하지만 말이다.

고국의 정치 현실을 생각해보면 역시 이대통령이 권좌에서 물러난 후에 돌아가고 싶은 게 솔직한 심정이었다. 다음 대통령 선거가 1960년이니 그때까지만 버티면 어찌됐든 학위도 끝낼 수 있을 테고 또 내가 맡은 교회도 자리를 잡아가는 중이니 애정을 갖고 키워나갈 수 있을 것 같았다. 한창 성장하고 있는 교회를 적어도 지금처럼 무책임하게 훌쩍 떠나고 싶지는 않았다.

그러나 그렇게 이 눈치 저 눈치 보며 차일피일 하다가는 허송세월만 할 뿐이라는 생각에서 1957년 여름 드디어 귀국을 결심하게 되었다. 그때 나는 한신대학 이사장이던 함태영 목사로부터 어서 귀국하라는 편지를 받아놓고 있었다. 함목사의 편지는 이를테면 이사회의 정식 교수 초빙이나 마찬가지였다.

주위 사람들의 반대가 거세긴 했지만 갈등 끝에 일단 귀국을 결심하고 나니 마음은 후련했다. 귀국 결심과 함께 나는 영주권을 불태워버렸다. 혹시라도 또 떠나기 전에 미국에 눌러앉고 싶은 유혹으로 작용할지도 모른다는 염려에서였다.

나는 떠날 준비를 시작했다. 살림살이를 정리해보니 큰 액수는 아니라도 돈이 좀 되었다. 나는 그 돈을 어떻게 쓸까 궁리를 하다가 앞으로 교수 생활을 하려면 역시 가장 필요한 것은 책이라는 생각에서 돈만큼 사고 싶은 책을 사기로 했다. 꽤 많은 책을 사서 배편으로 부친 후 마지막 짐을 꾸렸다. 떠나올 때와 마찬가지로 간단했다.

1957년 10월 초 어느 날, 나는 마침내 뉴욕을 떠났다. 3년 동안 온갖 애환을 겪었던 가난한 유학생 생활을 끝내고 뉴욕 라과디아(Laguadia) 비행장을 떠나며 나는 속으로 한 가지 굳은 결심을 했다.

'이제부터는 내 생활을 단선화(單線化)하겠다.'

사람들을 좋아하고 또 사람들이 많이 따르는 성격을 가진 나는 뉴욕에 있으면서도 유학생들과 수많은 지인들을 만났고, 그들과 온갖 개인적인 문제까지 상담을 하며 얽혀 지내느라고 조용히 내 시간을 가질 여유가 별로 없었다. 많은 사람들과 친분을 유지하며 어울려 지내는 것은 즐겁기도 했고, 또 남녀 문제에 이르기까지 각종 고민을 내가 나서서 해결해 주고 도와줄 때면 보람도 있었지만, 내 개인적인 입장에서 보자면 그로 인해 시간을 많이 빼앗기는 것도 사실이었다.

그러나 이제는 학생들을 가르치고 연구하는 교수가 되기로 했으니 내 생활은 단순해질 수밖에 없을 테고, 그런 단순한 생활은 그 동안의 번잡함에서 벗어나 내 본령을 착실하게 쌓아갈 좋은 기회라고 생각했다. 이제는 사회 운동이다 뭐다 해서 밖으로 눈을 돌리기보다는 우선 연구실에서 시간을 많이 보내기로 결심했고 온갖 사적인 모임에도 시간을 아끼기로 했다.

세상을 보는 눈을 새롭게 열어주고, 전에는 몰랐던 새로운 세계를 펼쳐 보여준 뉴욕을 깊은 감회와 함께 뒤로한 나는 신시내티에 있던 박윤수의 집에서 며칠을 보낸 후 드디어 한국을 향해 떠났다.

아직 김포공항이 건설되기 전이어서 오산 비행장에 내리게 되었는데 도착하여 날짜를 보니 10월 16일이었다. 유학을 떠난 지 약 4년 3개월 만에, 떠날 때와 마찬가지로 설렘과 불안 속에 다시 고국 땅을 밟게 된 것이다.

비행장에 내려 다시 보게 된 고국은 그리움 속에 곱씹던 내 회상과는 달리 낯설고 서먹서먹하기만 했다. 그같은 석연치 않은 느낌은 어쩐지 앞으로 펼쳐질 내 생활을 예고해주는 것 같아서 나는 적이 조심스럽고 불안한 기분으로 첫발을 디뎌야 했다. 그간 고국 산천과 사람들은 변하지 않았는데, 자신은 스스로도 놀랄 만큼 많이 변해버렸음을 나는 그 순간 비로소 절감했다.

새로운 전쟁터로 돌아오다

"언행을 조심하세요"

마치 일선의 전투 비행장 같은 느낌을 주는 오산 비행장에서 입국 수속을 밟으며 나 역시 전투를 하러 돌아온 사람 같다는 생각을 했다. 사실대로 말하자면 미국을 떠나기 전부터, 아니 귀국을 결심한 순간부터 마치 전쟁터로 나가는 것 같은 긴장감이 나를 따라다녔다. 그만큼 이승만 정권의 전횡과 독재가 기승을 부리던 고국의 정세는 내게 불안하고 위태롭게 다가왔다.

공항에는 가족과 친지들이 많이 나와 있었다. 그 가운데 다섯 살 정도 되어 보이는 귀여운 사내아이 하나가 불쑥 내게 달려와 꾸벅 인사를 하기에 누군가 했더니, 바로 내 막내아들 대영이였다. 떠날 때 돌을 갓 넘긴 어린 아기였던 그애가 어느 새 그렇게 커버린 것이었다.

나는 그 아이를 껴안고서 반가운 얼굴들과 악수를 나누며 솟구

치는 감회에 휩싸여 있는데, 아내가 옆에서 자꾸 눈치를 주었다. 빨리 차로 가자고 재촉해대며 사람들과 인사도 제대로 못하게 했다. 그 때문에 조봉암 밑에서 진보당 일을 하고 있던 이명하, 조규희, 김기철 등 가까운 사람들과도 악수만 나눈 채 서둘러 헤어져야 했다.

그때 마중 나온 사람 중에는 뚱딴지같이 안동준(安東濬)이라는 자유당 국회의원이 있었다. 나는 전혀 모르는 사람이었는데 그는 마치 오래 전부터 알고 지낸 사이나 되는 듯 내게 반갑게 인사했다.

"아, 이거 얼마 만입니까?"

그가 악수까지 청해와 나는 얼떨떨한 기분이었다.

아내의 심상치 않은 눈치에 이끌려 서둘러 차에 올라탄 나는 그제야 아내로부터 뭔가 이상했던 분위기에 대해 자초지종을 들을 수 있었다.

"당신이 귀국한다고 하니까 조봉암 씨가 직접 마중을 나오겠다고 하더군요. 그런데 어떻게 알았는지 경찰서 정보과에서 형사가 찾아와 조봉암 씨가 마중을 나가면 당신 앞날이 대단히 좋지 않을 것이니 알아서 하라고 협박을 하는 거예요. 나는 겁이 나서 조봉암 씨가 나오지 않도록 사정사정했지요. 그렇게 해서 그가 나오는 것은 막았으나 이명하 씨 등 당신 친구들이 나오는 것까지는 막을 수 없었어요. 그래서 박남표 장군을 찾아가 상의를 했더니 자기 친구인 안동준 의원을 비행장에 내보내면 의심을 덜 받을 테니까 그렇게 하자고 했어요."

바로 그런 이유로 내가 모르는 안의원이 나와서 나를 아는 척 했던 것이다. 아내는 또 "조봉암 씨 때문에 당국이 굉장히 신경을 곤두세우고 있으니 당신도 말이나 행동을 조심해야 한다"고 당부를 거듭했다.

몇 년 동안 자유로운 세상에서 눈치 안 보고 지내다가 귀국하자마자 그런 일을 당하게 되니 기가 막히고 얼떨떨한 가운데서도 과연 한국에 돌아왔구나 하는 실감이 나기도 했다.

어찌됐든 나는 드디어 고국에 돌아왔다. 먼 타국에서 고국을 떠올릴 때마다 그리워 가슴이 쓰리던 경동교회와 내 집에 도착하게 된 것이다. 부산에서 곧장 유학길에 올랐으니 1·4후퇴 때 떠난 후 7년 만에 다시 보게 되는 교회요, 집이었다. 그러나 휴전이 된 후 이미 4년이 지나 있었음에도 교회 건물은 아직도 전쟁의 상흔에서 벗어나지 못한 채 낯설고 을씨년스러운 모습으로 나를 맞아주었다.

하기는 우리 교회 건물뿐만이 아니라 서울 거리의 전체적인 인상 역시 마찬가지였다. 떠난 지 7년이라는 세월이 흘렀지만 서울의 시간은 거꾸로 흐른 듯했다. 어느 정도 예상은 했지만 방금 떠나온 뉴욕의 환경과 지금 내 눈앞에 드러난 서울의 풍경과 분위기가 주는 엄청난 편차는 나의 예상을 훨씬 넘어서는 것이었다. 귀국 후 얼마 동안은 그 괴리감과 낯설음이 주는 충격에서 헤어나기 힘들었다.

우리 교회는 중공군이 밀려 내려왔을 때 또 한 차례 폭격을 당해 형해만 남은 것을 환도 후에 교인들이 정돈하고 복구해 놓았다고 한다. 그러나 워낙 돈이 없어 제대로 복구한 것은 아니었다. 값싼 재료로 얼기설기 엮어 건물 형태만 대충 만들어 놓고, 종도 싼 것을 사다 초라하게 걸어 놓아 마치 가건물처럼 보였다.

안으로 들어가 보니 2층으로 된 건물 아래층은 사택으로 삼아 아내와 아이들이 기거하고 있고 2층이 예배보는 장소였는데, 너무나 허름해서 조그만 충격에도 곧 무너져 내릴 것처럼 위태로워 보였다. 그 동안 아내는 아래층 방 하나에서 아이들 네 명과 함께 살다가 내가 돌아온다고 하니까 안 쓰던 방 하나를 빚을 내어 수리한 후, 내 방으로 꾸며놓았다.

가족들의 살림살이를 보니 도대체 집이라고 할 수도 없는 상황이었다. 아내는 미국에 편지를 써 보내면서도 자세한 살림 얘기를 안 해 나는 잘 모르고 있었는데, 막상 눈으로 사는 형편을 보니 아내가 아이들을 데리고 얼마나 고생했었겠는지 말 안 해도 환히 알 수 있었다.

내가 유학을 떠난 후 아내는 교회 여전도사 일을 하는 한편 기독교장로회 여신도회 서울연합회의 총무일을 맡아하면서 양쪽에서 나오는 쌀과 약간의 돈으로 살림을 꾸려왔다. 그러나 그것만으로는 도저히 살림이 안되어 닭도 기르고 하숙도 치며 교회 살림까지 맡아 하느라 고생이 막심했던 모양이었다.

조봉암의 은밀한 제의

귀국한 날 오후, 무뚝뚝한 성격상 오랜만에 만난 아내에게 고

생했다는 말도 제대로 못한 채 마음 속으로만 고맙고 미안한 마음을 가득 안고 내 방에서 짐을 풀고 있는데, 비행장에서 악수만 하고 헤어졌던 이명하가 득달같이 나를 찾아왔다. 그리고는 다짜고짜 말했다.

"우리 부모님이 자네를 오랜만에 보고 싶다고 하시는데 여기 앉아서 인사를 받겠소, 아니며 가서 인사를 드리겠소?"

나는 뭔가 좀 얼떨떨했지만 감히 어른들을 내 집으로 오시게 할 수는 없었으므로 할 수 없이 그를 따라나섰다. 그런데 이명하가 나를 끌고 간 곳은 그의 집이 아니라 약수동에 있는 조봉암의 집이었다. 사실대로 말하면 내가 따라올 것 같지 않으니까 그런 식으로 나를 불러낸 것이었다.

죽산은 나를 반갑게 맞아주었다.

"우리 강동지가 돌아와서 정말 힘이 되는군."

그 자리에는 죽산 조봉암뿐 아니라 윤길중 등 진보당 관계자들도 있었다. 우리는 저녁을 들며 정세에 대해 이런저런 이야기를 나누었다. 당시 죽산은 이승만에 대항해 두 번에 걸쳐 대통령 선거에 출마한 후였다. 1952년 부산에서 처음 대통령 선거에 나섰던 그는 1956년 선거에 재출마, 비록 낙선하긴 했지만 민심이 이승만을 떠나고 있음을 시사하기에 충분할 정도로 많이 득표하여 자유당 정권에 심각한 도전 세력이 되어 있었다.

1956년 대통령 선거에서 이승만이 얻은 표는 504만 표였고, 조봉암이 얻은 표는 216만 표였다. 수치상으로는 이승만의 득표수에 반도 미치지 못했지만 관권과 금력이 동원되고 갖가지 투개

표 부정이 자행된 선거에서 그만큼 득표했다는 사실은 조봉암의 실질적인 승리를 암시하고 있었다.

나는 그 선거에서 검표위원을 맡았던 사람의 증언을 들은 일이 있는데, 개표시 표를 백 장씩 묶으면서 조봉암 표 98장의 앞뒤에 이승만 표를 한 장씩 붙여 전부 이승만 표로 계산한 경우가 많았는데도 그 선거구의 최후 집계에서 이승만 표가 조봉암 표보다 모자랐다고 한다.

평화 통일론과 수탈 없는 계획경제 등을 정책으로 내걸며 조봉암이 진보당을 창당한 것은 대통령 선거가 끝나고 6개월이 흐른 1956년 11월이었다. 위원장 조봉암, 간사장 윤길중 등의 진용으로 혁신 정당을 자처하며 출범한 진보당에는 해방 후 나와 함께 중간 노선에서 활동한, 앞서 거명한 사람들이 모두 관계하고 있었다. 조향록 목사도 초창기에 합세했던 것으로 기억하고 있다.

그러니까 내가 귀국한 날 조봉암을 본 것은 진보당이 창당되고 1년 정도 지났을 때였다. 내가 보기에 조봉암은 1956년 선거 결과에 고무되어 앞으로 대통령이 될 수 있다는 확신을 갖고 있는 듯했다.

나는 그의 얘기를 듣고 조심스러운 충고를 하지 않을 수 없었다.

"죽산께서 하나 알아둬야 할 일이 있는데, 그건 지금 같은 상황에선 절대로 대통령이 될 수 없다는 겁니다. 내가 미국에 있을 때 보니까 거기도 매카시 선풍으로 진보적인 인사들이 곤욕을 치렀습니다. 단순히 공산당 관계 독서회에 가입했던 사람도 우리로 치면 면장도 되기 어려운 판인데 미국의 일선 기지인 우리나라에서 선생 같은 사람이 대통령이 된다는 것은 불가능합니다."

"그렇지 않소. 나도 여기서 미 대사관이나 미군 책임자들과 자주 접촉하는데, 그들 얘기가 남북 문제 해결을 위해서도 내가 대통령이 돼야 한다는 것이오. 심지어 영어를 잘 못하면 안된다고 미 8군의 고위 장교 한 명을 매일 아침 내게로 보내 한 시간씩 영어를 가르치게 하고 있는 처지요. 미국과의 관계는 별 문제가 없어요."

"그렇게 단순하게 보면 안 됩니다. 미국 사람들은 원래 그런 사람들입니다. 해방 후에도 김규식 박사를 지지하는 것같이 행동하더니 결국은 이승만 박사와 손잡고 대통령이 되게 하지 않았습니까? 미국 사람들 믿지 마십시오. 우리나라 사람들은 순진하게 윌슨의 민족자결주의 천명에 고무받아 3·1운동도 일으켰고, 또 미국이 우리를 해방시켜 줬다고 감격해하고 있지만 실상 우리가 일제에게 먹힐 때도 막후에서 일본과 뒷거래를 통해 그것을 방조한 게 어느 나라입니까? 미국은 절대로 선생이 대통령이 되도록 하지는 않을 것입니다. 그들이 선생에게 접근하는 이유는 당신을 이용해 이대통령을 견제해서 세력 균형을 노리려는 정책(check and balance policy) 때문입니다. 잘 생각해 보십시오."

그는 내 말에 더 이상 미국 얘기는 하지 않고 매주 경동교회에 나오겠다는 말을 하며 화제를 돌렸다. 그날은 그러고 그 집을 나왔는데, 하루 이틀 시간이 지나면서 보니까 아무래도 돌아가는 분위기가 심상치 않았다. 정가에는 이승만 정권이 진보당을 표적으로 뭔가 일을 꾸미고 있다는 설이 떠돌고 있었다.

그러던 어느 겨울날이었다. 내가 알고 지내던 사람 중에 김일사(金一史)라고 중국에서 오랫동안 독립 운동을 했던 할머니가 있었는데, 그가 불쑥 만나자는 연락을 해왔다.

"자네가 돌아와서 무척 반가워. 우리 식사나 같이하지."

나를 만난 할머니는 반도호텔 건너편 뒷골목에 있는 추어탕 집으로 데리고 갔다. 그런데 거기에 뜻밖에도 조봉암이 앉아서 나를 기다리고 있었다.

"자넬 꼭 만나고 싶어서 김할머니에게 부탁을 드렸네. 이해해주게."

양해를 구한 그는 심각한 표정으로 나를 바라보았다. 그리고는 비장한 어조로 말문을 열었다.

"강동지도 알다시피 나는 지난 대통령 선거에서 실질적으로 압도적인 지지를 받았소. 내가 이끌고 있는 진보당은 창당된 지도 얼마 안되었고 탄압도 많이 받았지만 이미 전국적으로 완벽하게 조직이 끝난 상태요. 이승만 정권은 우리를 사상적으로 불그레하다고 몰고 있지만 사실상 우리 당에 그런 사람은 하나도 없소. 다만 진보적인 생각을 가진 여러 사람들이 망라되어 있을 뿐이지. 하지만 이대통령이 우리를 하도 눈엣가시로 여기고 있는데다 지난번 강동지의 말을 듣고 보니 나는 이제 물러나야 할 것 같아서 강동지를 만나자고 한 거요."

그는 이제 자기는 손을 떼되 진보당만은 정치적으로 계속 발전시켜가고 싶으니 나보고 거기에 참여해달라는 부탁을 해왔다.

나는 그의 뜻하지 않은 제의에 놀랐지만 공들여 조직해놓은 진보당을 망가뜨리고 싶어하지 않는 그의 마음만큼은 이해가 갔다.

"이제 나는 오래 가지 못할 것 같소. 이대로 가다간 나도 죽고 당도 깨질 것인데, 강동지가 맡아 우리 당을 계속 이끌어주면 좋겠소."

거듭되는 그의 부탁에 나도 마음이 흔들렸던 게 사실이다. 진보당에는 우선 내가 친하게 지낸 중도 우익계 사람들이 많이 있었고, 자유당과는 비교할 수 없을 정도로 민주적이고 진보적인 정치 이념을 지향하고 있는데다 조직의 귀재라고 할 죽산은 진보당의 조직을 전국적으로 탄탄하게 구축해놓았기 때문에 사실 이런 정당이 그대로 깨지고 만다는 것은 아까운 일이기도 했다. 잠시나마 '나도 한 번 진짜로 내 맘에 있는 정치를 해볼까?' 하는 생각이 들기도 했다.

그러나 과연 내가 원하는 정치를 할 수 있을 것인가? 그 대목에 이르러서는 고개를 저을 수밖에 없었다. 이 시국이 내가 원하는 정치를 하도록 내버려둘 것 같지 않았다.

"죽산, 나는 정치는 안 하기로 한 사람입니다. 그런 얘기는 다시 꺼내지도 마십시오."

내가 분명한 태도로 거절하자 더 이상 같은 말을 하지 못하고 잠시 생각하는 표정이 되었다. 그러더니 그는 진정이 담긴 절박한 물음을 내게 던졌다.

"그러면 누구 강동지를 대신할 사람이 없겠소? 아는지 모르겠지만 지금 정세가 내가 계속 진보당을 이끌다간 엄청난 탄압을 피하기 힘든 상황이오. 솔직히 말해 이미 신흥우를 비롯해 장택

상까지 만나 의사를 타진해 봤지만 모두 여의치 못했소. 혹시 미국에라도 강동지가 추천할 만한 적임자가 없겠소?"

그는 자신은 희생이 되더라도 진보당만은 어떻게든 살리고 싶은 심정이었던 것 같다. 나는 그에게 속시원한 대답도 해결책도 제시하지 못한 채 이야기를 나누고 있었는데, 도중에 석간 신문이 들어왔다.

그는 서둘러 신문을 펼쳐 들었다. 그런데 무슨 기사가 났는지 갑자기 그의 안색이 파랗게 질리는 것이었다. 나는 뭔가 심상치 않은 예감에 선불리 왜 그러느냐고 묻지도 못한 채 그의 긴장된 얼굴을 바라보기만 했다. 신문에서 눈을 뗀 그는 급히 가봐야겠다며 자리에서 일어났는데, 그것이 결국 그와 마지막 만남이 되고 말았다.

"내게 술 한 잔 달라"

기록에 의하면 그는 진보당 간부들이 연행된 다음날인 1958년 1월 13일 경찰에 자진 출두해 구속된 후, 말썽 많았던 일련의 재판 과정을 거쳐 1959년 2월 27일 대법원에서 간첩죄와 국가보안법 위반 등으로 사형 선고를 받았다. 그리고 그가 교수대에서 숨을 거둔 것은 그해 7월 31일이었다.

그가 교수형에 처해질 때 입회한 목사는 성경 중 예수가 빌라도에게 사형 선고를 받는 장면을 읽었다고 하며, "최후로 원하는 것이 무엇이냐"는 물음에 그는 "술 한 잔 달라"고 대답했다고 한다.

죽산과 나는 결코 가까운 사이는 아니었다. 그를 처음 본 것은 삼청동의 김규식 박사 집에서였다. 일제 때부터 조선공산당 창당 멤버로 오랫동안 좌익에서 활동해온 그가 1946년 5월 동지였던 박헌영을 비판하는 글을 쓰고 공산당과 결별한 후 김박사를 찾아왔을 때였다. 그러나 김박사는 비록 전향했다고는 해도 그를 신임하지 않아 민족자주연맹에도 관계시키지 않았다.

그때 내가 들었던 얘기는 그가 원래 공산당 인천 지역 책임자였는데, 박헌영이 이승엽을 그 자리에 밀어넣었기 때문에 그에 대한 반발로 공산당과 관계를 끊은 것이지, 사상적으로 공산주의를 버린 것은 아니라는 것이었다.

그런 이유로 나는 그에게 별로 관심이 없었다. 그런데 그는 1948년의 5·10선거 때 인천지역에서 출마해 당선이 되더니 급기야는 정부 수립 당시 이승만 대통령에게 초대 농림부장관으로 발탁되는 놀라운 변신을 보였다.

그가 농림부 장관으로 재직할 때였다. 하루는 나에게 저녁을 같이하자고 해 중앙극장 근처에 있는 일식집에서 만났는데, 식사를 하면서 하는 말이 농림부의 지도국장직을 맡아달라는 것이었다. 농촌 운동을 벌이기 위해서는 농촌 지도자를 양성할 기관과 인력이 필요한데, 그 기관은 지금의 청량리 시립대학이 있는 장소에 세울 예정이니 그 모든 일을 책임져 달라는 것이었다.

그의 구상과 의도는 좋았지만 나는 들어줄 수가 없었다. 원래 정부 기관에 들어가서 일할 생각이 없었던데다 이승만 정권 아래서는 더더욱 마음이 내키지 않았기 때문이었다. 결국 그 자리는 고려대 교수를 지낸 조동필이라는 사람이 맡았던 것으로 기억한다.

나는 그후에도 이런저런 일로 죽산과 자주 만나면서 그의 훌륭한 지도력을 인정하게 되었으나 어쩐지 그를 대하는 내 마음이랄까 기분은 썩 명쾌하지 못했다. 그가 공산당을 떠난 후 느닷없이 이승만 정권 아래서 일하는 것도 도대체 쉽게 이해되지 않았다. 한 마디로 나는 그를 '알 수 없는 사람'으로 여기고 있었다.

농림부 장관을 지낸 그는 신익회가 국회의장을 할 때 부의장을 지내기도 하다가 1952년 부산에서 처음으로 이승만에게 도전장을 내게 된다. 그때도 나는 그의 요청으로 광복동에 있는 중국음식점에서 그를 만난 일이 있다. 그때 그는 자신이 대통령에 출마할 것이라면서 나보고 선거사무를 맡아달라는 부탁을 해왔다.

놀란 나는 한 마디로 얼토당토하지 않은 말이라며 일축해 버렸다. 내 입장에선 일고의 가치도 없는 제안이었다. 그는 애써 나를 설득했으나 결국 헛수고에 그치고 말았다.

그런데 그 얼마 후에 박기출(朴己出)이라고, 정치적 활동이 많은 의사가 나를 저녁 식사에 초대한 일이 있었다. 그는 후일 진보당 사건에 연루되어 구속되기도 했던 인물이다. 그가 초대한 장소에 갔더니 거기에 조봉암이 앉아 있었고 그 곁에는 시조 시인 이은상도 있었다.

식사를 하면서 나는 다시 한 번 그의 대통령 선거 출마 문제를 놓고 얘기를 하게 됐다. 그는 그 자리에서 "동래에 가서 이시영씨도 만났는데 나를 밀어주겠다고 했다"면서 출마 의사를 강력하게 피력했다.

그때 나는 단도직입적으로 이렇게 물었다.

"정말로 선거에 나서서 대통령이 될 수 있다고 믿는 겁니까? 아니면 국민들에게 한 번 하고 싶은 말을 하고 이름이나 우선 세워보자는 겁니까? 도대체 본인의 흉중에 어떤 생각이 있는지 솔직하게 털어놔 보십시오."

"물론 내가 대통령에 당선되리라고는 생각하지 않아요. 나는 경력으로나 정치적 역량으로나 이박사와는 비교가 안되는 게 사실이니까. 이대통령은 정말 타고난 정치가요. 내가 농림부 장관직을 맡고 얼마 안되었을 때 한 번은 이런 일이 있었어요. 나는 당시 문제가 많았던 쌀 공출 배급제를 폐지하려는 생각을 갖고 있었소. 그런데 그때까지 농정을 맡았던 미군정 책임자를 나와 같이 자기 방으로 부르더니 서로 생각을 얘기해 보라는 거예요. 그래서 쌀의 수급을 자유 시장 체제에 맡기자는 내 의견과 그러면 안된다는 미군정 책임자의 주장이 팽팽하게 맞섰지요. 결국 분위기까지 험악해졌는데 갑자기 이대통령은 둘 다 조용히 하라고 하더니 이렇게 말하는 거예요.

'지금까지 내가 들어보니까 더 이상 얘기할 필요가 없겠다. 우리 조장관이 영어를 잘 하지 못해 서로 오해가 생겨서 그런데 내가 보니 결국은 둘 다 같은 얘기를 하고 있다. 미국인인 당신이 오해를 해서 그렇지 조장관 의견은 당신 의견과 똑같다.'

그러더니 손뼉을 딱딱 치면서 이젠 문제가 없으니 둘 다 가보라고 해요. 나는 영문을 모른 채 그냥 나올 수밖에 없었는데, 잠시 후에 이대통령이 불러서 다시 가봤더니 '그런 걸 가지고 뭘 그렇게 다투는가. 그들에겐 그냥 좋게 얘기해주고 우리가 하고 싶은 대로 하면 되는 거지' 하고 말하는 겁니다.

그 양반이 이렇게 기가 막힌 정치가예요. 하지만 이제 그는 그만 물러나야 합니다. 내가 이번 선거에 나서는 것은 강동지가 말한 대로 이름이나 날리고 국민 계몽이나 하자고 하는 게 아니에요. 이대통령은 노욕에 사로잡혀 지도자의 자격을 잃었으니 이제는 그를 바꾸지 않으면 안됩니다. 이대통령과 싸울 사람조차 없다면 국민이 너무 불쌍하지 않소?"

그날 거듭된 요청과 설득에도 역시 나는 그의 부탁을 들어 줄 수가 없었다. 정치에 더 이상 뛰어들지 않겠다는 내 원칙도 원칙인데다 그의 말에 내가 전적으로 동의한 것도 아니었다. 어쨌든 정치 전문가들이 하는 정치는 내키지가 않았다.

결국 조봉암은 윤길중(尹吉重)을 선거사무장에 앉히고 서북청년회 출신의 김성주(金聖株)란 사람을 사무차장에 기용해 무소속으로 선거에 출마했다. 그때 그가 얻은 표는 약 80만 표로 이승만의 523만 표에 비하면 미미했지만 민국당의 조병옥이 얻은 표가 57만 표였다는 점을 감안하면 시사하는 바가 적지 않았다.

조봉암이 그의 사상 전력 때문에 의심을 막기 위해 기용한 것으로 보이는 김성주라는 사람은 6·25 때 유엔군이 이북으로 진격했을 때 잠시 평안남도 도지사를 지내기도 했던 인물인데, 선거 후인 1953년 국가변란 죄목으로 헌병대에 체포되어 고문으로 비참하게 죽고 말았다.

내가 만일 조봉암의 거듭된 요청을 끝내 거절하지 못하고 어떤 형태로든 그와 관계를 맺었더라면 나도 지금 이 세상에 남아 있지 못했을 것이다. 요행히 죽음을 면했다고 해도 이전투구를 벌이다가 진흙범벅이 됐을 터이다. 내가 그 유혹을 물리칠 수 있었던 것은 확실히 하나님의 은혜였다.

제3의 길을 모색했던 정치가

진보당 사건에 대해서는 이승만 정권이 정적 제거를 위해 벌인 정치 재판이라는 역사적 평가가 이미 내려졌지만 내 개인적인 견해 역시 그와 다르지 않다. 내가 알기로 그는 5·10선거 출마 전까지는 어떠했는지 모르겠으나 그 이후로는 결코 공산주의자가 아니었다. 이는 6·25 때 보여준 그의 태도에서도 분명하게 드러난다.

6·25가 터져 인민군이 서울에 들이닥쳤을 때 국회부의장이던 그는 다른 의원들이 전부 제 살 길에 바빠 줄행랑을 놓은 상황에서도 국회의 중요한 문서들을 지키는 데 결사적인 노력을 기울였다. 그는 한강 다리가 폭파되기 전 주요 문서들을 차에다 싣고 급하게 내려가느라고 미처 아내와 자식도 챙기지 못했고, 그 결과 그의 아내는 혼자 서울에 남아 있다가 인민군에게 납북되고 말았다. 만일 그가 이승만 정권의 주장대로 공산주의자라면 그때 서울에 남아서 공산 정권에 협력했지 왜 아내까지 희생시키면서 국회의 주요 문서들을 지켰겠는가?

앞서 얘기한 최능진의 경우에서도 보듯이 이승만은 자기에게 도전하는 정적들을 결코 가만히 살려둘 사람이 아니었다. 이대통령을 가까이 접해봤던 죽산이 그같은 사실을 알았는지 몰랐는지는 모르겠으나 만일 미처 몰라서 그런 일을 당한 거라면 큰 불행이 아닐 수 없다.

죽산이 사형을 당한 후 나는 극우의 경직된 사회분위기 속에서 그의 묘지도 찾아보지 못했다가 지난 1989년에야 30주기 추도식에 참석한 일이 있다. 그 자리에는 윤길중, 이명하 등 당시 그와 함께 활동했던 사람들과 재판 당시 배석판사를 했던 이병용(李炳勇) 의원도 참석해, 그들로부터 재판과 사형 과정에 얽힌 자세한 얘기를 들을 수 있었다.

그 중에 특기할 만한 것은 "세월이 흐르면서 보니 우리도 모르는 사이에 진보당 내부에 좌익세력이 침투해 있었다"는 이명하의 증언이었다. 언급하기에 참으로 미묘한 이 얘기는 물론 그렇다고 해서 이승만 정권이 자행한 정치재판을 정당화시켜줄 수 있는 것은 절대로 아니다. 그것은 아마도 흑과 백으로 일도양단할 수 없는 세상사의 이치를 드러내는 한 단면에 불과할지도 모른다. 이명하는 30년의 세월이 흐른 그때의 얘기를 하면서 비분강개의 눈물을 뚝뚝 떨어뜨려 사람들을 숙연하게 했다. 추도식에 모인 사람들의 얘기 역시 결론적으로 말하면 죽산이 이정권의 정치적 희생양이었다는 것이었다.

지금 죽산이라는 인물을 회고해 보면 어찌됐든 그는 1950년대 후반 우리 정치사에서 큰 역할을 한 독특한 인물로서 특히 남북 문제, 민족 문제에 대해 30년 앞을 내다보는 혜안을 가지고 있었다는 것이 나의 생각이다. 당시 내가 그에 대해 긍정적이지 못했던 것은 '원칙을 가지고 현실에 융통성 있게 대처하는' 그의 태도를 오해했기 때문이 아닌가 한다. 그는 나 같은 운동가가 아니라 어디까지나 현실 정치인이었던 것이다.

그는 능력 있는 정치인이기도 했다. 이승만이 전권을 휘두르는 시대에 진보적인 사상을 가진 정당을 제대로 조직해놓은 것만 봐도 알 수 있다. 그런 정당이 우리 정치사에서 면면이 이어졌더라면 지금쯤 우리의 정치 수준은 훨씬 나아졌을 테고 지금처럼 인재난에 시달리지도 않았을 것이다.

1952년 부산에서 내건 대통령 선거 구호가 "못 살겠다! 갈아보자!"였다. 이것은 단순한 구호가 아니었다. 공산주의는 아니지만 서민층과 소외된 계층을 그는 어떤 식으로든 돕기 위해 노력했고, 나아가 남북 관계를 진전시키기 위해서도 크게 마음을 쓰는 사람이었다. 공산주의가 아닌 민주적인 방법으로 서민층과 소외 계층을 생각하며 현실 정치를 했다는 점에서 그는 사회주의자였다.

그리고 그는 실제로 자신의 신념을 실현시켜낼 수 있는 능력도 충분히 있는 사람이었다. 가진 자와 못 가진 자의 양극화, 남과 북의 양극화 등 심각한 사회 문제 속에서 조봉암은 이것을 극복할 수 있는 제3의 길을 모색했다. 그랬던 그가 납득이 안 되는 사건에 의해 정치적으로 처단된 것은 우리나라 정치사의 또 다른 좌절이었다.

율법에 얽매인 사람들

강단에서 거부당하고 교단으로

미국에서 귀국 문제를 놓고 갈등을 거듭하던 내게 귀국을 결심하도록 만든 결정적인 요인은 앞서 얘기했듯 한신대학의 교수 초빙이었다. 학위도 끝내지 못한 상태에서 영주권까지 태워버리고 귀국을 결심했던 것은 배우고 있던 학문에 대해 회의가 든 탓도 있었지만, 무엇보다도 어서 귀국해서 적용신학을 강의해달라는 김재준 학장과 함태영 이사장의 간곡한 요청 때문이었다. 따라서 나는 한신대학의 교수로 학생들을 가르치게 된다는 사실을 추호도 의심해 보지 않았고 앞으로의 활동 계획 역시 그것을 전제로 하고 세워놓았다.

그런데 나는 한신대학 교수로 임용되지 못했다. 학장과 이사장이 나를 초빙했지만 몇몇 교수들이 나의 임용을 결사적으로 반대하고 나섰기 때문이었다. 나는 그같은 소식을 듣고 충격을 받았다. 그들이 나의 교수 임용을 반대한 근본적인 이유는 학교 주도권을 둘러싼 그들 나름의 속셈 때문이었다.

김재준 학장은 당시 나이가 50대 중반에 불과했으나 학장 직책을 계속 맡기 싫어했다. 따라서 곧 학장 자리가 빌 텐데, 김학장이 나를 후임자로 지목하고 데려온 것이라는 판단에서 그들은 나의 임용을 완강하게 반대했던 것이다. 나의 학장 후임설은 있지도 않았을 뿐더러 설혹 있었다 해도 나 역시 학장 같은 직책에는 매력을 느끼지 못하는 사람이었다.

지방색 문제도 있었다. 기독교장로회에는 함경도 전라도 경상도 사람들이 많았는데, 함경도 사람인 김재준 학장에 이어 역시 함경도 출신인 내가 학교에 들어와 어떤 형태로든 힘을 쓰게 될까봐 경상도 사람들이 꺼려했던 것이었다.

일이 그렇게 되자 입장이 난처하게 된 사람은 김재준 학장이었다. 규정상으로는 교수 임용권이 최종적으로 이사회에 있고 내가 이사회 결정으로 이사장의 편지까지 받고 왔으니 아무런 하자가 없었으나 그렇다고 교수들의 반발을 무시할 수도 없는 상황이었다. 그래서 결국 양측의 타협안으로 제시된 것이 우선 나를 시간강사로 기용해서 지켜보자는 것이었다.

나는 그 소식을 접하고 어처구니가 없었다. 믿는 도끼에 발등 찍힌 격이요, 완전한 위약이었다. 그렇다고 해서 어디 항의할 데도 없었다. 김재준 학장은 나 때문에 나보다 더 고통스러워하고 있었으므로 오히려 내가 위로를 해야 할 판이었다.

시간 강사 기용이 기정 사실화되면서 나는 일종의 오기 같은

게 발동해서 아예 한신대에 대한 미련을 끊어버리기로 결심했다. 내 입장에서만 얘기하는 건지 모르겠지만 나는 그 동안 한신대와 나의 인연을 각별하게 생각해왔다. 해방 후 천리교 재산을 접수해 학교의 기초를 세우던 때나 김재준 목사 이단 사건 때, 또 피난지 부산에서 학교 문을 다시 여는 과정 등에서 나는 정말이지 한신대에 나의 애정과 정열을 쏟아왔었다. 그런데 그까짓 밥그릇 싸움과 주도권 다툼으로 나를 배척하다니, 나는 마치 믿었던 애인에게 배반당한 듯한 느낌이었다.

나는 학교측의 시간 강사 제의를 거절하기로 결심하고 김재준 학장에게 말했다.

"저는 이제 한신대에 더 이상 미련이 없으니 선생님께서도 아무런 부담 갖지 마십시오."

사실 더 이상 학교 출입도 하기 싫은 게 당시 나의 솔직한 심정이었다. 그러나 김재준 학장은 자신의 책임이 있기 때문인지 끝까지 내게 "우선 시간 강사로라도 강의를 시작하라"고 종용했고 나는 결국 또 다시 그의 말을 따를 수밖에 없었다.

그같은 우여곡절을 거쳐 1958년 새 학기부터 일주일에 몇 시간씩 강의를 시작했으나 그것도 이런저런 이유로 약 2년 만에 그만두고 말았다. 그 직후 감리교 신학대학에서 1년 동안 강사 노릇을 더 했던 것이 내가 대학에서 강의를 한 경력의 전부다.

사실 목사님이라는 호칭보다는 그저 선생님이라는 호칭이 내게 더 편하게 와 닿았기 때문에 나는 교수가 되길 원했었다. 그러나 이같은 사정으로 끝내 교단에 서지 못하고 말았다. 그래서 늘

후배들에게 둘러싸여 청년운동을 지도해왔지만 남들처럼 사제지간으로 확실하게 묶인 관계는 없다.

한번은 도올 김용옥이 자신의 책을 보내왔는데 거기에는 '스승님께'라고 써 있었다. 나는 그를 가르친 기억이 없어 의아해했는데, 알고 보니 내가 한신대에서 강사 노릇 할 때 내 강의를 들었다고 한다. 현재 내게 책을 보내거나 소식을 전하는 사람 중에 한양대 의대에 있는 정신과 전문의 김광일 등이 내 제자라고 자처하고 있으나, 별로 스승 노릇을 못해 본 나로서는 제자라는 단어를 접할 때면 왠지 계면쩍은 느낌을 떨칠 수가 없다. 혹 나의 도움을 받아 학업이나 인생의 고비를 넘겼다고 하는 사람들이 있지만 그렇게 생각해준다면 그저 고마울 따름이며, 때로 나를 못 본 체하더라도 제자 나무라듯이 대놓고 뭐라고 할 수 없는 것이 내 입장이다.

좋은 제자를 두는 것은 확실히 큰 복이겠지만, 내게는 그 복이 별로 없는 것 같다. 김재준 선생은 비록 생전에 활발하게 사회 활동을 펼치진 않았으나 아직도 그를 기리는 사람이 많은 것을 보면 확실히 좋은 제자를 많이 키울 수 있는 것은 대단한 복이라는 생각이 든다. 내가 그런 복까지 바란다면 지나친 욕심일 게다. 다만 내 곁에는 내가 하는 일을 지켜보고 이해해주며 묵묵히 도와준 사람들이 있었고 나는 그들을 잊지 않고 있다. 나는 그들을 제자라기보다는 동료로 생각하고 고마워한다.

교수직을 전제로 하여 세웠던 내 활동 계획이 완전히 허사가 되어버리자 나는 다시 교회일과 사회 활동 쪽으로 열정을 기울일 수밖에 없었다. 물론 경동교회와 나는 떼려고 해야 뗄 수 없는 관계에 있었으므로 예정대로 교수가 된 후에도 설교 등 교회일에 적극 참여할 생각이었으나, 일이 그렇게 빗나가자 더욱 교회일에 전념하게 되었다.

내 평생을 되돌아보면 참 묘한 느낌이 든다. '애기 집사'로 시작한 나의 교회 이력은 그러나 장로라는 호칭이 내게 어울리지 않는 것 같아 거북했고, 또 목사가 되고 나서는 목사라는 울타리가 내게 맞지 않는 듯싶어 차라리 교수나 박사로 불리기를 바랐었다. 그러나 번번이 돌아간 자리는 설교단이고, 내 호칭은 오늘날까지 변함없이 '목사님'일 뿐이다. 심지어 건국대학교와 캐나다에서 명예박사 학위를 받고서는 '이제는 목사 대신 박사로 불러주겠지' 하고 은근히 기대도 해보았지만, 그래도 사람들은 여전히 '목사님'으로만 불렀다.

그러고 보면 나는 어차피 목사가 될 팔자였다는 생각도 든다. 내가 목사 되기를 싫어했든 좋아했든, 그리고 어떤 연유로 목사가 되었든, 그것은 하나님이 내게 마련해주신 길이었다는 것을 이해하게 된다. 내가 좋아하고 싫어하고는 하등 중요하지가 않다. 우리는 모두 그분의 뜻대로 살아가도록 되어 있을 뿐이니.

경동교회 떠날 것인가, 말 것인가

내가 미국에서 귀국한 다음날이 마침 주일이었다. 그래서 정말 오랜만에 경동교회에서 설교를 하게 되었는데, 내가 미국에서 돌아왔다고 사람들이 잔뜩 몰려왔다. 좁고 허름한 교회당 안을 가득 채우고 층계에까지 빼곡이 들어차 호기심 어린 눈초리로 바라보고 있는 가운데 나는 귀국 후 첫 설교를 했다.

설교 제목은 「로마서」 12장 2절에 나오는 "이 세상에 적응하지 말라"는 말씀이었다. 예배 순서가 적힌 쪽지를 보니 성가대 찬송 순서가 있기는 한데 성가대원은 찾아볼 수가 없고, 풍금이라고 하나 있는 것이 일본 사람들이 버리고 간 형편없는 고물이어서 삐걱대는 소리가 노랫소리보다 더 크게 났던 것이 지금도 선명하게 떠오른다.

내가 선택한 성경 본문은 흔히 인용되는 「누가복음」 15장의 '돌아온 탕자'에 대한 얘기였다. 나는 그 얘기를 언급하면서 환경에 잘 순응(conformity)해 사는 맏아들보다 순응을 거부하고 집을 뛰쳐나간 둘째아들, 즉 탕자를 오히려 긍정적인 입장에서 옹호하며 "먼저 순응을 거부하는 생활부터 하자"고 역설했다. 그리고 탕자를 받아들인 아버지 얘기를 하면서 무서운 '율법의 하나님'이 아닌 '사랑의 하나님'에 대해 얘기했다.

당시 경동교회의 당회장, 즉 담임 목사는 김재준이었다. 그런데 김목사는 자기가 약속한 교수 임용 문제가 벽에 부딪치자 나보고 경동교회를 맡으라고 권유했다. 그러나 교회 장로들은 김목사의 사임을 반대하면서 나보고 부목사 자리를 맡으라고 나왔다. 나는 부목사든 뭐든 직책은 상관이 없었으나 당장 생활이 막막해지는 게 문제였다. 부목사로서 내가 받은 첫 월급이 4만 원 정도였던 것으로 기억하는데, 지금 돈으로 40만 원 정도밖에 안 되는 그 돈으로는 아이들 넷을 데리고 교육도 제대로 시킬 수 없는 형편이었다.

내가 돌아오면서 아내도 전도사 일을 그만둬 따로 수입이 있지도 않았다. 상황이 그렇게 되자 나는 무엇보다 궁핍한 생활과 가족의 고생 때문에 그만 미국에서 돌아온 것을 처음으로 후회하지 않을 수 없었다.

'역시 사람들이 한결같이 얘기하던 대로 미국에 가족을 불러들여 그냥 눌러 살았더라면 이미 자리를 잡고 아이들 교육도 제대로 시키면서 잘 지냈을 텐데 이게 도대체 무슨 꼴인가.'

이런 생각을 하면 어떤 때는 내 발등을 내가 찍고 싶은 심정이었다.

그때 숙명여고에 다니던 큰딸 혜자는 고등학생들이 하는 오페라에 출연하는 등 음악에 상당한 소질을 보였으나, 경제적인 형편 때문에 음악 공부를 계속하지 못하게 되어 내 가슴이 더욱 쓰렸다. 나의 '잘난' 이상과 고집으로 자식의 앞날을 사장시키는 아비가 된 것이다.

교회 재정 역시 말이 아니었다. 전기 요금, 수도 요금도 주일헌금으로 간신히 충당해나가는 형편이었다. 게다가 언제 무너질지 모르는 위험한 교회 건물은 무엇보다 시급한 문제였다. 어른들이 출입을 금지시키기도 했지만 막내 대영이는 무섭다며 아예 교회 안에 들어오려고도 하지 않을 정도였다. 무엇보다 교회당을 새로 짓는 것이 급선무였다.

기존의 교회 건물 옆에 새 교회당을 짓는 작업은 내가 돌아오기 전에 이미 시작되었지만 심각한 재정난으로 공사는 지지부진한 상태여서 내가 돌아왔을 때는 기초 공사가 겨우 마무리되고 벽돌이 조금 쌓여 있는 정도였다.

나는 시급한 과제인 새 교회당 건축에 박차를 가하기 위해 우선 제직들을 모아놓고 회의를 열었다. 그 결과 김병문(金炳文) 장로가 벽돌과 시멘트를 기증하기로 해 건축 작업은 큰 진전을 보이게 되었고, 나는 교인들에게도 새 교회당 건축의 긴급성을 역설하며 어렵지만 협조를 좀 해달라고 부탁을 했다. 그러자 대부분 가난한 처지였던 교인들이 선뜻 좋다고 나서는 게 아닌가. 나는 반갑기도 했지만 아무래도 좀 이상한 느낌이 들었는데, 나중에 알고 보니 교인들은 내가 미국에서 올 때 교회를 짓기 위해 큰돈이라도 가지고 온 줄 알고 그랬던 것이다. 그만큼 교인들은 미국에서 왔다는 데에 대해 막연하고 순진한 기대감을 갖고 있었다.

실질적으로 교회 살림을 도맡아하고 있던 나는 시간이 지날수록 가정과 교회 양쪽의 경제난으로 허덕이다가 마침내는 그만 지쳐버리고 말았다. 내가 경동교회에 그런 상태로 계속 머물고 있는 데 대해서도 자못 심각한 회의가 들기까지 했다. 하지만 차마 내 심중을 김목사에게 솔직히 털어놓지 못한 채 혼자 가슴앓이만 하며 교회를 떠나지도 못하고 있었다.

그러던 차에 마침 좋은 기회가 찾아왔다. 기독교장로회 교회 가운데에서는 상당히 규모가 큰 편에 속하는 성남교회에서 나를 목사로 초빙한 것이다. 이미 교회를 떠날 생각을 하고 있던 나는 이에 응하기로 마음을 정해놓고 김재준 목사에게 내 결정을 알릴 기회만 엿보고 있었다. 그런데 미처 내가 말을 꺼내기도 전에 성남교회측에서 김목사에게 그같은 사실을 알린 모양이었다.

김재준 목사는 교회 장로와 집사들을 모두 모아 놓고 사정 얘기를 하고는 양자 택일을 하라고 통고했다.

"강목사를 교회 책임자로 하고 나를 이선으로 물러나게 하면 나도 계속 교회에 관계하겠으나 그렇게 하지 않아 강목사가 성남교회로 가게 되면 나도 더 이상 교회를 책임지지 않을 테니 알아서 하십시오."

결국 목사 둘을 한꺼번에 잃느냐, 아니냐 하는 문제를 안게 된 장로와 집사들은 김목사가 물러나면 안 된다는 그간의 주장을 꺾고 나를 교회 책임자로 앉히기로 결정을 내렸다. 사정이 그렇게 되자 나 역시 경동교회를 두고 다른 데로 갈 수가 없어서 그냥 계속 맡기로 마음을 바꿨다. 때마침 김재준 목사가 캐나다에 가서 1년 동안 체류하게 되었기 때문에 나는 자연스럽게 그로부터 교회 책임자 자리를 물려받게 되었다. 이같은 과정을 거쳐 김재준 목사가 당회 고문으로 추대된 것은 1958년 6월이었고 내가 정식으로 담임 목사 위임식을 가지게 된 것은 그해 12월 7일이었다.

그해 가을에는 지지부진 끌어오던 새 교회당 건축도 대강 마무리되어 그곳에서 예배를 드리는 기쁨도 있었다. 벽돌과 시멘트가 확보된 데 힘을 얻어 신도들이 적은 돈이나마 모금도 하고 노동력도 아낌없이 제공하는 등 모두가 힘을 모아 애쓴 값진 결과였다. 물론 새 교회당이라고는 하지만 돈이 없어서 제대로 지어진 것은 아니었다. 바닥만 해도 그냥 흙바닥을 목재소에서 얻어온 널빤지로 메운 채 의자도 마련해 놓지 못한 상태였다. 다만 붕괴될 위험만 피하고 비바람이나 막을 정도였다. 엉성하기가 꼭 전쟁 때 일선 지대에 임시로 세운 교회당 같아서 우리는 입당 예배도 드리지 않고 헌당식도 하지 않았다.

하지만 그런 상황에서도 교인은 늘어만 갔다. 교세는 점차 눈에 띄게 신장하기 시작했고 특히 젊은 교인들이 급증했다. 그렇게 되니 좁은 교회당에서 한꺼번에 예배를 드릴 수가 없어 2부제 예배를 실시해야 했다. 그러나 곧 그것도 부족해 3부제로 개편할 만큼 교회는 무럭무럭 성장해 나갔다.

경동교회의 기반을 새롭게 잡아 나가면서 나는 유학을 떠나기 전에 벌였던 학생 운동을 비롯하여 각종 활동도 열정적으로 펼치기 시작했다. 그것은 내가 원해서라기보다 나를 알고 있는 사람들의 요청에 의해 자연스럽게 그렇게 되어버린 측면이 더 많았다. 내가 귀국하자 사방에서 강연 요청이 들어왔는데, 그에 응하다 보니 저절로 이런저런 활동들을 재개하게 된 것이다.

그 결과 KSCF의 이사장이 되면서 YMCA, YWCA, KSCF의 연합체인 한국기독학생운동위원회(KSCC)의 위원장직도 맡게 되어 명실공히 기독학생운동의 총지휘자로 서게 되었다. 다시 시작한 청년 학생운동에 나는 변함없는 열정과 보람을 느껴 조금도 귀찮지가 않았고 여건이 되는 대로 지방 순회 강연에도 자주 나섰다. 그 무렵 내가 했던 강연 중에 가장 기억에 남아 있는 것은 '폐허에의 호소'라는 제목으로 1958년 4월 YMCA에서 한 공개

강연이다.

청년 학생운동에 다시 투신하면서 나는 NCC의 청년부 위원장직도 맡게 되었으며, 이후 7년 동안 그 직책을 유지했다. 그러나 나의 청년 학생운동은 나이를 먹게 되고 또 다른 활동들이 많아지면서 1967년 무렵 대강 마무리를 짓게 된다.

여자는 목사가 될 수 없나

앞서 자세한 내막을 밝혔듯이 기독교장로회의 탄생에 깊숙이 개입했던 나는 귀국 후에도 탄생한 지 얼마 안 된 기장의 기반을 다지는 일에 많은 노력을 쏟았다. 우선적으로 관심을 기울였던 일은 불합리하고 시대에 뒤진 조직과 제도를 개혁하는 것이었다. 그 일을 위해 나는 기장 총회에 기구 개혁위원회를 만들 것을 제의하고 조직을 구성한 후 위원장직을 맡아 여러 가지 개혁안을 내놓았다. 1958년 5월의 일이었다.

그때 낸 개혁안 중에서 가장 큰 쟁점이 된 것이 여자는 장로와 목사가 될 수 없도록 규정한 헌법조문이 불합리한 성차별에 근거한 것이니 고치자는 안이었다. 교회 구조에서 성차별을 철폐하고 여성도 남성과 같이 안수를 받게 하자는, 다시 말해 여성도 장로와 목사가 될 수 있게 하자는 내 생각을 담은 개정안이 나오자마자 총회의 거센 반발에 부딪쳤다. 그 반발은 기장에만 국한하지 않고 전체 장로교회로 확산되어 '여성이 안수를 받을 수 있느냐, 없느냐' 하는 문제로 신학적 논쟁이 일어났다.

내 주장에 반대하는 사람들의 얘기는 대체로 “아직 한국 실정에 맞지 않는다”는 시기 상조론이었다. 결국 거듭된 논쟁 끝에 내린 타협안은 ‘여성에게 안수를 하는 것이 가하기는 하나 한국의 현실을 고려, 우선 장로 안수를 시행하면서 목사 안수 문제는 계속 연구하기로 한다’는 것이었다. 나는 다수의 반대에 밀려 원래 주장에서 크게 양보하지 않을 수 없었으나 사실 논쟁 자체로만 보자면 반대자들의 주장 중에 터무니없는 것들이 많았다.

일례로 여자가 목사가 되면 안 된다는 이유로 내세운 것 중의 하나가 “여자 목사가 임신을 하게 되면 불룩한 배로 강단에 서야 하는데 보기에 좋지 않다”는 것이었다. 나는 그 얘기를 듣고 “그러면 남자도 살이 쪄서 배가 나온 사람은 목사 안수를 주지 말자”고 맞서기도 했다.

여하튼 ‘여성 목사’ 문제는 그 이후 매년 총회 때마다 상정되어 가하다느니, 불가하다느니 하는 논쟁을 거듭한 끝에 16년이 지난 1974년에야 비로소 다수의 동의를 얻어 가결될 수 있었다. 정말로 기나긴 씨름 끝에 얻은 동의였으나 그만큼 의미도 컸다.

여성 목사 안건이 가결되고 벌써 30년이 다 되어 가는 최근에 22개 교단 회의에 참석한 적이 있다. 각 교단장과 총무들이 100여 명 모인 그 자리에 여성은 눈을 씻고 찾아보려고 해야 볼 수가 없었다. 21세기를 맞은 현재에도 여성 목사는 극소수에 불과하며 교단에서 여성의 지위는 한참 뒤져 있는 상태다. 그러나 여성 안수는 법적으로 보장되어 있으니 더 세월이 흐르면 틀림없이 좋은 결실이 맺어지리라 믿는다.

1958년 여름에 나는 해방 후 두번째로 일본을 방문하게 되었다. 도쿄에서 열린 세계 기독교육대회에 한국 대표로 참가하게 된 것이다. 그 대회에 참가한 후 요시노야마(吉野山)에서 개최된 재일 교포 기독청년 대회에도 초청 연사로 참가해 '화해자 그리스도'라는 제목으로 주제 강연을 했다.

그 대회에는 일본 각지에서 교포 청년 150명 정도가 참가했던 것으로 기억하는데, 내 강연에 대한 반응이 아주 좋았다. 그 대회를 통해 많은 청년들과 가까워졌으며 몇 사람과는 그 후에도 계속 친교를 유지했다. 그 중에는 정숙자 목사처럼 현재 목사로 일하는 사람들도 있다.

나는 그들과 대화를 나누면서 1948년에 일본을 방문했을 때와는 분명히 다른 점을 느끼지 않을 수 없었다. 그때는 주로 기성세대와 만났었는데, 10년이 흐른 후 청년들과 대화를 나누어 보니 무엇보다 현격한 세대 차이가 느껴졌다. 당시 청년들은 일본에서 태어나 태평양전쟁 중에 어린 시절을 보내고 종전 후의 폐허와 빈곤, 그리고 민족 차별 속에서 성장기를 보낸 사람들이었다. 그들은 온전한 한국인도 일본인도 아니었기에 자신들의 정체성, 그에 따른 국적 문제 등으로 고민하고 있었고 일본 사회의 차별 속에서 헤쳐나가야 할 미래에 대해서도 불안과 갈등, 좌절을 품고 있었다.

식민지 역사의 희생자들인 그들을 보면서 나는 동포이자 선배로서 충격과 아픔을 느끼지 않을 수 없었으며, 한일간의 화해는 역시 가해자인 일본의 참회 없이는 이루어질 수 없음을 절감했다.

불길 속으로 뛰어드는 아내

귀국한 지 1년 남짓 시간이 흘러 처음의 이질감과 배반감도 많이 사라지고, 내 활동도 그런 대로 궤도에 오르기 시작할 무렵, 내게는 다시 한 번 뜻하지 않은 시련이 닥쳐왔다. 우리 가족이 살던 경동교회 건물에 화마가 덮친 것이다.

1958년 11월 7일 아침이었다. 그날도 나는 여느 때처럼 아침 산책을 갔다가 집으로 돌아오고 있었는데, 문득 교회 쪽을 보니 불길이 하늘 높이 치솟아오르면서 교회가 활활 타오르고 있는 것이 아닌가. 타고 있는 건물은 새 예배당을 짓기 전에 쓰던 것으로, 아래층에는 우리 가족이 살고 있었고 위층은 사무실로 사용하는 목재 가건물이었다.

허술하기 짝이 없는 목재 건물은 불이 붙자마자 기름을 부어놓기라도 한 듯 순식간에 건물 전체로 번져버려 불과 15분 만에 전소되고 말았다. 소방차가 달려왔으나 이미 모든 것이 끝나버린 후였다. 불은 교회 옆에 있던 무허가 공장에서 시작되어 애꿎게도 우리 교회로 옮겨붙은 것이었다.

교회와 집이 타는 것을 바라보면서도 나는 속수무책이었다. 애가 타서 입술은 바짝바짝 말랐으나 그저 당하는 수밖에는 다른 도리가 없었다. 아내는 거의 제정신이 아니었다. 가난하기는 해도 알뜰살뜰 가꾸어온 손때 묻은 살림살이가 한순간에 재로 변하는 광경을 아내는 참아내기 힘든 모양이었다.

당시 아내는 살림에 조금이라도 보탬이 될까 하여 메추리를 키우고 있었는데, 불이 나자마자 그녀가 끌고 나온 것이 엉뚱하게도 바로 이 메추리들이었다. 그러고 난 아내는 그제야 방안에 있는 갖가지 물건들을 생각해낸 듯 소리를 지르기 시작했다.

"안 돼, 안 돼! 타서는 안 돼! 절대로 타서는 안 돼! 내가 들어가서 가지고 나올 테야!"

아내는 정말로 불길이 마구 치솟는 집안으로 달려들어가려고 했다. 내가 놀라서 앞을 막으며 말려도 막무가내였다. 늘 조용하고 차분했던 사람이었는데 그때만큼은 제정신이 아닌 듯했다. 할 수 없이 나는 결혼 후 처음으로 "정신 차리라"고 소리치며 아내의 뺨을 때렸다. 만일 그때 내가 아내의 머리를 잡고 막아서지 않았더라면 그녀는 정말로 집안으로 뛰어들어가고도 남았을 것이다. 그리고 그랬다가는 불더미에 깔려 죽고 말았을 테고. 내가 아내를 때리자마자 2층이 불길에 무너져 내렸기 때문이다.

미친 것 같던 불길은 건물 모두를 말끔히 삼켜버리고 나서야 진정되기 시작했다. 내가 소중하게 여기던 것들, 즉 미국에서 돌아올 때 남은 돈을 깡그리 털어 샀던 책들, 차곡차곡 모아둔 피땀어린 강의 노트들은 물론 내가 받은 학위 증서와 귀중한 사진첩 등 재산 목록 1호라 할 수 있는 모든 것이 그날의 화재로 타버리고 말았다. 입을 만한 옷이라고는 미국에서 가지고 나온 양복 한 벌뿐이었는데, 그것마저 불에 타버려 당장 설교할 때 입을 옷도 없게 되었다.

순식간에 잿더미로 변해버린 집 앞에서 우리 가족은 영락없이 길거리에 나앉은 알거지 신세가 되고 말았다. 무허가 공장에서

난 불이니 보상받을 길도 없었다.

그나마 인명 피해가 없었던 것을 위로로 삼으며 어떻게든 다시 살 수 있는 길을 찾아봐야 했다. 이제 우리에게 남은 것이라고는 각자 몸에 걸치고 있는 옷 한 벌과 메추리 몇 마리밖에 없었다. 그러고 보니 생명 있는 것은 모두 목숨을 구한 셈이었다. 그러나 나머지 것은 성경책 한 권도 남기지 않고 모두 소실되어 이영숙 전도사(현 한일교회 목사)가 빌려준 성경과 찬송가집으로 주일 설교를 해야 하는 상황이었다. 그후 우리 가족은 불에 타 형체만 남은 방 하나를 수리해 1960년 5월 말 새 목사관이 완공될 때까지 살았다.

화재를 당해 곤경에 처하게 되자 교인들을 비롯해서 나를 돕겠다고 나선 사람들이 적지 않았다. 그 중 하나가 뉴욕 유니언 신학교에서 함께 공부했던 에바 간츠였다. 나는 그녀는 물론 그녀의 남편과도 편지를 주고받는 사이가 되었는데, 에바는 당시 독일에서 공부하고 있던 김혜경(현 서울대 교수)을 통해 화재 소식을 듣고서는 다음과 같은 편지를 보내왔다.

> 공장에서 불이 옮겨 붙었다면 왜 공장에서 손해를 배상해 주지 않는지요? 화재 등 재난에 대비한 보험회사 같은 것이 없습니까? 학생들이 많이 모이는 교회이니 교인들이 교회 재건이나 당신을 돕는 데 큰 힘이 되지 않겠지만 다른 교회들이 있지 않습니까? 그들이 진정한 기독교인이라면 당신을 도와야 하지 않겠습니까?

내가 어떻게 해야 당신을 물질적으로 가장 잘 도울 수 있는지 알려주기 바랍니다. 여기서 당신에게 책을 보내는 것이 유용할까요? 만일 당신이 책을 원한다면 내가 가지고 있는 것 약간과 뉴욕에서 서적상을 하는 내 아저씨를 통해 책을 보낼 수 있습니다.

두 가지 다른 질문이 있습니다. 옷이나 침대보 등을 보내도 도움이 되겠는지요? 그리고 돈도 조금 보낼 수 있는데, 불행히도 독일 돈으로는 많아도 미화로는 많지가 않군요. 최소한 300달러는 보낼 수 있습니다. 내가 다른 물질적 방법으로 당신을 도울 수 없다면 이 돈을 보내겠습니다. 어디로 보내야 할까요?

에바와 그 남편은 각자 저금 통장을 모두 털어 에바의 아저씨가 하는 미국 책방에 돈을 부쳐 내게 책을 보내도록 했다. 재난을 통해서 나는 내게 그렇게 고마운 이웃이 있다는 사실을 새삼 확인할 수 있었다.

앞서 말했듯 나는 화재가 나기 전인 그해 봄 종로 YMCA에서 '폐허에의 호소'라는 제목으로 며칠 동안 강연을 했었는데, 화재 후에는 '폐허로부터의 호소'라는 제목으로 강연을 했던 일이 기억에 남는다.

술 마시는 목사 천벌받다?

이 화재와 관련하여 한 가지 우스운 이야기가 생각난다. 그때 나는 맥주를 좋아해서 캔맥주를 즐겨 마시곤 했다. 이미 술과 담배 문제는 유학 생활을 통해 완전히 해결해버렸기 때문에 나에겐 더 이상 술 마시는 일이 문제가 되지 않았다.

그러나 아내는 걱정하는 눈치였다.

"당신이 스스로 판단하여 술 마시는 것이야 내가 말리지 않겠지만 제발 교인들 앞에서는 삼가도록 하세요."

아내의 걱정이 아니더라도 목사가 술 마시는 것을 도저히 이해할 것 같지 않은 교인들 앞에서 보란 듯이 마실 수는 없었다. 그래서 내 방에다 깡통 맥주를 갖다 놓고는 혼자 있는 시간에 마시곤 했다.

나는 마신 맥주 깡통을 곧바로 버리지 않고 집 뒤에 쌓아두었다가 한몫에 치우곤 했었는데, 마침 불이 나면서 쌓여 있던 빈 깡통이 불길에 와르르 무너져 내렸다. 불 구경하러 새카맣게 모인 사람들이 그 광경을 봤으니, 그 순간 나는 '술 마시는 목사'로 완전히 낙인이 찍혀버리고 말았다. 그때만 해도 술과 담배가 교역자들에겐 절대적인 터부로 여겨질 때였다.

기독교인의 윤리 가운데 지엽말단에 불과한 술과 담배 문제를 놓고, 확실한 성서적 근거도 없이 술과 담배를 하면 기독교인 자격이 박탈당하기라도 하는 것처럼 엄포를 놓는 한국 교계의 현실이 못마땅했던 나는 1959년에 『기독교 사상』이라는 잡지에 술과 담배에 대한 내 생각을 담은 글을 기고한 바 있다.

'새 시대의 윤리—술과 담배를 중심으로'라는 제목의 이 글에서 나는 윤리란 불변적 요소와 함께 시대와 상황에 따른 가변적 요소도 포함하고 있다고 전제하고, 술과 담배에 대한 기독교인의 태도는 시대에 따라 달라지는 가변적인 것에 불과하다고 주장했다. 다시 말해 제목에서 나타나듯 새 시대, 새 문화에서는 술과 담배에 대한 기존의 태도가 바뀔 수밖에 없다는 얘기였다.

나는 또 '성서에 나타난 술에 대한 상반된 시각들을 전부 종합해 보면 결국 술 자체는 선도 악도 아니며, 술을 과도하게 마시는 것을 금한 것이지 음주 자체를 터부시한 것은 아니다'라고 술에 대한 성서의 교훈을 요약했다. 그러면서 결론적으로 '그리스도인으로 갖추어야 할 중요한 덕목은 뒤로 한 채 술과 담배를 그리스도인의 생활 윤리 중심에 세우는 본말이 뒤바뀐 폐단을 시정하고, 더 근본적인 윤리 과제로 우리의 관심을 돌리자. 그리스도인들은 무엇을 하지 말라는 율법에 얽매인 사람들이 아니라 적극적으로 무엇을 하라는 명령을 주(主)로부터 받은 사람들이다'라고 말을 맺었다.

내가 쓴 이 글은 교계에서 터부시되어 온 술과 담배 문제를 기존의 시각과는 반대되는 시각에서 공식적으로 거론한 첫번째 글이었으므로 그 파문이 크지 않을 수 없었다. 그 글이 발표되자 보수 교단에서는 "교인들이 술과 담배를 한다면 불신자와 다를 것이 무엇이냐"며 큰 반발을 보였지만 진보적인 생각을 가진 사람들로부터는 시원하게 얘기를 잘 해줬다는 호평이 들어오기도 했다.

그때 우리나라의 현실이 워낙 세계적인 흐름에 뒤떨어져 있었기 때문에 귀국 후 내가 남의 눈치 보지 않고 한 언행들이 문제를 일으킨 경우가 꽤 많았다. 그 때문에 우리 교회에 불이 나자 평소 나를 못마땅하게 생각해 온 사람들이 "신신학을 한답시고 이단자의 소리나 외쳐대더니 결국 하나님의 벌을 받았다. 그러니 당장 회개하라"고 했다는 소리가 내 귀에 들려오기도 했다. 하지만 "하나님의 종이라 역시 그 불에 아무도 죽지 않았다. 불이 한 번 일어났으니 앞으로 좋은 일이 생기고 번창할 것이다"라는 격려의 말도 많이 들었다.

뉴욕에 있을 때부터 귀국하면 국내 학자들과 함께 한국 사회를 기독교 입장에서 분석 연구함으로써 한국 사회 현실을 분명히 인식하고 그를 바탕으로 구체적인 대책을 세워 함께 운동을 해나가려고 생각했던 나는 1959년 드디어 그같은 뜻의 첫 결실로 '기독교사회문제연구회'라는 모임을 만들게 되었다.

나는 평소 신학은 상아탑 안에 머물러 있는 것이 아니라 우리가 살고 있는 삶의 현장 속에 들어가 성육신화(成肉身化)해야 한다는 소신을 갖고 있었다. 이같은 생각을 갖게 된 직접적인 계기는 6·25였다.

6·25 때 나는 특히 교역자들의 피난 과정을 보며 언행이 일치하지 않는 한계와 위선을 두 눈으로 보았으며 서울 수복 후에 불거져 나온 도강파니 잔류파니 하는 어처구니없는 패가름을 통해 분노마저 느꼈다. 또한 부산 피난지에서 방향을 못 찾고 우왕좌왕하는 추태를 목도한 나는 교계가 세속과 다름없는 속물 근성을 보이는 데 실망하게 되었고, 과연 기독교가 구체적인 삶의 현장에서 이같은 모습밖에 보여줄 수 없는 수준인가 하는 회의에 깊

이 빠지게 되었다.

그같은 문제 의식을 바탕으로 나는 '기독교의 메시지는 추상적인 공허한 울림으로 그쳐서는 안되며, 구체적인 삶의 현장에서 상황을 변화시켜나갈 수 힘이 있어야 한다'는 생각을 굳히게 되었다. 이런 생각은 뉴욕에서 사회학을 공부하면서 더욱 구체화되었고, 기독교사회문제연구회를 발족시킨 취지도 다 여기에서 나온 것이다.

크리스챤 아카데미의 모체라고 할 수 있는 이 기독교사회문제연구회(약칭 기사연)는 처음에 기독교인 사회과학자와 사회 문제에 관심이 있는 신학자들 15명이 모임으로써 탄생을 보게 되었다.

퇴계로에 있던 삼복정이라는 대중식당에서 첫 모임이 열렸는데, 각자 회비 100원을 가지고 와서 70원짜리 국밥을 사먹으며 한국 사회 현실에 대해 광범위한 대화를 나눴다. 지금 와서 보면 독일의 아카데미 운동이나 기타 외국의 대화 운동이 국내에 소개되기도 전에 우리 스스로 작지만 독자적으로 시작한 뜻 깊은 모임이었다.

첫 회합을 가진 기사연은 이후 정기적인 모임을 거듭하면서 대화의 장을 확대 · 심화해나갔다. 연구와 운동을 연결하기 위해 구체적인 방안을 모색해나가는 가운데 우리의 활동은 4·19와 5·16 등 역사적 격동기를 거치면서 더욱 자극받고 활기를 띠게 되었다. 그 무렵 우리의 최대 관심사는 시대가 시대였던 만큼 '한국인들은 과연 민주주의에 대해 어떻게 생각하며 민주주의를 할 수 있는 잠재 능력이 있는가' 하는 것이었다. 우리는 이 문제에 대해 집중적인 조사 연구를 했으며 그 결과 이효재 교수가 학생들을 데리고 조사한 내용이 『사상계』에 실리기도 했다.

"요정 청운각에 날 데려다주시오"

기독교사회문제연구회는 자금이 없어서 사무실은 경동교회 목사 기도실을 이용했고 사무 책임은 김채련이라는 당시 연세대학 정외과를 졸업한 사람이 맡았다. 이 사람은 부산 피난 시절 내가 황신덕 여사의 부탁으로 매주 화요일 아침 중앙여고에서 특별 강의를 할 때 내 강의를 열심히 듣고 따르던 학생 중 한 사람이었다.

어느 날 하루는 김채련이 내게 질문을 했다.

"제가 중앙여고에 다닐 때 늘 저와 함께 다니며 목사님을 만나던 박금수, 기억나십니까?"

"물론 기억나지. 예쁘장하게 생긴 그 아가씨? 그래, 지금 어떻게 되었나?"

나의 물음에 김채련은 씽긋 웃더니 "말 안 할래요"라고 했다. 나는 궁금해서 더 다그쳤다. 김채련은 조금 머뭇거리다가 할 수 없다는 듯이 털어놓았는데, 내겐 벼락과도 같은 충격적인 내용이었다.

"금수가 사실은, 지금 요정 기생이 되어 있어요. 결혼을 하고 아이 둘을 낳았는데, 이혼을 하게 되어 할 수 없이 친정 부모님 집에 들어가서 살았지요. 그런데 생활이 어려워져 결국 거기로 나가 일하게 된 거예요."

"그래, 그 요정의 이름은 무어냐?"

"청운각이에요."

"내가 그리 찾아가 만나야겠구나."

"그곳에서는 이름을 바꿔서 부르기 때문에 박일이라고 찾아야 할 거예요."

나는 동양시멘트의 이양구 사장을 찾아가 나를 청운각에 데려다 달라고 했다. 그분은 내 말을 당연히 농담으로 듣고 웃어넘기려고만 했다.

"목사님, 농담 좀 그만하시오."

나는 더 진지하게 말했다.

"농담이 아닙니다. 거기에 박일이라는 기생이 있지요?"

내 말을 들은 이사장은 깜짝 놀라면서 그 기생을 어떻게 아느냐고 되물었다. 나는 별 말 없이 그 여자를 꼭 좀 만나고 싶어 그러니 데리고 가달라고 거듭 부탁했다. 그랬더니 그는 비서를 시켜 친구 십여 명을 부르더니 나와 함께 청운각으로 갔다.

그렇게 해서 태어나 처음으로 요정에 들어가 앉았다. 내 곁은 자리를 비워두고 이사장이 박일을 불러 내 곁에 앉혔다.

박일은 불려와서 내 곁에 앉았으면서도 나를 알아보지 못하고 마주앉은 이양구 사장과 담소를 나누었다. 이양구 사장이 내 쪽으로 눈짓을 해대는데도 그녀는 나를 알아보지 못했다. 도저히 참을 수 없었는지 이양구 사장이 그녀에게 물었다.

"박일이, 네 옆에 앉은 사람을 정말 모르겠어?"

이사장의 말에 박일은 심드렁하게 나를 바라보았다. 잠시 후 깜짝 놀라 일어서더니 소리치며 뛰쳐나갔다.

"어떻게 나를 이렇게 모욕할 수 있습니까?"

나는 바로 따라나가서 그녀의 손을 잡고 이양구 사장과 여기까지 오게 된 전후 사정을 설명했다.

"제가 지금 흥분이 되어서 별 말씀 못 드리겠습니다. 채련이 통해서 연락 드리고 한 번 찾아 뵙겠습니다."

그녀는 이 말만 남기고 총총히 자리를 떴다. 그후 채련을 통해 연락이 되어 그녀는 경동교회로 나를 찾아오고 나서 청운각을 그만두었다. 그 뒤 다방 마담이 되었는데, 나와 얘기하는 중에 "다방 마담이 훨씬 어렵습니다. 사내들이 귀찮게 하기도 하고"라는 말을 하기도 했다. 그래서 내가 이탈리아에서 영화 공부를 한 양동군(현재 한양대 재직)에게 이야기하여 영화를 찍게 해주었으나 카메라가 잘 받지 않는지 영화 쪽으로는 잘 풀리지 않았다.

나는 잠시 후회가 되기도 했다.

'공연히 청운각에 가서 그녀를 돌봐주겠다는 것이 이 사람을 더 어렵게 만들었구나.'

그렇게 속으로 고민하고 있었는데, 어느 날 외국인 회사 사장을 만나 결혼하게 되었다는 좋은 소식이 들려와 반가운 마음에 종로예식장까지 가서 축복을 해주었다. 결혼 후 수유리에서 살림을 하고 있다고 들은 이후로는 소식이 끊겼다.

박일을 만나러 청운각에 간 지 얼마 지나지 않았을 때 두번째로 청운각에 갈 기회가 생겼다. 이양구 사장이 옷 만드는 디자이너 노라노 여사를 접대해야 한다면서 함께 가자고 했다.

"어차피 가본 데 한 번 더 가는 건데, 뭐 어떻겠소?"

그의 무심한 말에 나도 별 생각 없이 따라나서게 되었다.

그때가 60년 여름쯤으로 미국 대통령 선거 중이었던 것 같은데, 자연 미국 대통령 선거가 화제로 떠올랐다. 내가 애들리 스티븐스 이야기를 하자 옆에 있던 기생이 '애들레이 스티븐슨'이 아니냐고 조심스럽게 물었다.

나는 깜짝 놀라 그녀를 쳐다봤다. 이양구 사장이 옆에 앉아 있다 나 대신 기생에게 말을 건넸다.

"이복실이, 오늘은 더 예쁘구나."

이 소리를 듣고 나는 비로소 그녀가 이복실이라는 것을 알았다. 당시 그녀는 황진이만큼 유명한 기생이었다. 이 여자는 내가 목사인 것을 알고 있었던 모양인지 잠시 뒤 나에게 나직이 물었다.

"목사님께 질문을 하나 해도 좋을까요?"

"좋소."

"영원과 시간에 대해 이야기해 주세요."

"시간에 이어지지 않는 영원, 영원에 이어지지 않는 시간은 허무한 것이오. 내가 믿는 기독교는 영원의 세계에 있는 하나님이 시간 속에 들어와서 몸으로 태어났다는 것을 믿는데, 이렇듯 영원과 시간은 서로 다르지만 관계가 있지요."

우리는 대충 이런 이야기를 하고 헤어졌다. 그런 뒤 어느 주일날 그녀가 우리 교회 예배 시간에 참석했다. 내 설교를 듣고 돌아가서는 전화를 걸어왔다.

"목사님, 헤세의 『싯다르타』를 읽어 보셨는지요? 읽고 나서 함께 이야기해 봤으면 합니다."

나는 헤세의 다른 책은 읽었어도 『싯다르타』는 읽지 않아 서점에 가서 급하게 구해 읽었다. 읽으면서도 영원과 시간의 문제가 이 책과 무슨 관계가 있는지 알 수 없었다. 어쨌든 그 책을 읽고 난 후 안국동의 한 다방에서 그녀와 자리를 함께하게 되었다.

"저는 그 책을 읽고 영원과 시간에 대해 생각하게 되었어요. 싯다르타가 죽기 전에 강가에 앉아 강물을 보면서 '이 강은 오래 전부터 있던 강이나, 이 물은 옛날의 물이 아니고 오늘 새롭게 흐르는 물이다' 라는 부분이 나옵니다."

과거와 현재의 관계를 암시하는 싯다르타의 말을 인용하면서 그녀는 조심스레 자신의 생각을 피력했다. 나는 그녀의 이야기를 들으며 역시 듣던 대로 대단한 여자라는 생각을 하게 되었다.

"목사님과 춤추고 싶어요"

그 자리 이후로는 그녀를 만날 일이 없어 한참 소식을 모르고 지냈는데, 하루는 내가 진행하고 있는 기독교 방송 프로그램으로 전화가 걸려왔다. 전화를 받으니 이복실의 어머니라는 사람이었다.

"지금 복실이가 다 죽어가는데, 목사님께서 꼭 찾아와 만나주실 수 없겠는지요?"

나는 사람이 죽어간다는 소리에 놀라 전화에서 알려준 주소대로 찾아갔다. 그 어머니라는 사람이 나를 맞아들이며 방으로 안내했는데, 이복실은 병색이 완연한 모습이었다. 내가 보기에도 얼굴이고 몸이며 대단히 심각해 보였다.

"도대체 무슨 병에 어떻게 걸려서 이런 지경이 되었소?"

"얼마 전 제가 몹시 귀애하던 개가 죽어서 삼청동에 있는 공원 한구석에 묻었답니다. 그 뒤로 저는 매일 그 개의 무덤을 찾아가 울었지요. 그런데 이것을 본 경찰이 사람이 죽은 것 같은데, 매장 허가가 없는 곳에 묻었다고 저를 추궁하는 거예요. 제가 아무리 개를 묻은 것이라고 설명해도 곧이듣지 않고 결국 강제로 무덤을 파게 되었어요. 무덤을 파보니 이미 다 상하고 썩은 개의 시체가 나왔는데 저는 그 모습을 보고 까무러치고 말았습니다. 그 뒤로 병이 나 이렇게 아프게 되었답니다."

나는 그녀의 말을 듣고 참으로 놀랐다. 사람들은 기생이라고 하면 남자들에게 술이나 따르고 남자들이 주는 팁으로 살아가는, 세상살이에 닳고닳은 속물적인 여자 정도로 생각하는데, 그녀의 말을 듣고 나 역시 평소 가지고 있는 편견이 얼마나 잘못된 것인지 깨닫게 되었다. 어느 누가 그녀처럼 섬세하고 가녀린 마음을 가질 수 있겠는가. 개 한 마리에 대한 사랑으로 그토록 아파하는 그녀의 모습을 보며 나는 평판이 좋지 않은 사람들을 스스럼없이 받아들였던 예수님을 조금이나마 이해할 것 같은 심정이 되었다.

지금 생각해도 이복실은 참 별난 여자였다는 생각이 든다. 뒷날 일본 손님들이 삼청각을 찾은 자리에 나도 참석하게 된 적이 있는데, 그때 이복실은 그곳 마담이 되어 있었다. 그날 이복실은 그녀다운 별난 요청을 내게 해왔다.

"사실 저는 남자로서 목사님을 좋아하거든요. 그러나 목사님이시니 곁에 다가갈 수가 없군요. 그래서 소원이 하나 있는데 들어주시겠어요?"

"그래, 과연 그게 무언지 궁금한데?"

"1미터 거리를 두고라도 좋으니 목사님이랑 춤을 한 번 춰보고 싶어요."

나는 그녀의 말대로 자리에서 일어났다. 내가 그녀의 춤 신청을 받아들여 멋지고 우아하게 춤을 출 수 있었다면 좋은 선물이 되었겠지만, 평생 춤에는 소질이 없던 나는 그저 되는 대로 몸을 이리저리 흔들고 말았다. 이것이 그녀와 나의 마지막 만남이었다.

시위의 불길은 타오르고

부정선거는 피를 부르고

진보당 사건, 경향신문 폐간 등 자유당 정권의 말기적 증상이 잇따른 1950년대 말이 지나고 1960년으로 접어들었다. 그 해 3월로 예정된 정 · 부통령 선거를 놓고 온 나라가 뜨겁게 달아오르고 있었다.

이미 자유당 정권은 이 선거에 대비하여 오래 전부터 치밀한 사전 공작을 해오고 있었다. 민심이 이미 이대통령과 자유당 정권을 떠나버렸음을 알고 있었기 때문에 1959년 3월 최인규를 내무장관에 앉혀 부정 선거를 통해서라도 선거에서 이기기 위해 갖은 수단을 강구하고 있었다. 1959년 4월에 반정부적 논조가 가장 강했던 야당지 경향신문이 폐간된 것도 그 속사정은 1960년 선거에서 뜻대로 여론을 조작하기 위해 미리 취한 조치였다고 할 수 있다.

경향신문 폐간 당시 공보실장을 맡고 있던 사람은 전성천 목사였다. 그는 경향신문 폐간 방침을 밝히고 협조를 구하기 위해 교회 지도자들을 모두 불렀는데 나도 그 자리에 있었다. 경향신문은 천주교 서울교구에서 운영하고 있었으며 카톨릭 신자인 장면 부통령을 지지하고 있었다. 그 때문인지 전실장의 말에 대부분의 참석자들은 "잘 하는 일"이라며 선뜻 동조를 표했다.

종교와 정치를 제대로 구별하지 못하고 하나님의 이름으로 그런 일에 동조를 하다니, 나는 이러다간 우리 교회가 우리 역사에 어떤 수치스런 이름으로 남게 될지 걱정스러웠다. 더구나 그런 교회 한가운데 나 자신이 몸담고 있지 않은가. 나는 도저히 가만히 있을 수가 없어 한마디 했다.

"만일 전실장이 그 일을 하려면 목사직을 그만두고 하십시오. 그리고 당신 개인으로 봐도 그런 몰지각한 일을 하면 경향신문을 폐간시킨 사람이라는 오명을 역사에 남기게 될 텐데 왜 그걸 생각하지 못하는 겁니까?"

그런 얘기를 퍼붓고는 도중에 나와 버렸다.

3·15선거에서 자유당의 정 · 부통령 후보는 이승만과 이기붕이었고 민주당은 조병옥과 장면이었다. 그런데 민주당 대통령 후보였던 조병옥은 선거를 코앞에 둔 2월 25일 미국의 한 병원에서 심장병으로 세상을 뜨게 된다. 조후보의 갑작스런 죽음은 이대통령에게 염증이 나 있던 국민들을 당황하게 했다.

이승만 정권은 그같은 호기를 맞고서도 자신감을 갖지 못했다. 워낙 민심이 떠나 있는데다, 몸이 약해 국사를 돌볼 힘도 없던 이기붕의 부통령 당선 역시 위태롭기 짝이 없었기 때문이었다. 그래서 자유당 정권은 계획했던 대로 부정선거를 강행했다.

당시 정부 관리는 모두 자유당 입후보자의 당선을 위해 동원되었으며 내무부와 각 도의 경찰국은 실질적으로 자유당의 선거 본부 기능을 담당하고 있었다.

이같은 언어도단의 한심한 상황에서 기독교계가 취한 태도 역시 공무원들과 별로 다를 바가 없었다. 그들은 민주당의 부통령 후보인 장면이 카톨릭 신자임을 겨냥해 '기독교는 공산주의와 싸우는 것은 물론 카톨릭과도 싸워 이겨내야 한다'고 주장하고 나섰다. 그리고는 범교단적으로 기독교 선거대책위원회라는 것을 조직해서 '대통령은 장로인 이승만 박사, 부통령은 권사인 이기붕'이라는 구호를 내걸고 적극적인 선거 운동을 펼쳤다. 이에 따라 그 이전 선거에서도 늘 그랬듯이 각 지역별, 교회별로 선거대책위원회 지부가 조직되었다.

이승만 정권은 기독교 정권이라는 말을 들을 만큼 처음부터 기독교계와 밀접한 관련을 맺어왔다. 우선 이승만 본인이 기독교인이었을 뿐만 아니라, 기독교인들의 참여가 활발했던 미군정을 이은 정권이었으므로 건국 후 정계와 관계를 비롯한 사회 각계에서 기독교인이나 친기독교인이 큰 영향력을 행사해왔다.

3·15선거만 봐도 자유당의 정 · 부통령 후보가 모두 기독교인인데다 앞서 말한 전성천 공보실장이 목사였고 내무장관 최인규도 교회 집사였다.

선거를 앞두고 교계는 이승만과 이기붕을 당선시켜야 한다며 이구동성으로 떠들어댔다. 그러나 학생들이 많았던 우리 교회는 공격을 받으면서도 그런 혼탁한 조류에 휩쓸리거나 동조하지 않았다. 물론 우리 교회 교인들 가운데는 자유당을 지지하는 사람들이 있어 주일날에 선거 홍보물을 돌리는 모습이 눈에 띄기도 했지만, 학생들이 달려가 다 빼앗아버리곤 했다.

아, 김주열!

잘 알려져 있듯이 3·15선거는 그 유례를 찾아보기 힘들 정도로 노골적인 부정 불법 선거였다. 선거가 끝난 뒤 민주당은 국회에서 선거 무효를 주장하고 나섰고, 선거 당일부터 마산 등 전국 대도시에서는 부정 불법 선거를 규탄하는 반정부 시위가 잇따랐다. 이같은 시위의 열기는 4월 11일 마산에서 고등학생 김주열이 이마에 최루탄이 박힌 시체로 발견되면서 드디어 4·19로 점화되기에 이른다.

4·19는 4월 18일 고려대학교의 시위를 시발로 본격적으로 전개되었는데 그날 고려대 학생들은 국회 의사당으로 몰려가 선언문을 낭독했다. 그때 낭독자가 박상원이라고 우리 교회에 다니던 학생이었다. 그런데 이들은 그날 시위를 마치고 학교로 돌아가던 도중 경찰의 비호를 받는 반공청년단의 폭력배들에게 습격을 당해 많은 사람이 부상을 당했고, 이런 일이 신문보도를 통해 알려지자 4월 19일에는 분노한 수만 명의 대학생과 고등학생들이 거리로 쏟아져 나오게 되었다.

4·19를 주동한 학생 중에는 우리 교회 교인이 여럿 있었다. 고려대의 박상원 외에도 서울대의 데모를 앞장서 이끌었던 윤식과 이영일(전 국회의원) 등이 대표적인 인물들이다. 이들 때문에 나는 한때 4·19의 배후 취급을 받으면서 그와 관련된 강연 요청을 받기도 했지만, 내가 4·19를 지지하기는 했어도 직접적으로 관계한 사실은 없다.

나는 4·19가 터질 무렵 기독교 선교 관계 회의에 참석하기 위해 목사 네댓 명과 홍콩에 가 있었다. 우리는 그곳에서 4·19 소식을 접하게 되었는데 나와 동행한 목사들의 시각은 매우 부정적이었다. 그들이 내세운 이유는 "배후에서 빨갱이가 조종하고 있다"는 것이었지만 진짜 속내는 이대통령을 절세의 애국자, 걸출한 정치 지도자라고 생각하고 있기 때문인 것 같았다.

그때는 여권을 얻어 외국에 나가는 일이 매우 어려웠기 때문에 애초에는 홍콩에서 일을 본 뒤 다른 곳을 들렀다가 올 생각이었지만 국내 상황이 워낙 급박하게 돌아가고 있었으므로 바로 귀국길에 올랐다. 내가 돌아오고 나서 전국으로 불길처럼 번진 시위는 4월 25일 교수단 데모로 새로운 국면을 맞게 되었고, 그 이튿날인 26일 드디어 이대통령이 하야 성명을 발표하기에 이르렀다. 그리고 이틀 후 자유당 정권의 2인자였던 이기붕 내외가 아들의 총에 맞아 비극적인 최후를 마침으로써 자유당 정권은 극적인 종말을 고했다.

이대통령은 외무부 장관이던 허정(許政)에게 정부 권력을 이양한 채 경무대를 떠나 이화장으로 옮겨갔는데, 그가 떠나는 길가에는 그래도 애국자로서 그의 면모를 인정해온 많은 국민들이 몰려나와 눈물을 흘리며 그를 보내던 장면이 인상적이었다.

이승만 대통령의 하야 후 정권은 형식상 허정 과도 정부로 옮겨갔다. 그러나 그런 과도 정부에 실질적인 힘이 있을 리 없었고 세상은 4·19로 인한 새로운 세력 관계 형성으로 한바탕 시끄러웠다.

자유당 정권과 밀월 관계를 가져온 기독교계는 그 무렵 쏟아지는 비난과 공격을 감수해야 했다. 사실상 많은 기독교 학생들이 4·19에서 주도적 역할을 했음에도 불구하고, 부정 선거에 기독교가 협력했다는 이유 때문에 기독교 전체가 싸잡아 비난을 당한 것이다. 이런 일은 기독교계가 이승만 정권에게 충성을 바칠 때 이미 예상된 바였지만 갑작스레 닥친 4·19로 기독교 전체는 옥석을 가릴 틈도 없이 통째로 역적 취급을 당해야 했다. 그 때문에 종로 기독교회관 앞에서는 부정 선거 협력에 대한 항의 데모가 벌어지기도 했다. 또 기독교에 대한 항의로 서울운동장에서 열린 4·19 희생자 위령제도 불교식으로 치러졌다.

내각 책임제로 헌법을 개정한 허정 과도 내각은 그해 7월 29일 민의를 바탕으로 한 새로운 정권을 창출하기 위해 총선거를 실시했다. 이 선거에서 민주당은 민의원 의석의 4분의 3을 차지하는 압승을 거뒀는데, 이는 민주당이 실제로 그만큼 국민의 지지를 받아서라기보다는 이승만 정권의 오랜 탄압으로 민주당 외에는 달리 남아 있는 대체 세력이 없었기 때문이었다. 민주당을 싫어했던 나도 할 수 없이 민주당 후보를 찍었다. 과거 중간 계열이었던 김규식, 여운형, 안재홍 계통의 사람들도 활동을 시작했으나 곧 자체 내에서 좌파와 우파로 갈라져 분열되고 말았다.

최인규 부인의 슬픈 거짓말

이미 말한 대로 최인규와 나의 관계는 나의 뉴욕 유학 시절에 시작되었다. 뉴욕에 파견되어 있으면서 이대통령의 신임을 얻었던 그는 그후 젊은 나이에 외자청장이 되어서 나보다 먼저 귀국했고, 교통부장관을 거쳐 3·15선거를 1년 앞둔 1959년 3월, 선거 책임을 지고 내무장관에 기용되었다. 귀국 후 나는 교통부장관이던 그를 사적인 일로 한 번 만난 적이 있었을 뿐, 별로 가까이 지내지는 않았다.

최인규는 4·19가 지난 직후인 5월 초, 부정 선거의 원흉으로 지목되어 민주 반역자로 구속되었다. 그를 비롯한 반민주 사범들에 대한 재판은 자유당이 무너진 직후 일반 재판부에서 시작되어 특별 재판소로 옮겨졌다가 5·16 쿠데타 이후 발족한 혁명 재판소에 의해 1년 6개월 만에 종결되었다.

최인규는 재판 과정에서 자신이 부정 선거를 지시했다고 그의 성격대로 명쾌하게 시인했는데, 이같은 그의 태도는 부인을 하거나 책임 전가로 일관한 다른 피고들과는 좋은 대조를 이루었다. 재판 결과 그는 3·15 부정 선거의 최종 책임을 지고 사형을 선고받았다.

관련 기록에 의하면 최인규는 재판 당시 "자유당에서 피고를 최후로 써먹을 총알로 내무장관 자리에 앉혔다는데" 하는 재판장의 질문에 "자유당의 마지막 총알"이라는 별명으로 불린 일이 있음을 시인했다고 한다. 그리고 그는 "이기붕의 추천에 의해 내무장관에 기용되었지만 사전 밀약은 없었다"고 주장하면서도 "자유당이 선거에서 이기기 위해 나를 내무장관 자리에 앉힌 것으로 생각한다"고 솔직히 말한 것으로 돼 있다. 최인규는 사형 집행을 앞두고 "이승만 박사 외에는 나라를 맡을 분이 없어 이 박사를 밀었다. 그런데 자신이 없었다. 다만 선거란 그런 것이다"라는 말을 남기기도 했다.

나는 최인규의 사형 집행 소식을 1961년 말 WCC 총회 참석차 인도에 가 있을 때 캘커타에서 신문을 보고 알게 되었다. 비록 그가 반민주 사범이긴 해도 그와의 개인적인 교분을 생각할 때 참으로 착잡한 심정이 드는 것은 어찌할 수 없었다.

1962년 여름이었다. 비가 주룩주룩 쏟아지는 날이었는데, 최인규의 부인이 찾아왔다는 아내의 전갈이 있었다. 최인규의 부인은 우리 교회에 등록한 교인은 아니었지만 종종 예배에 참석하던 사람이었다. 그날 내 방에서 마주앉아 그녀가 울면서 털어놓는 얘기는 대충 이런 것이었다.

"남편이 사형 선고를 받고 나서 면회를 갔을 때의 일입니다. 남편은 '나는 이제 죽게 될 텐데 우리나라 역사를 봐도 나라에 큰 죄를 지은 사람의 집안은 무사하기가 힘들다. 내가 죽고 나서 특히 아이들이 어떻게 될지 앞날이 걱정스럽다. 내가 죽은 후엔 강목사를 찾아가서 모든 문제를 상의하라'고 당부하더군요. 남편은 목사님을 그렇게 신뢰하면서 가깝게 느끼고 있었습니다.

제가 나쁜 사람입니다. 그같은 남편의 심정도 모르고. 세상 사람들이야 믿으려 들지 않겠지만 선거를 앞두고 남편은 정말 심한 고민과 갈등을 겪었습니다. 집에 와서는 큰 걱정이 있는 표정으로 말도 안하고 잠도 제대로 자지 못했습니다. 새벽에 문득 잠이 깨어 보면 남편은 고민에 싸인 얼굴로 무릎을 꿇고 기도하고 있는 때가 종종 있었어요. 그러다 한번은 제게 '여보, 나 부탁이 있는데 강목사님을 한 번 우리 집에 초대해서 같이 저녁 식사를 하게 해주오' 하는 것이었습니다.

그런데 제 좁은 소견으로는 왠지 그 일이 썩 내키지 않았습니다. 강목사님은 이승만 정권에 반대하는 사람으로 세상에 알려져 있고 또 가끔 설교하시는 내용을 들어봐도 반정부적인 발언을 자주 하시는 터라 그런 목사님을 남편과 만나게 하는 일이 과연 잘하는 일인지 쉽게 판단이 서지 않았으니까요. 남편은 자꾸 재촉을 해댔는데 더 이상 모른 척 할 수가 없어서 생각 끝에 우리 결혼식 주례를 맡았던 최거덕 목사님을 찾아가서 어쩌면 좋겠느냐고 의논을 드렸습니다.

그랬더니 그분 말씀이 절대로 두 사람을 만나게 하지 말라는 거예요. 만나면 남편에게 불리하다는 것이었습니다. 그래서 나는 남편에게 '강목사님을 초대했지만 자기가 왜 당신 같은 사람을 만나야 하느냐며 응해주지 않았다'고 거짓말을 해버렸습니다. 물론 저도 거짓말을 하면서 속으로 갈등이 많았고 목사님을 한 번 찾아뵐까 어쩔까 고민도 많이 했습니다.

남편이 죽은 뒤 그때 일을 돌이켜 보니까 남편이 원했던 대로 목사님을 만나게 했더라면 오늘 같은 비극을 조금이라도 피할 수 있지 않았을까 하는 생각이 들면서 죄책감 때문에 정말 견딜 수가 없었습니다. 그래서 목사님을 찾아와 이렇게 고백을 드리는 겁니다."

나는 죄책감으로 마구 흐느끼는 그녀를 보면서 할 말을 찾을 수가 없었다. 그러면서 문득 3·15선거를 앞두고 있던 어느 날 큰아들 대인이가 나를 보고 "아빠, 내무부 장관 아저씨가 차를 타고 가다가 우리 교회 앞에 내려서 교회 안을 한참 들여다보고 갔어요"라고 말했던 일이 떠올랐다. 그리고 그 부인의 말로 미루어 그가 왜 그런 행동을 했는지 짐작이 되면서 내 가슴 역시 쓰려오기 시작했다.

나는 최인규가 자식들의 앞날을 걱정했다는 말을 생각해내고 자녀에 대해 물었다.

"큰애가 고등학교에 다니고 있는데 아버지 때문에 엄청난 충격을 받았습니다. 마음을 잡지 못하고……."

힘닿는 대로 최인규의 유족을 돕고 싶었던 나는 그 집 큰아들이 충격을 가라앉히고 적절한 지도를 받을 수 있도록 박응호라는 사람을 가정교사로 소개했다. 우리 교회에서 중고등학생을 맡아 지도하던 그는 평민당 국회의원을 지낸 박영숙의 동생으로 당시 고등학교 교사였다. 그러나 그 아이는 박응호의 노력에도 불구하고 아버지의 죽음으로 받은 충격을 쉽게 가라앉히지 못했다. 얼마 후 박응호는 브라질로 가면서 그 아이도 데리고 갔는데, 그들은 아직도 돌아오지 않은 것으로 알고 있다.

김대중의 청혼을 받은 이희호

민주당 정권은 유권자 4분의 3에 달하는 압도적인 지지를 기반으로 했으면서도 내부 분열과 지도력 부족으로 인해 부과된 역사적 과업을 제대로 수행하지 못했다. 정치 · 경제 · 사회 등 모든 분야에 걸쳐 4·19로부터 부여받은 혁명 과제들을 시원하게 해결해주기 바라는 국민들의 기대와는 달리 탄생 초부터 신파와 구파로 나뉘어 파벌 싸움에 급급했다. 구파에는 윤보선, 김도연, 유진산 등의 지도자들과 젊은 층으로 김영삼 등이 있었고 장면, 정일형, 주요한, 이철승, 김대중 등이 신파에 속하는 사람들이었다.

내분은 대통령과 총리 선거에서부터 드러났다. 실권 없는 대통령직에는 구파인 윤보선이 앉게 되었고, 실권자인 총리 자리는 신파와 구파의 치열한 세력 다툼 끝에 신파인 장면에게 돌아갔다. 우여곡절 끝에 창출된 신파의 장면 정권은 곧 이어 행정부 조각에 착수했으나 이 과정에서는 신구파의 알력뿐만 아니라 노장 · 소장파의 대립까지 더해져 민주당의 분열은 갈수록 그 도를 더해가고 있었다.

예를 들어 국방부 장관 자리를 놓고 노장인 김상돈과 소장인 이철승이 각축을 벌였는데, 당시 민주당 정부도 군을 중요하게 인식하고 누구를 그 자리에 임명할까 고민하다가 제일 무난한 사람으로 현석호를 발탁했다.

나는 고질적인 파벌 싸움으로 혁명 과제 수행은 뒤로한 채 자리다툼부터 벌이는 민주당 정부의 행태가 몹시 못마땅했지만, 혼란기를 틈타 잠복했 있던 좌익 지하 세력이 여기저기서 고개를 내미는 상황에서 그것을 막고 질서를 유지하자면 밉든 곱든 정부를 지지하는 것 외에 대안이 없었다.

민주당에는 신구파를 막론하고 내가 알고 있는 사람들이 많았다. 윤보선 내외, 외무부 장관이던 정일형 내외와는 가까운 사이였고 이철승, 김상돈은 물론 체신부 장관을 지낸 한통숙, 재무부 장관 김영선 등과도 친한 사이였다. 그때 장면 총리 밑에서 대변인인가를 하고 있던 김대중과도 안면은 있는 관계였다.

그 무렵 김대중과 관련된 한 가지 일화가 있다. 하루는 나와 오누이처럼 지내며 우리 아이들도 고모라고 부를 정도로 가까웠던 이희호가 중요하게 의논할 일이 있다며 찾아왔다. 무슨 일이냐고 묻자 그녀는 조심스레 입을 뗐다.

"김대중이라는 사람이 상처한 후 혼자 살고 있는데, 나보고 결혼하자고 해요. 목사님께서 그 사람을 한 번 만나 보고 판단을 좀 해주셨으면 고맙겠습니다."

그렇게 되어 나는 서울 시청 건너편 자리에 있던 미국 문화원 건물 안에 있는 다방에서 김대중을 만나 보았다. 서로 안면은 있었지만 직접 얘기를 나눈 것은 그때가 처음이었다.

나를 만난 자리에서 김대중은 자신과 이희호의 관계에 대해서보다는 정치가로서 자신의 꿈과 계획에 대해 더 많은 얘기를 했던 것으로 기억한다. 그의 얘기를 들으면서 나는 그가 정치인으로서 상당히 기발한 사람이라는 인상을 받았다. 그런데 내가 아는 이희호는 정말 착하고 성실한, 한마디로 수녀나 전도사를 하면 딱 알맞은 여자였다. 나는 두 사람이 잘 어울릴 수 있을까 하는 문제로 숙고를 거듭하다가 이희호에게 결론적으로 다음과 같이 얘기해주었다.

"이미 네 나이가 많으니까 스스로 잘 알아서 결정하겠지만 내 판단이 필요하다고 하니 한마디만 하겠다. 그 사람은 너에 비해 매우 정치적인 사람이다. 네가 결혼에 대해 어떤 생각을 하고 있는지 모르겠지만, 만일 한 남자의 아내가 된다는 사실에 비중을 두는 것이 아니라 네가 원래 학생운동, 사회운동을 했으니 운동의 정치적 동반자를 찾는 데 의미를 두고 있다면 결혼해도 좋을 것 같다."

그 뒤 그들은 곧 결혼식을 올리게 되었고 이 부부와 나의 관계는 역사의 격랑 속에서 갖가지 사연을 만들며 지금까지 이어지고 있다.

다시 정국 얘기를 하자면, 신구파의 알력은 정부 조각이 완료된 후 더욱 심해지더니 마침내 구파에 속하는 의원 86명이 민주당에서 탈당해 신민당을 창당하는 사태에 이르고야 말았다. 이로써 장면 정권은 큰 타격을 입고 휘청거리지 않을 수 없었다. 혁명적 상황에서 국가를 책임 있게 운영할 세력 기반과 지도력을 잃은 정권은 사회 곳곳에서 봇물 터지듯 터져나오는 요구에 적절히 대응하지 못하고 삐걱거리기 시작했다.

한국 사회는 4·19혁명이 부여한 역사적 과제를 감당하지 못한 채 혼란 속으로 빠져 들어가고 있었다. 나는 이 시절 모처럼 세워진 민주 정부의 타락과 무능을 한탄하며 방송, 신문, 강연 등을 통해 건설적인 비판을 계속했다.

이혼과 산아제한 논쟁

1960년에 있었던 나의 활동 가운데 특기할 만한 것은 그해 6월부터 기독교 방송에서 일주일에 한 번씩 「인생안내」라는 프로그램을 맡게 된 일과 『사상계』 7월호에서 산아 제한 문제를 놓고 카톨릭의 윤형중 신부와 논쟁을 벌였던 일이다.

나는 이듬해 3월까지 맡았던 15분짜리 그 프로그램을 통해 사람이 살아가면서 부딪치게 되는 여러 문제들에 대해 내 생각을 얘기했는데 첫 방송의 제목이 아마 '행복의 소재'였을 것이다.

그런데 당시 내 생각이 한국 현실에 비해 너무 앞선 경우가 많아 방송 내용이 문제되는 경우가 종종 발생하곤 했다. 그 중의 하나가 이혼에 관한 것이었다. 나는 이혼에 대해 다음과 같이 말했다.

> 이혼이란 부부 사이의 사랑이 깨졌을 때 제기되는 문제다. 따라서 이혼을 고려하게 되는 상황은 이미 불행한 상태다. 이혼이란 물론 비극이지만 사랑 없이 함께 사는 것도 불행한 삶이라면 두 경우의 불행을 잘 판단하여 '더 작은 불행'을 택해야

한다고 생각한다. 이혼은 선택의 문제이지 그 자체가 죄악은 아니다. 이혼과 함께 제기되는 자녀 문제 역시 마찬가지라고 할 수 있다.

방송이 나간 후 목사가 방송에서 이혼을 부추겼다고 한동안 비난과 구설에 시달려야 했다.

나는 목사로서 평생 결혼 주례를 많이 해왔지만, 요즘 들어서는 정말 하기 싫어졌다. 결혼식에서 가장 중요한 절차는 신랑 신부의 서약이다. 주례인 나는 "어떤 일을 당하든 변함없이 상대방을 사랑하겠는가?"라는 질문을 해왔다. 그러면 다들 "예"라고 대답하고 서로 반지를 끼워주며 '이 반지처럼 평생 변함없이 사랑하자'고 맹세한다. 하지만 금속으로 된 반지와 피가 흐르는 인간이 어떻게 같을 것인가. "평생 사랑을 위해 노력하겠는가?"라는 질문이라면 모르지만 평생 사랑하겠느냐는 질문과 대답은, 물론 당시엔 거짓말이 아니지만 살다보면 그렇게 말처럼만 되지 않을 것이다.

만약 살아가는 도중 사랑이 없어졌다면 이혼을 하지 않더라도 그 서약은 이미 깨어진 것이나 마찬가지다. 이혼은 이미 그 서약이 깨어진 뒤 대두되는 문제이므로 선택일 뿐이다. 물론 그 선택에는 무거운 책임이 따른다는 걸 꼭 기억해야 할 테지만.

또 결혼식장에서 꼭 듣게 되는 말 가운데 하나가 "하나님이 짝지어준 사람은 죽음이 둘을 갈라놓을 때까지 절대로 가를 수 없다"는 것인데, 도대체 하나님이 짝지어준 사람이라는 증거가 어디 있나 싶다.

가정이 곧 직장이었던 농경 사회에서야 굳건한 가족 공동체가 최선이자 필수적인 것이었지만 요즘 같은 산업 시대에 과연 그런 공동체가 100퍼센트 변치 않고 유지된다는 보장이 있겠는가. 노인 문제로 각 가정이 허덕이는 걸 볼 때 더욱 그렇다. 그런데도 현실을 외면한 채 모든 문제를 각 가정이나 개인의 문제로만 떠넘기고 사회적인 해결을 미룬다면, 그것은 문제를 회피하는 무책임한 처사가 아닐 수 없다.

내 개인적인 생각이긴 하지만, 결혼이란 제도를 굳이 선택하지 않고도 사랑에 의해 살다 헤어지고 또 친구처럼 만나는 유럽의 남녀 관계가 오히려 이 시대에 어울리는 삶의 방식이 아닌가 싶다. 유럽에서는 결혼 관계로 서로를 묶지 않고서도 평생 함께 사이좋게 살고 아이를 낳아 기르는 사람들이 많다. 그런 자유롭고 솔직한 만남에서 태어난 아이들(그런 아이들을 꼭 사생아로 불러야 하나?) 역시 차별받지 않는 사회가 고아 수출국보다는 인간적이라고 생각한다. 결혼 생활 역시 이혼율을 걱정하기에 앞서 인간답게 사느냐에 초점을 맞추어야 하며, 이 시대에 맞는 다양한 방식을 편견 없이 받아들여야 할 시점이 아닐까 싶다.

한편 그 무렵 『사상계』를 통해 산아 제한 논쟁도 있었다. 나는 하나님이 주신 생명을 인간의 임의대로 제한할 수 없다는 카톨릭 측의 주장에 대해 '과연 생명이란 무엇인가' 하는 근본적인 질문을 제기하고 다음과 같이 주장했다.

산아 조절은 남자의 정충이 여자의 난자와 만나지 못하도록 조치를 취하는 것이다. 그런데 정충이 과연 생명이란 말인가? 남자가 한 번 사출하는 정액 속에는 수억의 정충이 있고 그 가운데 오직 하나만이 난자와 만날 뿐 나머지는 전부 죽고 마는데, 그렇다면 평생 동안 성교를 하지 말아야 하지 않겠는가? 산아 조절은 결코 살인이 아니라고 생각한다. 성경 말씀에 '생육하고 번식하라'는 얘기는 무제한으로 그렇게 하라는 것이 아니다. 산아 제한은 인구 폭발이라는 지구 현실에서 볼 때 잘못된 것이 아니라 반드시 필요한 것이다.

이 글 역시 발표된 후 교계에 적지 않은 파문을 불러일으켰다. 목사라는 신분으로 산아 제한을 주장한 것도 마땅치 않은데다 '점잖지 못하게' 정충이니 성교니 하면서 남녀의 생리적 관계를 언급했다는 이유 때문이었다. 그 때문에 나는 '세상에다 해서는 안 될 말을 떠들고 다니는 흉측한 목사'라는 눈길을 받아야 했다.

나는 사람들이 성직자나 종교를 매우 율법적으로 받아들이는 것을 발견하곤 한다. 성직자는 어떤 일은 해서는 안 되고 반드시 이러저러해야 한다고 흔히 생각한다. 물론 성경에 나오는 하나님의 말씀 가운데는 윤리적이고 도덕적인 말씀이 많다. 그러나 성경은 살아있는 말씀으로 받아들여야 한다. 그러기 위해서는 오늘, 여기에서 성경의 말씀을 받아들여야 한다는 것이 내 생각이다. 오늘날 제기되는 여러 문제들을 성경의 입장에서 어떻게 해석하고 풀어나가야 할지 고민하지 않는다면 성경의 말씀은 한낱

딱딱한 율법이 될 뿐, 진정한 윤리도 도덕도 되지 못할 것이다. 성경은 율법이 아니라 복음이다. 그리고 모든 윤리와 도덕은 그 복음에서 시작된다.

막내 대영이의 죽음

4·19가 일어남으로써 해방 후 현대사에 일대 전환을 이룬 1960년은 내 개인에게는 도저히 받아들이기 힘든 비극이 일어난 해였다. 내게는 유난히도 스산하게 기억되는 그해 늦가을, 나는 끔찍이도 귀여워했던 막내 대영이를 잃었다. '자식은 부모가 죽으면 산에다 묻고 부모는 자식이 죽으면 가슴에 묻는다'는 말이 있듯이 이 글을 쓰는 지금도 나는 흐르는 눈물을 막을 수가 없다.

1952년 5월 12일에 태어난 대영이는 내가 그 이듬해 8월 유학길에 올라 그애가 만 다섯 살 되던 해 돌아왔으므로 유아기를 아버지 없이 보내야 했다. 귀국하던 날 오산 비행장에서 나를 가장 놀라게 한 것은 그 사이 알아볼 수 없게 커버린 그 아이의 대견한 모습이었다.

일찍 세상을 버려야 할 운명이라 그랬는지 그 아이는 유난히 잘생기고 귀여웠으며 사람들에게도 참 다정하게 굴었다. 나는 외출했다가도 그 아이가 보고 싶어 서둘러 귀가하곤 할 정도였다.

막내여서 형이나 누나들보다 재롱이 많았던 대영이는 내가 외출했다 교회로 돌아올 때면 교회 앞에 있는 나무 뒤에 숨어 있다가 내 뒤로 폴짝 뛰어나와서는 그 작은 두 손으로 내 눈을 꼭 가렸다. 그리곤 "내가 누군 줄 알아?" 하고 장난스레 묻곤 했다.

그렇게 재롱둥이로 귀여움을 독차지하던 대영이는 죽기 바로 전 해에 국민학교에 입학했는데 첫 학기부터 1등을 하고, 도무지 못하는 것이 없는 재주덩어리로 사람들의 아낌과 사랑을 받았다.

대영이의 병이 시작된 것은 2학년에 진학한 1960년 초였다. 처음에는 증세가 배탈처럼 시작되어 곧 괜찮아지려니 했는데, 이상하게도 쉽게 낫지 않는 것이었다. 그때 동생 형용이가 서울대학병원 의사로 있어 보이기도 했으나 그래도 좀체 호전될 기미가 안 보였다.

아무래도 심상치가 않아 정밀 검사를 해보니 간에 이상이 있다는 진단이 내려졌다. 만 여덟 살도 안된 어린아이에게 간에 이상이 있다니, 그야말로 청천벽력 같은 소리였다. 당시만 해도 한국의 의학 수준이 별로 높지 않아서 대영이의 병은 치료가 쉽지 않다는 게 의사들의 얘기였다.

결국 대영이는 학교를 쉰 채 집과 병원을 오가며 장기 치료에 들어갔다. 그 덕분이었는지 여름 방학을 지내고 가을로 접어들면서 병세가 꽤 호전되는 듯했다. 아내와 나는 차츰 좋아지는 대영이를 보면서 '이제 한시름은 놓았다'는 생각에 기뻐하며 2학기 복교를 위해 교과서도 마련하고 새 옷도 장만하는 등 필요한 준비를 모두 마쳤다.

그러던 10월 초의 어느 날이었다. 그날 저녁 나는 우리 교회에 나오던 장리욱 박사가 주미대사로 가게 되어 그를 위해 종로 한일관에서 열린 환송회 자리에 참석하고 있었는데, 집에서 전화가 걸려왔다. 대영이가 점심 때 꿀빵인가를 먹었는데 그것을 토하는 등 몹시 아프다는 것이었다.

깜짝 놀라 모임을 대강 마치고 돌아와 보니 대영이는 얼굴이 샛노랗게 되고 상태가 급격히 악화되어 있었다. 벌써 황달이 시작되고 있었던 것이다.

나는 서둘러서 대영이를 서울대학병원에 입원시켰다. 병실이 7호실이었던 것이 생각난다. 어린 나이에도 심상치 않은 분위기에 불안해하는 대영이를 안심시키려고 내가 말했다. "행운의 숫자인 7호실에 입원하게 된 너는 행운아니까 곧 말끔히 나아서 퇴원하게 될 거야."

나의 위로에 아이는 아프면서도 좋아하는 표정을 지어 보였다.

서울대학병원에 대영이를 입원시킨 것은 동생이 그곳에 의사로 있다는 이유도 있었지만, 그 병원이 한국에서 제일 좋다고 해서였다. 그러나 병원은 내가 기대한 것과는 많이 달랐다. 해방된 지 얼마 되지 않은 때여서 그런지 시설도 형편없었을 뿐만 아니라, 관리나 운영 면에서도 원시적이라는 느낌이 들 정도로 허점투성이었다. 밤이면 병실 복도에서 시끄럽게 떠들어대는 소리가 계속되었으며 심지어 술 취한 사람들이 들어와 소란을 피우는 바람에 잠조차 제대로 잘 수가 없었다.

병원에 입원한 대영이는 혈액 검사를 비롯해 여러 가지 검사부터 받았다. 그때는 혈액 검사도 병원에서 자체적으로 해결하지 못해 당인리에 있는 검사 기관에 혈액을 보내 검사를 의뢰하는 형편이었다. 그나마 검사가 잘못되어 다시 하는 경우가 흔했고 일각이 여삼추로 결과를 기다리는 환자 가족들의 답답한 심정은 아랑곳없이 공휴일은 쉬고 지나가는 경우가 많았다. 10월은 개천절이다, 한글날이다 해서 유난히 휴일이 많은데다 서울대학교 개교 기념일까지 있어서 쉬는 날이 줄을 이었기 때문에 검사 결과가 나오기까지 오랜 시간이 걸렸다.

치료는 하지도 않고 그렇게 지지부진하게 검사만 계속해대는 사이 대영이의 증세는 악화일로를 걸어 드디어는 희망이 없는 상태에 이르게 되었다. 그때가 10월 하순이었다. 나빠지기만 하는 아이의 몸을 미칠 것 같은 심정으로 지켜보고 있던 내게 이름은 잊었지만 간에 좋은 외제 주사를 한 번 맞혀보면 희망이 있을 거라는 얘기가 들려왔다.

나는 당장 약을 구해 아이에게 놓아주고 싶었지만 값이 너무 비싼 것이 문제였다. 내 형편으로는 도저히 마련할 수가 없었다. 정말 교도소를 갈지라도 길에 나가 강도질이라도 해서 주사약 값을 마련하고 싶은 것이 그때 나의 솔직한 심정이었다.

고민 끝에 나는 세상에 태어나 처음 사적인 이유로 남에게 비굴한 부탁을 했다. 친하게 지내던 동양시멘트 사장 이양구에게 아들이 처한 상황과 내 절박한 심정을 솔직하게 털어놓고 죽더라도 원이나 없게 주사를 맞힐 수 있도록 해달라는 편지를 썼던 것이다. 고맙게도 이양구 사장 부부는 편지를 받자마자 약값에 쓰라며 돈을 가지고 왔다. 그때 돈으로 4백만 원인가 하는 거액이었다.

나는 이양구 사장에게 한 번도 고마운 심정을 있는 그대로 털어놓은 적이 없어서 아마도 그는 나와 가까이 지내면서도 잘 몰랐겠지만, 그가 죽는 날까지 나는 그에 대한 고마움을 한순간도 잊어본 적이 없다. 그가 타계한 뒤 장례식에서 조사도 했고 신문에 우인 대표로 애도하는 글을 쓰기도 했다.

그 좋다는 주사를 맞혀봐도 대영이의 증세는 나아지지 않았다. 급기야는 수혈을 받아야 하는 상황에까지 이르렀는데, 한국신학대학 학생들이 자청해서 피를 뽑아주었다. 그 학생들 중에는 현재 한신대학교에 있는 김경재 교수와 장일조 교수도 있었다. 나는 이 두 교수를 비롯해 그때 자청하여 피를 대준 모든 학생들에게 잊을 수 없는 고마움을 느낀다.

대영이는 중병으로 신음하는 병상에서도 귀엽고 예쁜 모습을 잃지 않았다. 그 무렵 나는 기장 서울노회의 노회장으로 선출되어 취임식을 해야 했으나 대영이 때문에 그 식의 참석을 거절하고 있었다. 그런데 그 일을 어떻게 알았는지 대영이가 내게 말했다.

"아빠, 노회장 되면 가슴에 꽃 달아 주지? 나는 아빠가 꽃을 단 모습을 보고 싶어."

나는 울면서 취임식에 참석하러 갔고, 가슴에 꽃을 단 채 병실로 돌아왔다.

10월 말부터는 의사도 총력을 기울이기 시작했으나 이미 병세는 돌이킬 수 없을 정도로 악화되어 버린 후였다. 11월로 접어들면서 나는 병실에서 두문불출한 채 두 손을 모아 하나님께 기도만 올렸다.

"하나님, 제발 대영이를 살려 주십시오. 그렇게만 해주신다면

제 목숨을 다 바쳐 무슨 일이라도 하겠습니다."

정말 그애를 살리기 위해서라면 무엇이든 못할 짓이 없었다. 그 때문에 나는 아내 친구의 권유에 따라 평소 내 입장에 어긋나는 일이었음에도 불구하고 대영이에게 안수를 받게 하기도 했다. 아마 내가 죽어가고 있었다면 그런 짓은 안 했을 것이다. 하지만 이것저것 별 수단을 다 써봐도 대영이의 병을 낫게 하는 데는 효험이 없었다.

결국 대영이는 내가 몇 날 동안 울면서 기도하는 가운데 11월 4일 그만 심장이 멈추고 말았다. 아내는 까무러쳤고 나 역시 제정신이 아니었다. 자식을 앞세워 본 부모들이라면 알겠지만 그 고통과 절망을 어떻게 필설로 그려낼 수 있을까. 도저히 감당할 수 없는 아픔과 슬픔으로 나는 세상이 완전히 뒤집혀버린 듯 정신이 까마득해졌다. 대영이가 죽은 세상은 갑자기 해가 서쪽에서 떴고 노란 색이 검은 색으로 변해버렸으며 모든 것이 거꾸로 된 기가 막힌 세상이었다.

무슨 정신으로 어떻게 치렀는지도 모르게, 아무런 소용도 없는 사람들의 위로와 북적거림 속에서 아이의 장례가 치러졌다. 아이의 영면처는 공릉이었다. 나는 그 귀엽고 사랑스러운 작은 몸이 차갑고 어두운 땅속에 묻히는 순간을 차마 견뎌낼 수가 없었다. 정신을 차려야지 하고 입술을 깨물면서도 내 가슴에 대못이 박히는 듯한 끔찍한 고통에 부서져 내리는 내 자신을 수습하기가 힘들었다.

장례식이 끝난 후에도 나는 비통함을 못 이겨 자꾸 무너져 내리기만 했다. 정도가 너무 심해 가족과 주위 사람들이 '저러다 죽어버리면 어쩌나' 하고 걱정할 지경이었다. 식음을 전폐한 채 찢어지는 가슴으로 울부짖으며 아이를 그리던 나는 어느 순간 정신을 잃고 말았다.

까마득한 어둠 속에서 간신히 눈을 뜨자 흰 가운을 입은 동생이 곁에 서 있고 간호원들이 걱정스러워하는 눈빛으로 나를 내려다보고 있었다.

"이젠 되었습니다" 하는 동생의 말이 들려왔다.

그날 나는 기진하여 정신을 잃었는데, 일찍 발견되었기에 망정이지 조금이라도 늦었더라면 큰일날 뻔했다는 것이 동생의 얘기였다. 한마디로 죽을 뻔하다가 살아났다는 것인데, 그 얘기를 듣자 정신이 퍼뜩 드는 것 같았다. 그리고 나도 모르게 행한 무책임한 행동에 대한 반성이 일었다.

회령경찰서 지하 유치장에서, 그리고 6·25 때 죽음의 현장에서 "살려만 주신다면 앞으로 남은 인생은 나를 위해서가 아니라 하나님을 위해 바치겠다"고 그토록 절실하게 올렸던 기도는 어디다 팽개치고 아들이 죽었다고 해서 이렇게 무너지다니, 도대체 나에게 믿음이라는 것이 있는가 하는 생각이 나를 아프게 채찍질하는 것이었다.

게다가 내가 깨어나지 못하고 죽었다면 사람들이 장례식에 와서 무슨 말을 할 것인가. "이 사람은 술을 너무 많이 마셔서 죽었다"고 했을 터이니, 나 때문에 하나님이 무슨 꼴이 되었을까 하는 생각이 들면서 정신이 아찔해졌다.

그 이후 더 이상 나 자신을 고통스러운 감정 속에 방기하지 않고 오직 하나님만 생각하면서 마음을 바로잡기로 결심을 했다. 그러나 그것이 생각처럼 쉬운 일이 아니었다. 대영이가 뛰놀았던 집안 구석구석, 교회 이곳저곳, 그 아이 또래의 아이들이나 그 아이와 관련된 모든 것이 내 가슴 속에 묻어둔 그 아이의 귀엽고 사랑스러운 모습을 불러일으키면서 나를 주체하기 힘든 비탄 속으로 내몰았다. 인간은 역시 약한 존재였다.

대영이가 죽고 한달 정도가 흐른 후였다고 생각된다. 하루는 기독교 방송을 듣고 있는데, 독일의 작곡가 말러가 자기 아이가 죽고 난 후의 비통한 마음을 담아 작곡했다는 「죽은 아이를 위한 노래」가 흘러나왔다. 나는 곧장 방송국으로 뛰어가서 그것을 녹음해왔다. 그리고는 화재 후 신축된 목사관 2층 서재의 문을 잠근 채 혼자 틀어박혀 계속 그 노래만 반복해서 들었다.

어느 날 밖에 나갔다 돌아와 보니 그 테이프가 없어져 버렸다. 내가 너무 그 노래만 들으며 대영이를 그리고 있으니까 식구들 중 누군가가 몰래 그것을 치워버린 모양이었다. 식구들이 없앤 것은 그것뿐만이 아니었다. 그 아이에 대한 기억을 가능한 한 지우기 위해 유감스럽게도 그애의 사진은 물론 책과 공책, 옷가지에 이르기까지 유품은 한 가지도 남김없이 어디론가 치워버렸다.

게다가 그 아이의 무덤까지도 장례식 후 내가 모르는 곳으로 옮겨버렸다. 대영이의 무덤을 찾았다가 그것이 나도 몰래 없어져 버린 것을 알고 내려오던 날의 그 허탈한 발걸음을 나는 지금도 생생하게 반추할 수 있다.

나중에 알게 된 것이지만 가족들은 내가 대영이의 산소를 자주 찾아가 슬퍼하니까 나를 걱정하여 대영이의 무덤을 아는 사람의 산으로 옮겨버렸다고 한다. 산꼭대기로 옮긴 산소는 이제 찾기조차 힘들어졌는데, 내가 눈을 감기 전에 꼭 찾아서 제대로 된 산소를 만들어주고 싶다.

가족들은 나를 위하여 대영이에 관한 모든 기억을 지우려고 했지만, 그런 것은 결국 내게 도움이 되기는커녕 오히려 상처를 더 크게 남기고 말았다. 이별이나 상실로 인한 인간의 슬픔은 당연한 것이고, 그런 인간적인 슬픔은 억지로 잊거나 지우려 하기보다는 충분히 슬퍼함으로써 위로를 받고 극복될 수 있기 때문이다.

대영이의 죽음이 내게 남긴 상처는 너무도 크고 깊었다. 나는 몇 주일 동안 「인생안내」 프로그램도 진행하지 못했고, 한동안 주일학교 어린이들 앞에도 나서지 못했다. 그 아이들을 대하면 같이 뛰놀았던 대영이가 생각나 견딜 수 없을 것 같았기 때문이다.

대영이가 죽은 후 우리 교회의 추수감사절 행사 때 어린이들을 앞에 놓고 축복 기도를 하러 올라간 적이 있는데 대영이가 앉곤 했던 자리를 보고서는 그만 기도도 하지 못한 채 울어버리고 만 일이 있었다.

1960년 연말은 도무지 사는 것 같지 않았고 설교 내용도 슬픈 것 일색이었다. 지옥에 떨어졌더라도 그렇게 고통스럽지는 않았을 것이다. 꽤 오랜 세월 동안 내 앞에서는 '대영'이라는 이름을 입에 올리는 것조차 금기가 되어 있었다.

대영이의 죽음을 통해서 나는 삶에 대해, 그리고 사랑과 죽음에 대해 새로운 신학적 성찰을 얻기도 했다. 나는 죽음이 인생의 끝이 아니라는 것을 늘 설교해온 목사였다. 그러나 아들의 죽음을 통해 평소 타인의 죽음을 받아들이던 태도와 내 사랑하는 아이의 죽음을 대하는 태도 사이에 엄청난 차이가 있음을 인정하지 않을 수 없었다. 신학적 관념으로 생각하던 보편적인 죽음과 실존적으로 체험하는 사랑하는 사람의 죽음은 너무도 달랐다. 대영이의 죽음은 하나님, 그리스도, 구원, 삶, 죽음 등에 대한 내 사고를 구체적이고 실존적으로 심화시켰다.

아들의 죽음을 통해서 나는 하나님이 바로 '자신의 아들이 십자가에서 그토록 비참하게 죽는 것을 지켜본 아버지'라는 사실을 새삼 확인할 수 있었고 그것을 통해 하나님이 품었던 참사랑의 비밀을 깨달을 수 있었다. 참사랑 때문에 그런 아픔을 견딘 하나님이기에 그 사랑은 죽음을 이기고 부활할 수 있었던 것이다. 예수의 참사랑의 비밀을 나는 그제야 구체적으로 깨달은 셈이었다.

죽음은 그 자체가 슬픈 것이 아니다. 미워하는 사람이나 모르는 사람의 죽음은 반가움이나 무관심으로 나타난다. 죽음이 슬픈 것은 그것이 사랑과 결합되어 있을 때뿐이다. 죽은 사람에 대한 사랑의 농도에 따라 슬픔의 농도도 달라진다. 그러나 인간은 아무리 그 사랑이 크다 해도 불완전하기 때문에 죽음을 극복할 수 없는 존재라는 사실도 깨닫게 되었다.

또 인간에게는 구체적인 몸을 가진 인간만이 사랑의 대상일 수 있음을 절감해야 했다. 대영이가 죽은 후 나는 영적, 정신적 면에서는 살아 있을 때보다 오히려 더 그애와 가까워졌지만 그것은 사랑의 기쁨이 아니라 고통만 더해줄 뿐이었다. 오로지 몸을 가진 대영이만이 내게 기쁨을 주는 존재였던 것이다. 또 몸을 가졌다 해도 그것이 원래 대영이의 몸이 아니라면, 비록 훨씬 잘생기고 더 건강하다 해도 아무런 소용이 없을 터였다. 왜냐하면 사랑은 '대체 불가능'이라는 특성을 갖고 있기 때문이다.

대영이가 죽은 지 40여 년이 지난 지금도 내 가슴에는 그 아이가 남긴 가시가 그대로 박혀 있다. 그 아이의 죽음을 신학적인 이론으로 정리할 수 있다고 해서 그 아이를 잃은 실존적 아픔이 치유되는 것은 아니기 때문이다. 그러나 나는 그 가시를 뽑아달라고 기도하지는 않는다. 그 가시를 품은 채 세상을 마칠 것이다. 내가 어머니의 자궁에서 세상으로 나왔듯이 지금의 나도 죽음을 통해 새 생명을 얻게 되리라고 믿는다. 그러므로 나는 이 가시를 품은 채 세상을 뜨게 되면 새로운 세상에서 먼저 간 대영이를 만날 수 있으리라고 믿으며 그날을 기다리고 있다.

그때 만나게 될 대영이는 어떤 모습일까? 죽던 무렵의 귀여운 모습 그대로일까, 아니면 알 수 없는 다른 모습일까? 만약 다른 모습이라면 어떻게 서로 알아볼 수 있을까? 죽음 후의 부활 혹은 영생이란 구체적으로 어떤 상태를 뜻하는 것일까?

누구나 갖게 되는 이같은 근본적인 물음에 목사인 나 역시 "모른다"고밖에는 대답할 수 없다. 그것은 불완전한 인간은 알 수 없는 하나님의 비밀에 속하기 때문이다. 다만 내가 믿는 것은 바울이 「로마서」 8장 39절에서 설파한 "죽음이나 삶이나, 이 세상에서나 저 세상에서나, 하늘에서나 땅에서나……어떤 힘으로도 그리스도 안의 하나님의 사랑은 끊어질 수 없다"는 말씀이다.

그리스도 안에 나타난 하나님의 사랑 속에서 그 아이도 나도 서로 끊어지지 않을 것이니 우리에게는 이별 없는 만남이 있으리라 믿는다. 다만 내가 할 수 있는 일은 우리가 다시 만날 그날까지 나를 세상에 태어나게 한 그분의 뜻대로 열심히 살아가는 것뿐이다.

5·16이 터졌다

"목사님도 쿠데타에 협조해주시죠"

민주당 정권의 한국 사회는 1961년으로 접어들면서 점점 더 걷잡을 수 없는 무질서와 혼란 속으로 빠져들고 있었다. 그 동안 억눌리고 소외되었던 목소리들이 데모다, 시위다 해서 마구 터져 나오는데 정부는 그에 대응할 통치 능력이 없었고 정치가들은 권력 다툼에만 매달려 있는 듯했다. 우후죽순같이 생겨난 언론 역시 냉철한 현실 인식을 결여한 채 경쟁적으로 정부를 공격하면서 불난 데 기름 붓는 역할이나 하고 있었다. 그리고 그런 혼란을 기화로 좌익 세력이 발호했다.

4·19의 주역이었던 학생들도 승리감과 영웅 의식에 도취되어 제 본분을 잃은 채 점점 타락해가고 있었다. 학생들은 '4월의 사자'로 불렸는데 언론은 온통 '4월의 사자들' 판이었으며, 정치인을 비롯한 기성 세대들은 승리자인 이들의 환심을 사기 위해 급

급했다.

민주 투사로 떠받들리면서 기세가 등등해진 학생들은 민의에 바탕을 둔 민주당 정권이 들어선 후에도 데모를 멈추지 않았다. 학내에서는 '어용'이나 '무능'이라는 낙인을 찍어 교수들을 쫓아냈으며, 총장 등 학교 행정가들을 향해서도 공격의 화살을 던졌다. 어떤 대학에서는 학생들이 총장을 창문 밖으로 던져버린 사건까지 일어나기에 이르렀다.

게다가 학생들은 처음의 순수성을 잃고 그 영향력을 이용해 정치에 개입하면서 점차 타락하고 부패해갔다. 4·19 때는 서울 시내 거리를 깨끗이 청소하고 돌아가 박수를 받았던 학생들이, 그 후 차츰 권력의 맛을 알게 되면서 눈살을 찌푸리게 하는 행동을 서슴지 않게 된 것이다.

하루는 길을 걷고 있는데, 갑자기 내 앞에 세단 차가 와서 턱하니 섰다. 그리고는 차에서 사람이 나오는데 보니 우리 교회에 다니는 대학생이었다. 그는 4·18 고대생 데모 때 국회 의사당 앞에서 선언문을 읽었던 4·19 주역 중의 하나였다.

"목사님, 타시지요. 어디까지 가시는지 모셔다 드리겠습니다."

나는 깜짝 놀라 물었다.

"이게 누구 차냐?"

"제 차입니다."

버스를 타고 다녔던 나는 그의 대답에 놀라지 않을 수 없었다. 더구나 차 안에 앉아 있는 예쁘장한 여자를 가리키며 "제 비서입니다"라고 소개를 할 때는 '어찌 학생이 이럴 수 있는가' 하는 생각이 절로 드는 것이었다.

학생들의 지나친 행태는 정치 현장에서도 나타났다. 민주주의의 상징인 의사당 안으로 몰려들어가 단상을 점거한 채 난동을 벌이기도 했고, 감상적이고 낭만적인 기분으로 남북 학생 회담을 주장하면서 판문점까지 행진을 시도하기도 했으며, 거창 양민 학살이나 국민 방위군 사건 때 희생당한 사람들의 유골을 파내 들고 데모를 하기도 했다.

따지고 보면 나름대로 이유가 있는 행동들이긴 했으나 현실에서는 역기능과 부작용이 더 큰, 성급하고 지나친 행동들이었다. 학생을 비롯해 사회 전체가 상황을 제대로 인식하지 못하고 일의 수순을 잡지 못한 채 우왕좌왕하고 있었다.

나는 우리가 처한 이러한 상황을 매우 절망적으로 보고 있었다. 어디에서도 수습의 실마리가 보이지 않아 하나님이 돌봐주시기 전에는 전혀 희망이 없다는 암담한 생각만 들뿐이었다. 나만 그런 생각을 한 건 아니었던 듯 이미 1961년 2, 3월경에는 쿠데타 운운하는 소리가 들려왔다.

서울대학교를 졸업하고 청년운동을 하던 박대완이라는 청년이 어느 날 비밀리에 나를 찾아와 밀담을 요청했다.

"목사님, 이런 난장판을 더 이상 두고 볼 수는 없지 않습니까? 지금 우리는 뜻맞는 젊은 사람들이 모여서 세상을 한번 바로잡아 보려고 준비 중입니다. 우리 뒤에는 군도 있습니다. 김홍일 장군 같은 사람도 우리와 뜻을 같이하고 있어요. 목사님도 우리에게 협조 좀 해주십시오."

"이 사람아, 나는 원래 정치는 안 해. 게다가 쿠데타라니, 그런 건 흥미도 없고 찬성도 못하네."

"그러시지 말고 좀 도와주십시오. 우리가 나서면 꼭 성공할 겁니다. 이미 기본적인 준비는 끝났고 연락망도 짜여 있어요. 목사님도 가담하시지요."

나는 그의 집요한 협조 요청에 끝내 응하지 않았다.

그후 어느 날 김홍일 장군이 좀 보자고 연락을 보내왔다. 굳이 피할 이유도 없어서 갔더니 그는 이런저런 시국 얘기를 하면서 내 반응을 살피는 것 같았다.

"구국을 위해 누군가 나서야 할 것 같은데, 목사님 같은 사람도 나서야 하지 않겠습니까."

그는 이런 식으로 매우 조심스럽게 간접적인 의사 타진만 했을 뿐, 쿠데타 얘기는 직접 거론하지 않았다. 따라서 그의 저의가 구체적으로 어떠한 것인지는 알 수 없었다.

상황이 이렇게 혼미하고 급박하게 돌아가고 있는데도 당시 위정자들의 현실 인식은 참으로 안이하기만 했다. 5월 초의 어느 날, 나는 당시 상업은행장이던 이필석의 집에 저녁 초대를 받아 간 일이 있었다. 초대를 받아 온 사람은 여러 명이었는데 나와 친했던 체신부 장관 한통숙도 그 자리에 있었다. 그는 마침 그날 저녁 대통령의 초대를 받아 거기에 참석했다가 오느라고 늦게야 나타났다.

사람들은 그를 보고 궁금해하며 물었다.

"대통령과 식사를 하고 왔다니 뭐 시원한 얘기라도 들은 게 없습니까?"

대통령이 장총리 이하 모든 각료들을 불러 저녁을 같이하며 얘기를 나눴다니, 그 모임에서 오간 얘기가 무엇인지 사람들의 관심이 쏠리는 것은 당연했다. 그런데 한장관이 들려준 얘기라는 게 이랬다.

"대통령께서도 시국이 걱정돼서 그런 자리를 마련한 것 같습니다. 대통령인 자기 귀에 들려오는 소리가 대부분 '나라꼴이 말이 아니다, 국가의 운명이 이미 위태로운 지경에 이르렀다' 하는 것들이니 걱정이 되어서 총리 이하 각료들을 불렀다는 겁니다. 그러니 기탄 없이 얘기들을 한 번 해보라고 했어요. 그러니까 장총리가 김영선 재무부 장관에게 '김장관, 대통령 각하께 말씀을 드리시지요' 하는 것이었습니다.

그랬더니 김장관이 대통령께 하는 말이 '각하께서는 큰 걱정을 하지 않으셔도 됩니다. 자유당 정권 하의 우리나라는 고질병으로 온몸에 고름이 잔뜩 들어 죽어가는 사람과 같은 상태였는데 그것을 민주당 정권이 맡아 지금 치유를 하고 있는 중입니다. 수술을 해서 썩은 부위를 도려내고 고름을 다 짜내고 꿰매놓은 거지요. 그렇게 해놓으니 고름이 빠져 몸이 홀쭉해졌다고, 또 자르고 꿰맨 수술의 상처가 아프다고 소리를 지르고 있는 겁니다. 하지만 수술이 잘 되었으니 이제 시간만 지나면 별 문제가 없을 것입니다'라는 것이었어요.

그 말을 들은 대통령께서는 '그거 듣던 중 반가운 얘기로구먼. 그렇다면 우리 오늘 저녁 식사라도 잘해 봅시다' 하고 좋아하시더군요. 덕분에 모임은 화기애애한 분위기에서 끝났습니다."

나는 그 얘기를 듣고 너무 한심해서 한장관을 보고 한마디 쏘아붙이지 않을 수가 없었다.

"한장관, 내가 당신에게 충고 하나 하겠는데, 오늘 집에 돌아가시거든 며칠 후 감옥에 들어갈 때 입을 옷이나 준비하든지 그렇지 않으면 어디 망명할 준비나 빨리 하시오."

"아니, 강목사. 무슨 농담을 그렇게 해요?"

"농담이 아니라 진짜로 말씀드리는 겁니다."

나의 발언에 일순간 장내 분위기가 싸늘해졌다. 나는 아차 하는 마음에 농담이었던 척하며 말머리를 얼른 돌렸다. 그러나 사람들은 아무래도 낌새가 이상한지 계속 그 얘기를 물고 늘어졌다. 숨기지 말고 아는 얘기가 있으면 털어놓으라는 것이었다. 그래서 나는 이렇게 말했다.

"내가 진짜로 뭘 알고 있으면 이런 자리에서 그런 얘기를 쉽게 하겠습니까? 이건 내 틀림없는 육감인데 아마 오래지 않아 군사혁명이 일어날 것 같습니다. 군사 혁명이 일어나면 지금 장관을 하는 사람들을 감옥에 보내지 않겠습니까? 그래서 그런 말을 한 것이지 다른 뜻은 없습니다."

그러나 당사자인 한장관은 아무래도 걸리는지 모임이 끝난 후 나를 굳이 자기 자동차에 태웠다. 그리고는 아는 것이 있으면 말해달라고 다시 한 번 조르는 것이었다.

"진짜로 내가 어떤 사실을 알고 말씀드린 것은 아닙니다. 그러나 두고 보십시오. 가까운 시일 내에 틀림없이 한 번 뒤집어질 겁니다. 그러니 느닷없이 당하지 말고 대비책을 세우세요."

그런 말을 해주고 나서 나는 집 앞에서 내렸는데, 이튿날 아침 일찍 한장관이 우리 집에 다시 왔다. 그리고는 정말로 무슨 일이 벌어지고 있는 것은 아니냐면서 재차 확인하는 것이었다. 나는 "정말로 그것은 내 육감일 뿐"이라고 그를 안심시키고는 돌려보냈다.

그런 일이 있고 나서 곧 나는 교회 관계로 일본에 가게 되었다. 그때가 5월 10일 무렵이었다. 일본에서 한국 신문을 보니 박대완이 쿠데타 예비 음모죄로 체포되었다는 기사가 나 있었다. 그런데 그들에게 돈을 대준 것으로 발표된 사람이 엉뚱하게도 동양시멘트 사장 이양구였다. 그때 이사장 역시 사업차 동경에 와 있었는데, 그 기사를 보고는 자기는 그런 줄 몰랐으며 그런 음모와는 관계가 없다고 얼굴이 사색이 되었다. 그는 겁이 나서 귀국을 하지 않았고 나만 5월 13일 귀국했다.

그리고 사흘 후 드디어 5·16이 터졌다. 그날 아침 '탕탕' 하는 총소리가 공기를 가르며 귀청을 울리자 나는 직감적으로 군사 혁명이 일어났음을 알았다. 서둘러 라디오를 틀어보니 아니나 다를까, '여기는 군사혁명위원회입니다' 하는 경직된 소리가 긴박하게 울려나오고 있었다. 그 다음날에는 온 서울 거리에 탱크들이 진입해 그 육중한 몸체로 버티고 서서 말없이 사람들의 숨통을 조이고 있었다. 군사혁명위원회가 전국에 비상 계엄령을 선포하고 전 각료에게 체포령을 내린 것은 5·16 당일이었다.

"박정희 장군에게 드릴 말씀이 있습니다"

5·16이 터지자 윤보선 대통령은 "드디어 올 것이 왔다"는 유명한 말을 남겼지만 나 또한 솔직히 말해서 올 것이 왔다는 생각이었다. 무능력한 민주당 정권이 무너지고 새로운 정권이 들어서게 된 것을 피할 수 없는 현실로 받아들이면서도 새로운 권력자에 대한 정보를 하나도 가진 게 없어서 나는 불안할 수밖에 없었다.

하루아침에 정권을 탈취해 새로운 권력자로 부상한 박정희니 김종필이니 하는 사람들을 나는 조금도 알지 못하고 있었다. 이름조차 처음 듣는 사람들이었다. 다만 그들이 내세운 혁명 공약에 반공을 국시의 제일로 삼는다는 내용이 있는 것을 보고 공산주의자들은 아닌 것 같다고 생각했다.

그런데 이들이 깡패를 소탕하고 부정 부패를 일삼던 자들을 잡아가는 것까지는 좋은데, 반공을 내걸고 진보적인 인사들까지 다 잡아넣는 것이 문제였다. 내 주위에서도 이명하, 윤길중, 송남헌 그리고 고대 교수를 지낸 조동필, 이건호 등이 마구 잡혀가는 상황이었다. 그러니 나 역시 언제 잡혀갈지 모른다는 생각에 긴장하지 않을 수 없었다.

나는 통일 논의가 전성기를 이뤘던 1961년 봄 『기독교 사상』 3월호에 남북통일 문제에 대해 글을 발표한 일이 있는데, 그 내용이 매우 진보적인 것이었기 때문에 더 신경이 쓰였다. '남북 통일과 우리의 과제' 라는 제목의 그 글에서 남과 북은 평화 통일을 해야 한다는 전제 아래 오스트리아식 통일 모델을 언급하면서 우리의 통일 방식을 모색했었다. 그런데 군사 정권의 행태를 보니 평화 통일에 대해 언급한 것만으로도 그들의 비위를 거스를 것이 분명해 보였다.

나는 집 앞에서 지프 소리만 나도 '혹시나……' 하고 잔뜩 긴장을 하곤 했는데, 드디어 혁명 주체 세력의 한 명인 박창암이라는 군인으로부터 한 번 만나자는 연락이 왔다. 나와 잘 알고 있던 그는 함경남도 북청 사람으로 내 동생하고도 친한 사이였으며 이명하 부인과 친척 관계에 있었다.

나를 데리러 온 보좌관이 인도하는 대로 지프에 올라탔는데, 창문이 두터운 커튼으로 가려져 있었다. 차는 한동안 이 골목 저 골목을 뱅글뱅글 돌고 나서 어떤 민가 앞에 멈췄다. 차창이 가려져 있었기 때문에 어디를 어떻게 거쳐서 그곳에 왔는지, 그곳이 어딘지 도통 알 수가 없었다.

민가에 들어갔더니 박창암이 매우 긴장된 태도로 나를 기다리고 있었다. 후에 혁명 검찰부장이 된 박창암은 알고 보니 그때 박정희 장군 아래서 특조실장인가 하는 요직을 맡고 있었다. 내심 '설마 나를 감옥에 가도록 하지는 않겠지' 하는 생각에 나는 적이 안심을 했다.

박창암은 군복 바지 왼쪽에는 권총, 오른쪽에는 수류탄을 찬 모습으로 나를 맞았다. 그리고는 단도직입적으로 용건을 말했다.

"박정희 장군께서도 목사님 얘기를 많이 하십니다. 아시다시피 우리가 이렇게 혁명을 일으켰으니 사태 수습을 잘 해야 하는

데 목사님 같은 분의 도움이 필요합니다. 원만한 사태 수습을 위해 우리에게 협조 좀 해주십시오."

나는 뜻밖인 그의 요청에 놀라지 않을 수 없었다.

"내가 이 상황에서 뭘 안다고 협조를 할 수 있겠습니까? 박정희 장군이 어떤 사람인지도 모릅니다."

"얼마 안 있으면 박장군께서 목사님을 한 번 만나자고 할 겁니다. 그때 만나시면 협조 좀 잘 해주십시오."

나는 그에게 박정희 장군이 어떤 사람인가를 물었다. 그는 박정희에 관한 간단한 소개를 했는데, 그때 들은 얘기 중 하나가 그의 집이 신당동에 있다는 것이었다. 그후 나는 그 집이 우리 교회에 나오는 박덕혜의 집 바로 옆집이라는 것을 알게 되었다.

박창암을 그렇게 만난 지 얼마 지나지 않은 6월 어느 날 정말로 박정희 장군으로부터 만나자는 연락을 받았다. 박창암에게 예고를 받긴 했지만 막상 연락을 받으니 군인들이 모인 살벌한 분위기에서 잘 알지도 못하는 최고 실권자를 만날 일이 내심 불안했다. 그래서 박창암에게 들은 대로 신당동에 있는 그의 집을 찾아가 밖에서 살펴보기로 했다. 집은 평범한 기와집이었는데, 자세히 살펴보니 낮에는 별다른 기색이 없었으나 밤이 되니 군인들이 주위에서 삼엄한 경비를 펼치는 모습이 보였다.

나는 박정희에 대해 아는 게 거의 없었기 때문에 당시에 이미 나와 있던 박정희에 관한 책을 구해서 읽기도 했다. 그 책을 보니 박정희가 제일 존경하는 사람이 대구사범 때 스승이었던 김영기라는 사람이라고 나와 있었다.

그렇게 그에 관한 대강의 예비 지식을 갖춘 뒤 약속된 날짜에 그를 만나러 갔다. 장소는 퇴계로에 있던 원호청 청사 자리였다. 예상대로 청사 주변의 분위기는 총칼을 든 군인들이 딱딱한 표정으로 쫙 깔려 있어 매우 삼엄했다. 잔뜩 긴장한 채 안내를 받아 면접실에서 기다리고 있으려니 곧 피부가 까무잡잡하고 작달막한 사내가 나타났다. 나는 직감적으로 그가 박정희임을 알아봤다.

나와 대좌한 그는 침착한 태도로 조용히 입을 열었는데, 한눈에도 과묵한 성격이 그대로 드러났다.

"나라가 망해 가는 꼴을 더 이상 볼 수가 없어서 제가 이렇게 엄청난 일을 저질러 놨습니다. 어쨌든 이왕 저질렀으니 앞으로 나라를 위해 잘 해나가야 할 텐데 걱정입니다. 목사님한테 좋은 말씀 좀 들으려고 이렇게 모셨으니 좀 도와주십시오."

"저도 박장군께 드릴 말씀이 있었습니다."

"기탄 없이 말씀해 주십시오."

지금 생각하면 어떻게 그런 말을 했는지 놀랍지만, 나는 정말 기탄 없이 가슴 속에 갖고 있던 생각을 솔직하게 털어놓았다. 아마도 내가 젊었고, 박정희에 대해 몰랐고, 따라서 선입견이 없어서 그럴 수 있었는지도 모르겠다.

"저는 자유민주주의를 신봉하는 사람입니다. 그런데 박장군의 과거를 보니까 솔직히 민주주의를 할 수 있을지 의문이 들더군요. 일제 시대 때 대구사범을 거쳐 만주 군관학교를 나와 해방 후 육군사관학교를 마치고 지금까지 쭉 군인 생활만 해오셨는데, 쉽게 민주주의를 할 수 있겠습니까? 어려울 것 같습니다.

그렇다면 박장군이 독재를 할 수 있을까 하는 생각도 해봤는데, 그것도 따져보니까 성공하기 어렵겠습니다. 독재자로서 성공하는 두 가지 타입이 있는데 하나는 독재를 할 수 있는 신화나 전설을 가진 인물이어야 합니다. 예를 들면 이승만 대통령 같은 사람이지요. 저만 해도 어릴 때 아버지에게서 해외에서 눈부시게 활약하는 독립투사 이승만에 관한 얘기를 전설 속 무용담처럼 들으며 자랐으니까요. 그런 관점에서 보면 무명이었던 박장군은 분명히 실격이지요. 게다가 또 일본 군대에서 복무하지 않았습니까? 아무리 힘이 있어도 신화나 전설은 억지로 만들어지는 것이 아닙니다.

두번째 유형은 카리스마적인 인물입니다. 그러려면 생긴 것이나 분위기, 언변도 남달라야 합니다. 히틀러나 무솔리니를 보십시오. 유감스럽지만 박장군은 이 두번째 관점에서도 별로 적격은 아닌 것 같습니다. 그러나 그렇다고 해서 제가 박장군께 혁명에서 그치고 정치는 하지 말라고 하는 것은 아닙니다.

제 생각에 장군께서 꼭 해야 할 일이 하나 있다고 봅니다. 장군에 대해 쓴 책을 보니까 당신이 경상도 시골 출신이고 또 너무 가난해서 어머니가 당신을 유산시키려고 임신 중에 간장을 마시기도 했다는 얘기가 나오더군요. 그런데 그렇게 가난하게 성장했으면서도 지금까지 다른 장성들과는 달리 부정 부패는 저지르지 않은 것으로 알고 있습니다. 저는 박장군의 이름을 5·16혁명이 나고서야 신문에서 보고 알게 되었는데, 그 동안 우리가 처했던 현실로 볼 때 그것은 다른 말로 하자면 박장군이 권력에 빌붙지도 않았고 부정 부패하지 않았다는 애기이기도 합니다.

군인들의 부패는 박장군이 더 잘 알고 계시겠지만 일례로 내가 아는 양모 장군의 경우, 그 집 쓰레기통 앞에는 매일 아침 사람들이 그 집에서 미처 다 먹지 못하고 버린 갈비를 줍기 위해 몰려든다는 소문까지 나 있을 정도입니다. 박장군은 제가 알고 있는 다른 장군들, 다시 말해 권력자의 집이나 드나들며 정치나 하고 부정 축재나 하는 그런 사람들과는 분명히 다른 분인 것 같고. 바로 이 점이 당신이 주도한 혁명이 성공할 수 있는 유일한 요건이 될 것입니다. 당신은 가난한 농민의 설움을 아는 최초의 권력자입니다.

박장군께서 정말 이 나라를 바로잡고 싶다면 고질화된 부정 부패를 없애고 가난한 농민들이 잘사는 나라가 되도록 기반을 닦으십시오. 그렇게 되면 당신에게 부정적인 사람들도 차츰 당신을 인정하고 당신이 세운 정부를 신뢰할 것입니다. 그렇게 되면 당신은 새 역사를 만든 사람으로 역사에 기록될 것입니다."

박정희는 꽤 길게 이어지는 내 말을 끊지 않고 가만히 듣고만 있었다. 그리고는 나를 똑바로 쳐다보며 무거운 입을 열었다.

"제가 혁명을 하고 난 후 각계 사람들과 많이 만나 봤지만 이렇게 솔직하고 기탄 없이 정곡을 찔러서 애기해준 사람은 목사님이 처음입니다. 목사님께 드릴 부탁이 하나 있습니다. 어차피 국민운동이 한 번 일어나야 하겠는데, 목사님이 그 일을 맡아서 해주십시오."

"뜻은 알겠습니다만 발상에 문제가 있는 것 같습니다. 국민운동은 국민이 자발적으로 해야지 군사 혁명을 한 사람이 어떻게 국민운동을 주도합니까? 일제 시대 때 국민정신총동원 조선연맹이라는 것이 있었지요. 총독부의 꼭두각시 단체 아니었습니까? 집권 세력이 주도하는 것은 본질적으로 국민운동이 될 수 없습니다. 국민운동을 위해 정권이 할 수 있는 유일한 일은 간섭이나 방해를 하지 않는 것뿐입니다. 저는 어차피 넓은 의미로 국민운동을 할 사람이지만 권력과는 관계하고 싶지 않습니다."

더 작은 악을 택하라

박정희는 나의 비판과 거절에도 다시 한 번 국민운동을 맡아 줄 것을 요청했으나 나는 끝내 관제 국민운동은 못하겠다며 거절했다. 박정희는 후일 자신의 뜻을 끝내 실현시켜 '국가재건 국민운동 본부'라는 조직을 만들었다. 그는 모든 것을 미리 구상하고 있었고 자기 식으로 해나가는 사람이었던 것이다.

솔직히 말해서 나는 5·16이 터졌을 당시 이미 터진 군사 혁명이 성공하기를 바란 사람 가운데 하나다. 원칙적으로는 무력에 의한 군인들의 쿠데타를 결코 지지할 수 없었지만, 당시 우리나라가 처했던 상황을 고려할 때 차선의 선택으로 그것을 받아들일 수밖에 없다고 생각했다.

기독교 윤리학자인 에밀 브루너는 『신의 명령』(*Divine Imperative*)이라는 책에서 기독교 사회 윤리의 모델을 제시하고 있는데, 그에 의하면 국가가 굳건하게 유지되기 위해서는 질서 · 자유 ·

정의 · 평화 이 네 가지가 다 보장되어야 한다는 것이다. 그런데 그는 이 네 가지 기둥 중에서도 으뜸이 되는 것은 자유가 아니라 질서라고 주장한다. 독재보다 더 나쁜 것은 무질서(chaos)라는 것이다.

나는 그같은 생각에서 민주당 정권의 무질서와 혼돈보다는 군사 정권의 질서를 택하면서 다른 세 기둥 즉 자유 · 정의 · 평화를 이제 우리에게 부과된 과제로 받아들이려고 했다. 내가 동감하고 있는 기독교 윤리 가운데, "어떤 것을 선택해야 할 때 선택 대상이 선과 악이 아니라 둘 다 악일 때는 '더 작은 악'(lesser evil)을 택하라"는 것이 있다. 그같은 관점에서 본다면 나는 무질서와 독재라는 두 가지 악 중에서 상대적으로 더 작은 악인 독재를 선택했던 것이다.

물론 내가 그 독재를 받아들일 수 있었던 것은 민정 이양을 약속한 혁명 공약을 보고 적절한 신기가 지나면 우리도 자유와 정의와 평화를 이룰 수 있을 것이라는 기대를 가졌기 때문이었다. 만약 그것이 자유를 절대 보장할 수 없는 우익 독재나 공산당 일당 독재였다면 결코 찬성할 수 없었을 것이다. 그때 나는 혁명 주체들이 내건 6대 공약을 보면서 앞날에 대한 희망을 가졌고 또 그 공약들이 틀림없이 실천되기를 바랐다.

그러나 시간이 흐르면서 이같은 내 기대는 점차 우려로 변해갔다. 박정희 장군이 국가재건최고회의 의장이 되어 권력의 전면에 나서면서 최고 권력자로서 자신의 지위를 즐기기 시작하는 모습이 눈에 보이기 시작했던 것이다.

박장군은 최고회의 의장이 된 후 거처를 신당동 집에서 우리 교회 가까이 있는 장충동의 국회의장 공관 자리로 옮겼다. 그러면서 그 일대에 사는 사람들의 신원 조사가 철저하게 실시된 것까지는 그렇다 쳐도 그가 나고들 때마다 길을 막고 사람들의 통행을 통제하는 것은 지나친 일이 아닐 수 없었다. 그 때문에 그가 자주 지나가는 우리 교회 앞길은 수시로 통행이 금지되어 사람들에게 많은 불편을 끼쳤다.

한번은 그가 차를 타고 지나가기에 유심히 내다봤더니 어느 새 차도 지프에서 고급 외제차로 바뀌어 있었다. 원래 권력과 멀던 사람이 한 번 권력에 맛을 들이면 아주 쉽게 부패하는 법이다. 그런 것은 돈이나 성(性), 쾌락에 대해서도 마찬가지인데, 굶주림은 탐욕을 낳는 것과도 같다. 특히 권력의 맛은 무엇보다 마성이 강하여 한 번 맛을 들이면 아편처럼 끊기 힘든 것이기도 하다.

나는 박정희가 점차 권력의 맛에 빠져 변해가는 것을 보고 걱정스러운 마음이 일어나기 시작했다. 가난한 농민의 아들로 태어나 가난을 잘 아는 사람으로서 가난을 해결하고 부정 부패를 척결하려는 의지 하나만을 밑천으로 내세울 수 있는 사람이 그걸 버리면 어떻게 하나 하는 생각에서 나는 그에게 솔직한 충고를 하고 싶었다. 그러나 그 사람을 직접 만나기는 싫어서 그가 제일 존경한다는 그의 스승 김영기라는 사람을 한 번 만나보기로 했다.

수소문 끝에 내가 그를 찾은 곳은 청진동의 어느 여관이었다. 나는 그를 보고 박정희에 대한 내 생각을 솔직히 얘기하고 부탁을 했다.

"선생님 제자인 박장군을 잘 붙들어주어야겠습니다. 그 사람이 잘못해서 또 무너지게 되면 나라꼴이 정말 걷잡을 수 없게 될 것입니다. 꼭 한 번 박장군을 찾아가서 조언을 해주십시오."

그런 나의 부탁이 있고 난 뒤 얼마 후 이번에는 그가 우리 집으로 찾아왔다.

"생각해 보니까 나는 말주변이 없어 제대로 말을 못할 것 같으니 강목사가 직접 박장군을 만나 얘기해 보는 것이 어떻겠소?"

그러나 나는 그렇게 할 수 없었다. 이미 중앙정보부가 생겨 정보부에서 나왔다고 하면 고양이 새끼를 보고도 사람들이 도망을 칠 때인데, 만일 내가 박정희를 만나고 오면 정보부에서 분명히 내 뒷조사를 할 것이고, 함경도 출신에 김규식, 여운형 등과 관계했던 내 전력이 알려지면 그들이 신경을 곤두세울 게 뻔했다. 그들은 박정희에게도 내 애기를 좋게 하지 않을 것이고 감시원까지 붙일지도 모른다. 그렇게 정보부의 눈길을 끌어 내 활동에 지장을 받기는 솔직히 싫었다.

그런데 그해 여름 박정희에 대한 내 긍정적인 관심을 완전히 뒤집어놓은 충격적인 일이 일어났다. 그것은 가난한 농군의 자식으로만 알고 있던 그의 정체와 관련된 놀라운 애기였다.

박정희는 두 얼굴의 사나이?

그 무렵 나는 육군대학에서 강연을 마친 후 부산에 가서 부산대학교 교수로 있던 박경일이라는 친구를 만나게 되었다. 나는 그를 만난 자리에서 박정희에 대해 내가 느끼는 바를 얘기했는데, 그의 반응은 영 부정적인 듯했다. 그 자리에 군인 장성들이 함께 있었기 때문인지 그는 별실로 나를 불러내고서도 자세한 얘기는 나중에 서울에 올라와 들려주겠다며 더 이상의 언급은 피했다.

박교수는 러시아 문학을 전공한 사람으로 당시 명망 있던 도학자 김범부 선생의 제자이기도 했으며, 부산대에 내려가기 전에는 서울대 교수로 있었다.

그런데 그 박경일 교수가 얼마 후 상경해서 들려준 얘기는 믿을 수 없을 정도로 놀라운 내용이었다. 한 마디로 말해 박정희를 비롯한 혁명 주체 세력이 반공을 국시로 내세우긴 했으나, 사실은 위장된 좌익 세력이라는 것이었다. 그가 들려준 얘기를 요약하면 대강 이렇다.

군사 쿠데타를 주도한 박정희 소장은 사실 좌익 경력이 있는 사람이다. 그는 1949년을 전후해 일어난 국군 반란 사건에서 남로당의 국군 조직책으로 사형 선고까지 받았으나, 운 좋게 무기로 감형되었다가 석방됐다. 그후 그는 육군본부 정보국에서 문관으로 근무하다가 6·25가 터지자 현역으로 복귀하게 되었다.

그의 친형 박상희는 황태성, 조치기라는 사람과 함께 대구 10·1폭동을 배후에서 주도한 세 사람 가운데 하나이며, 최후까지 항전하다 사살되었다.

박정희는 전향을 하고 현역에 복귀했지만 실제로 자신의 사상을 버린 것은 아니다. 자유당 말기에 부산지구 사령관으로 부임한 그는 암암리에 좌익계 인사들과 접촉했다. 박정희와 접촉한 좌익은 친북한 인사들로서 4·19로 이승만 정권이 붕괴된 직후부터 허정 과도 정권의 타도, 임시 정치기구 설치 운동을 시작했는데, 그들이 주장한 구호는 북한의 방송 내용과 완전히 같은 것이었다.

이들 좌익계 인사들은 이승만 대통령이 하야한 직후부터 교원 노조를 비롯한 하급 노조와 친북 혁신계 단체의 조직에 착수했으며, 부산을 중심으로 대구 · 서울 등 전국을 시위의 소용돌이 속에 몰아넣은 장본인들이었다. 이들은 서구식 사회 민주주의를 부르짖는 혁신계 인사들과는 근본적으로 입장이 다른 친북 인사들로서 선통일 후건설을 주장했다.

박정희는 부산을 중심으로 한 혼란이 극에 달해 국회 조사단이 파견되었을 때도 겉으로는 계엄 사령관으로서 지역의 혼란을 염려하는 척했으나 이면에서는 좌익 인사들과 계속 접촉했으며, 이런 접촉은 5·16 때까지 지속되었다.

특히 간과할 수 없는 것은 5·16이 터지던 무렵의 친북 좌익 인사들의 동태다. 그들은 5·16이 터지기 며칠 전부터 서울의 대동여관이라는 곳에 투숙하고 주야로 모임을 가졌다. 마침 그 여관은 부산대 교수들이 서울 출장 때 자주 이용하는 곳이어서 나는 그들의 움직임을 자연스럽게 관찰할 수 있었다. 그곳에 들락거리는 사람은 대구 폭동의 주모자 세 사람 중 하나인 조치기(趙致基)를 비롯해 열 명 가량 되었다.

그들의 움직임을 주시하던 나는 그 여관의 여급에게 부탁해 그들이 모이는 방에서 나오는 휴지통을 입수했다. 그런데 그것을 뒤져보니 놀랍게도 찢어진 혁명 성명서 초안과 5월 15일까지 긴급 상경하라는 전보문 등이 나왔다. 그리고 곧 5·16이 터진 것이다. 깜짝 놀란 나는 군사 혁명이 일어난 다음날 그 자료들을 부산의 미국 공보원장을 통해 미군 수사당국에 넘겼다.

결론적으로 박교수의 얘기는 "선통일 후건설의 구호 아래 전국을 혼란 속에 몰아넣은 친북 공산분자들과 뒤에서 은밀히 접촉하면서 앞으로는 반공을 혁명 공약으로 내놓은 '두 얼굴의' 박정희를 믿지 못하겠다"는 것이었다. 박정희는 겉으로는 육사 8기생을 중심으로 한 군 내부의 불만 세력과 혁명 모의를 하면서 이면으로는 좌익 인사들과 계속 접촉하고 상의해 혁명을 성공시켰다는 것이 박교수의 견해였다.

나는 그의 얘기를 듣고 충격을 받아 꼭 악몽을 꾸고 있는 것 같았다. 도무지 믿을 수가 없어 "정말 사실이냐"고 몇 번이나 되물었으나 그는 확신에 찬 어조로 틀림없는 사실임을 강조했고, 게다가 "이 얘기는 절대 비밀로 해야지 만약 탄로가 나면 우리는 쥐도 새도 모르게 죽어버릴 것"이라고 잔뜩 긴장한 얼굴로 주의까지 주는 것이었다.

"그리고 우리 둘이 진중하게 나라를 위해 도움이 되는 방법을 생각해 보도록 하자."

그는 내게 대처 방안을 의논해왔지만 전국이 계엄 상태에 놓여 있고 중앙정보부가 감시의 눈길을 번득이고 있는 상황에서 뾰족한 방안을 찾기란 현실적으로 불가능에 가까웠다. 달걀로 바위치기라는 것을 알면서도 목숨을 걸 각오가 되어 있어야 했다.

박교수의 얘기를 듣긴 들었지만 너무나 엄청난 내용이어서 사실 그대로 믿기 힘들 정도였다. 그래서 내 나름대로 박정희에 대한 정보를 수집했는데, 의외로 그의 사상 전력이나 가족 관계 등이 박교수가 말해준 것과 거의 일치했다.

그 얼마 후 나는 잘 알고 지내던 당시 내무부 장관 한신 장군의 집에 박경일 교수와 함께 찾아갔다. 그에게 조용히 할 말이 있다고 했더니 그는 식구들을 밖으로 내보내고 라디오를 크게 틀어놓은 채 우리와 마주 앉았다. 우리가 박정희 의장과 관계된 얘기를 다 털어놓자 한장관도 매우 긴장하는 모습이었다. 그는 나를 보고 말했다.

"강목사님, 내가 어떤 사람인지 아시지요? 만일 그 얘기가 사실이라면 내가 박정희를 직접 쏘겠습니다. 일단 내게 말을 하셨으니 목사님은 나를 믿고 더 이상 그 일을 입 밖에 내지도 마십시오. 자세히 조사해 본 후 조치를 취하겠습니다."

"그럼 장군님을 믿겠습니다."

우리는 그런 말을 하고 그 집에서 나왔다.

한신 장군을 만났지만 아무래도 마음이 안 놓인 나는 미8군 정보 책임자였던 로버트 키니(Robert Kinney)를 만나기로 했다. 그는 미군정 시절 하지 장군 밑에서 일했던 사람으로 나와는 김규식 박사 일을 도울 때 안면을 익힌 관계였다. 그에게 극비리에 할 말이 있다고 전했더니, 그는 지프를 보내 나를 어느 빈집으로 오게 했다. 우리는 그 집 주방에서 얘기를 나눴고 그 직후 나는 그를 박경일 교수와 직접 만나도록 주선을 했다. 그 자리에는 나도 함께 했다.

나는 또 미국 대사관 정치 담당 참사관이던 하비브도 만나 얘기를 털어놓았다. 내 얘기를 들은 하비브는 자기들도 박정희의 사상 전력에 대해 의구심을 갖고 있다며 "그 얘기가 사실이라면 우리가 절대 그냥 넘어가지 않을 테니까 걱정하지 말라"고 했다.

그 무렵 나는 박창암도 만나 "박정희 장군이 사상적으로 의심스러운 데는 없느냐"고 넌지시 물어보기도 했다. 물론 혁명 검찰부장이던 그는 내 말에 그럴 리가 없다고 펄쩍 뛰었다.

"절대로 그렇지 않습니다. 박장군하고 나는 한 이불에서 같이 자며 혁명을 한 사이인데 그걸 모르겠습니까? 당치도 않은 말입니다."

그의 강력한 부인에 나는 박경일 교수가 파악하고 있던 좌익계 인물들과 박정희의 관계에 대해 물었다. 그들 가운데는 5·16 주체 세력의 하나로 중앙정보부 고문을 거쳐 서울신문 사장을 지낸 장모라는 사람도 고위급으로 올라 있었고, 박정희와 대구사범 동창인 황모라는 인물도 있었다. 나는 우선 황모에 대해 물었다.

"황모라는 사람 알지요? 얼마 전 박의장이 부산에 갔다가 그 사람을 만났다고 하던데, 둘은 어떤 관계입니까? 그밖에도 그 사람 주위에는 사상적 배경이 이상한 사람들이 여럿 움직이고 있는데, 그건 어떻게 된 겁니까?"

후일 박창암은 나를 만나서 자기가 박정희에게 황모에 대해 직접 물어보았다고 했다.

"그랬더니 박정희는 '그 사람 나하고 대구사범 동창인데 별 관계없다'고 대답하더군요. 그런데 그 얼마 후 내가 박정희 방에 들어가 보았더니 박정희와 황모가 마주앉아 얘기를 나누고 있는 거예요."

그런 말을 들려주는 그의 표정은 분명히 개운치 않아 보였다. 그런데 박창암은 1963년 3월 군부 내 반혁명 사건으로 체포되었고 황모는 1964년 말 반공법 위반으로 잡혀 들어가기는 했으나 그 전에 문화방송국 사장까지 지냈다.

김형욱 회고록에 의하면 황모는 반미주의자로서 그의 삼촌은 월북한 공산주의자이며, 그가 주장한 중립화 통일론(월간『세대』 1964년 11월호 발표)은 당시 북한의 통일론과 거의 일치하는 내용이었다고 한다. 그는 결국 그 통일론 때문에 잡혀 들어갔던 것이다. 그런데 김형욱은 박정희가 황모를 잡아넣는 것을 썩 달가워하지 않은 것으로 기술해 놓고 있다.

수상쩍은 눈초리로 봐서 그런지 의심 가는 일은 한두 가지가 아니었다. 우선 내 주위만 둘러봐도 그랬다. 나와 친한 중간 진영 사람들 가운데서도 이상하게 우파 사람들이 주로 잡혀가는 것이었다. 중간 우파이던 윤길중, 이명하, 조규희, 김기철 등은 이북은 적이라는 분명한 노선 아래 우익 민주주의를 토대로 한 통일을 주장했음에도 불구하고 대부분 잡혀갔는데, 민자통을 결성해 따로 나간 좌파들은 훨씬 친북적인 활동을 했음에도 불구하고 거의 무사했다. 물론 친북 좌파 인사들 가운데서도 잡혀 들어간 사람들이 있었지만 그들은 곧 풀려나왔고 의외의 장소, 예를 들면 후일 간첩 사건이 일어났던 울진 같은 곳에서 활동하는 것이 눈에 띄기도 했다.

박정희의 사상 논쟁 때 이슈로 등장한 간첩 황태성 사건도 내 의혹을 깊게 만드는 데 일조를 했다. 이미 세상에 널리 알려진 사건이니 자세한 내용은 언급할 필요가 없겠지만, 의심스러운 구석이 참 많았다. 북한 무역부 부상이라는 고위직에 있던 황태성이 5·16이 일어난 그해 9월 서울에 잠입해 박정희와 접촉을 꾀한 것도 그렇고, 그가 대구 폭동의 주모자로서 그때 죽은 박정희의 친형 박상희의 친구라는 점, 체포된 지 2년이 되도록 처형을 미루고 있었던 점, 그밖에 공화당 창당 관련설 등은 세인의 의혹을 자아내기에 충분했다.

황태성 사건은 박정희 정권과 북한의 관계를 주시하던 CIA 등을 통해 알려지면서 큰 파문을 몰고 왔는데, 정치권에 안겨준 충격의 여파는 매우 컸다. 국회에서는 야당 의원들이 진상 조사에 나섰고 그가 사형당한 후에도 사진에 찍힌 사체가 뒷모습을 보이고 있어 누구인지 확실치가 않다느니, 황태성은 사형당하지 않았고 미군이 오키나와 미군 기지로 빼돌렸다느니 하는 소문이 꼬리에 꼬리를 물었다. 그런데 후일 박경일이 미국에서 김형욱을 만나 들은 바에 의하면 박정희는 황태성의 처형을 끈질기게 반대했다고 한다.

그런데 『조선일보』 보도(1992년 6월 21일자)에 의하면 5·16혁명 직후인 8월경, 즉 황태성이 남파되던 무렵, 통일 문제와 관련된 남북 정치 회담이 극비리에 열렸다고 한다. 당시 남북의 비밀 대표가 그 날카로운 CIA의 감시망을 피해 아무도 모르게 용매도라는 무인도에서 10여 차례에 걸쳐 극비 회합했다는 것은 정말 놀라운 일이 아닐 수 없다.

이 남북 접촉은 '2-3 해상공작 X호' 등의 암호를 써가며 박정희와 김종필 그리고 첩보부 대장이었던 이철희 외에는 아무도 모르게 진행되었고 모든 관련 기록은 불태워버렸다고 하니 이 놀라운 사건의 진상은 과연 무엇일까? 참으로 충격적인 사실이 아닐 수 없다.

007작전 '박정희의 배후를 추적하라!'

박정희의 정체에 대한 의문이 점점 깊어지면서 나는 박경일 교수와 자주 비밀 접촉을 가졌다. 박교수는 그런 세력을 그냥 놔둘 수 없다면서 교수직을 사임하고 서울에 올라와 『한국일보』 논설위원으로 일하면서 은밀히 추적을 계속했다. 그는 당시 신세계 백화점 건너편에 있는 한 빌딩 지하에 조그만 방을 하나 얻어놓고 아이들 몇 명을 수하에 부리면서 마치 비밀 탐정 같은 생활을 했다.

그에 의하면 과거 좌익 활동을 했던 인사들이 5·16 후 서울에 모여 무교동에 있는 한 다방을 중심으로 뭔가 일을 벌이고 있다는 것이었다. 그리고 그들 배후에 박정희가 어떤 형식으로든 관련되어 있을 것이라는 게 그의 확신이었다. 그가 하는 얘기를 듣고 있으면 마치 007 영화의 한 장면을 보는 것 같은 경우도 많았다.

일례로 박경일이 추적하는 지하 조직의 총책은 대구 폭동 주모자 중 하나였던 조치기인데, 이 사람은 조운 다방을 본거지로 삼아 오후쯤 다방에 출근해서는 할 일 없는 사람처럼 느긋한 자세로 앉아 담배를 피우고 커피를 마시면서 신문이나 뒤적이고 있다는 것이었다. 그러다 석간 신문이 나올 때쯤 어떤 사람이 신문을 들고 와서 같이 한담을 나누는 것처럼 하다가 신문을 슬쩍 바꿔 들고 나간다는 얘기였다. 그는 아이들을 시켜서 한 번은 신문을 들고 나가는 사람을 뒤따라가 그 신문을 빼앗아오도록 한 일이 있었는데, 아니나 다를까 그 신문에는 뭔가 알아볼 수 없는 지령문이 적혀 있더라는 것이었다.

한번은 그들로부터 수첩을 빼앗아 보기도 했는데, 거기에도 알 수 없는 암호가 가득 쓰여 있었고 정부 요인들의 전화 번호가 빼곡이 적혀 있었다고 한다. 그들을 추적하면서 박경일은 미아리의 어느 허름한 집이 아지트이고 서울역 앞의 한 구두닦이와 파고다 공원의 어느 구두 수선공이 공작원이라는 등의 얘기를 들려주었다. 또한 그들이 국내에서 손꼽히는 큰 이권에 관여한 증거도 확보하고 있다는 말을 하기도 했다.

어찌되었든 당국에 신고도 할 수 없는 상황에서 개인적 이해관계도 없이 위험을 무릅쓰고 직장까지 옮긴 채 외로운 추적을 계속하는 박경일의 신념과 집념은 놀라울 정도였다.

현재 박경일은 이 나라에서 사는 것을 포기하고 외국에 나가 살고 있는데 박정희의 사상과 관련해서는 "혁명 당시 좌익 세력과 연계되어 있었던 것은 분명하며, 김신조 사건을 계기로 태도가 바뀌었다"는 견해를 보이고 있다. 그는 김형욱을 만나서도 박정희의 대북 태도가 그 시기를 고비로 하여 완전히 바뀌게 되었다는 증언을 들었다고 한다.

박경일의 얘기와 이런저런 정황을 종합해 볼 때, 당시의 나 역시 박정희의 사상에 대해 의심을 풀 수가 없었다. 박정희의 사상에 대한 여러 의문점은 1963년 10월의 대통령 선거를 앞두고 뜨거운 사상 논쟁으로 불붙게 되지만 결국 용두사미로 끝나게 된다.

박정희 정권은 시간이 지날수록 반혁명 사건을 터뜨리는 등의 방법으로 반대 세력을 하나둘 제거해 나갔는데, 1962년 1월의 '민족청년단 반혁명 사건'도 그 가운데 하나였다.

박정권이 족청계를 제거하기 위해 터뜨린 이 사건으로 구속된 사람 중에는 당시 『여성주보』 사장이었던 김정례도 있었다. 그때 박경일을 통해 박정희의 사상 전력을 알고 있던 김정례는 겁도 없이 공판정에서 "박정희는 공산당"이라고 주장하다가 12년형을 선고받았다. 여자의 몸으로 12년형을 선고받고도 "박정희가 죽기 전에는 절대 감옥에서 나가지 않을 테니, 석방운동은 하지 말라"고 외친 그녀의 용기는 당시 화제가 되기도 했다.

그밖에 반혁명 사건 중 특기할 만한 것으로는 1963년 3월에 발표된 군부 내의 쿠데타 음모 사건이 있다. 이 사건으로 혁명 주체 세력이던 해병대의 김윤근 장군과 김동하 장군, 그리고 박창암 등 거물급들이 줄줄이 잡혀 들어갔는데, 당시 사람들 사이에서는 그 사건이 '알래스카 토벌 작전'이라는 이름으로 불리기도 했다. 그같은 명칭이 붙게 된 것은 잡혀간 사람들이 주로 함경도 출신이었기 때문이다.

처음 얼마 동안 잡히지 않고 몸을 피했던 박창암은 내게 전화 연락을 하곤 했는데, 도청 때문에 외삼촌이라는 암호를 썼다. 함경도 출신 군인들이 잡혀들어간 후에는 재계의 함경도 출신들에게도 탄압의 손길이 뻗쳐왔다. 나와 친한 이양구 사장도 잡혀간 장성들에게 돈을 대줬다는 혐의로 붙들려가고 말았다. 이양구 사장은 장성들에게 혁명 자금을 대줄 만큼 재력가도 아니었는데, 잡아간 사람들이 그렇게 만들어버렸다.

나는 그런 꼴들을 보면서 더욱 박정희 정권에 대해 마음이 돌아서고 말았다. 내게는 그런 사건이 단순한 권력 투쟁이나 특정 지역 세력에 대한 정치적 탄압이라기보다는 사상적인 문제로 보였다. 김동하나 박창암 같은 사람들은 혁명 세력 중에서도 우익 쪽이었기 때문이다.

기대를 걸었던 미국 역시 나를 실망시키기는 마찬가지였다. 미국측에 박정희의 사상에 관해 얘기를 해준 후, 나는 그들이 무슨 조치를 취하겠지 하고 기다리고만 있었을 뿐 구체적인 동향에 대해서는 아는 바가 없었다.

그러던 어느 날이었다. 윤보선 대통령이 사임한 후 박정희 의장이 대통령 권한 대행을 맡고 있던 시절이었는데, 그의 비서실장이던 이동원이 나를 찾아왔다. 이동원과 나는 해방 후 학생 운동을 시작하던 때부터 잘 알던 사이였다. 그는 나에게 이후락 공보실장의 부탁이라면서 박정희 대통령 권한대행의 스피치 라이터(speech writer)가 되어달라는 제의를 해왔다.

"싱거운 소리 하지 마십시오. 내가 왜 그런 일을 합니까? 그리고 이 정권은 오래 안 갑니다. 아마 미국 사람들이 그냥 놔두지 않을 겁니다."

"아닙니다. 박의장과 미국의 관계는 괜찮습니다."

나는 더 이상 자세한 얘기는 하고 싶지 않아서 그냥 돌려보냈는데, 얼마 후 그의 운전기사가 나를 찾아왔다. 이실장이 반도호텔에서 저녁을 같이하잔다는 것이었다. 이동원과는 개인적으로 가까운 사이였으므로 별 생각 없이 차를 탔는데, 나를 데리고 간 곳은 반도호텔이 아니라 단성사 뒤의 한식집이었다.

들어가 보니 뜻밖에도 이동원 옆자리에 하비브가 앉아 있었다. 내가 아무 내색하지 않고 앉으니 이동원은 나와 하비브가 모르는 사이인 줄 알고 그에게 나를 소개했다. 들어보니 철학박사 어쩌구 하면서 잔뜩 과장해서 소개하는 것이었다.

특별한 용건이 있는 것이 아니라 정말로 식사나 하는 자리였지만, 나는 이동원이 나를 부른 의도를 금방 짐작할 수 있었다. 나와 하비브를 만나게 해 미국과 박정희의 사이가 좋다는 것을 보여주려는 것이었다. 후일 알게 된 일이지만 그 무렵 불편했던 미 대사관과 박정희 사이에서 중개자 노릇을 한 사람이 이동원이었다.

이동원과 하비브는 식사 중 둘이서만 속닥이기도 했는데, 자리가 좁아서 내게도 말하는 소리가 다 들렸다. 그런데 그 내용이라는 게 "버거 미대사와 박정희가 서로 만나 같은 남자로서 즐거운 시간을 가졌는데, 둘 다 좋아하니 앞으로 그런 자리를 또 만들자"는 등 희희낙락하는 소리였다. 나는 마음속으로 생각했다.

'이 정권이 미인계까지 써가며 추잡하게 미국에 접근하려 하고 있구나.'

또한 그런 짓에 동조하는 하비브를 보고 '내가 박정희에 대해 해준 얘기가 있는데, 어쩌면 저럴 수 있을까' 하고 실망을 느끼지 않을 수 없었다.

이동원이 전화를 받으러 방에서 나간 사이, 나는 참을 수가 없어 하비브에게 "당신도 사람이냐"고 따졌다. 그리고는 더 이상 그 자리에 있을 수가 없어 박차고 나와버렸는데, 배신감 때문에 기분이 매우 언짢았다. 현실 정치의 세계는 역시 나와는 맞지 않는 모양이었다.

그런 일이 있고 난 후 나는 한국인이든 미국인이든 믿을 수 있는 인물은 없다는 생각에서 꼭 필요한 경우가 아니면 아예 입을 다물고 있기로 작정해버렸다.